世界农业文明译丛

丛书主编　覃江华　耿云冬

英格兰乡村的消亡：
1900年以来的乡村社会史

[英] Alun Howkins　著

邓小红　译

本书系中央高校基本科研业务费专项资金项目"英国文学乡村书写研究"
（项目批准号：2662023WGPY003）阶段性成果。

The Death of Rural England
A Social History of the Countryside Since 1900

图书在版编目(CIP)数据

英格兰乡村的消亡:1900年以来的乡村社会史／(英)阿伦·霍金斯(Alun Howkins)著；邓小红译. -- 武汉 : 武汉大学出版社,2025.6.世界农业文明译丛／覃江华,耿云冬主编. -- ISBN 978-7-307-24986-8

Ⅰ. D756.183

中国国家版本馆CIP数据核字第20257ST610号

The Death of Rural England, 1st Edition／by Alun Howkins／ISBN:9780415138857

Copyright ⓒ 2003 by Alun Howkins

Authorized translation from the English language edition published by Routledge, a member of Taylor & Francis Group; All Rights Reserved.

本书原版由 Taylor & Francis 出版集团旗下 Routledge 出版公司出版,并经其授权翻译出版。版权所有,侵权必究。

Wuhan University Press is authorized to publish and distribute exclusively the Chinese (Simplified Characters) language edition. This edition is authorized for sale throughout Mainland of China in book form. No part of this book may be reproduced in any form without the written permission of the publisher.

本书中文简体翻译版授权由武汉大学出版社独家出版并仅限在中国大陆地区销售,未经许可,不得以任何手段和形式复制或抄袭本书内容。

Copies of this book sold without a Taylor & Francis sticker on the cover are unauthorized and illegal.

本书贴有 Taylor & Francis 公司防伪标签,无标签者不得销售。

责任编辑:马超越　　　责任校对:汪欣怡　　　版式设计:马　佳

出版发行:**武汉大学出版社** 　(430072　武昌　珞珈山)

(电子邮箱:cbs22@whu.edu.cn　网址:www.wdp.com.cn)

印刷:湖北恒泰印务有限公司

开本:720×1000　1/16　印张:21.5　字数:328千字

版次:2025年6月第1版　2025年6月第1次印刷

ISBN 978-7-307-24986-8　　　定价:89.00元

最近暴发的口蹄疫灾难和疯牛病，以及公众对环境污染和农业工业化的担忧，都迫使英国城镇居民改变了他们对农村的态度。农民的利益和公众形象都因为这些危机受到严重影响。

阿伦·霍金斯对此进行了详尽调查，撰写了有关 20 世纪英格兰和威尔士农村的第一部社会史。他讨论了第一次世界大战对乡村的影响、农业在整个世纪中作用的变化以及城市居民对乡村的期望，分析了乡村在当今社会中的作用。他还探讨了当今农村社会，作为谋生之处和休闲之所存在的种种冲突与问题。

这份调查报告研究细致，将会受到所有农业史与社会史爱好者、历史地理学家和当代农村事务爱好者的热烈欢迎。

阿伦·霍金斯是萨塞克斯大学的社会历史学教授。他以往的著作包括《贫穷的劳动者》(1985 年)和《重塑英格兰乡村》(1992 年)。1999 年，他为英国广播公司第二台(BBC Two)策划并主持了一部四集的农业史记录片《富饶的大地》。

献给本，1972—1993 年

那失落幸福的乡土，
清晰闪耀入眼帘，
快乐走过来时路，
而今无法再踏足。

——A. E. 豪斯曼

目　录

插图列表

致　谢

　　每个写书的人都负债累累——我也毫不例外。我要感谢在过去几年里所有予我帮助或者给我提供了资料和档案的人。感谢东萨塞克斯档案馆、剑桥郡档案馆、诺森伯兰档案馆以及诺里奇与诺福克档案馆的工作人员。虽然他们已然忘却此事，但我仍要为他们的礼貌接待和热情帮助表示谢意。特别感谢雷丁大学的工作人员和乡村历史中心，该中心是乡村历史学家的天然家园，为本书提供了许多资料和图片。在雷丁大学，尤其要感谢档案馆的乔纳森·布朗、摄影收藏馆的卡罗琳·本森以及馆长理查德·霍伊尔教授。还要感谢萨塞克斯大学大众观察档案馆的受托人，感谢他们允许我使用他们保存的资料，并为我研究现代人对农村的态度提供了便利。与所有历史学家一样，（一如既往）我要感谢我们的公共图书馆，特别是大英图书馆和萨塞克斯大学图书馆及其工作人员。我还要感谢英国科学院提供的为期一个学期的资助，萨塞克斯大学将这笔资助的时间延长为一年，没有这笔资助，本书难以完成。

　　我还要向朋友、同事和学生致谢，他们帮助我良多。在过去的几年里，我以不同的形式向不同层次的学生讲授 20 世纪英格兰乡村史。感谢他们听我的讲座，给我启发，并有意无意地影响了我的很多想法。我还要感谢一些同事和研究生，他们倾听我的意见，与我探讨，并为我的工作付出了宝贵的时间。

　　感谢佩特·桑恩、卡萝尔·戴豪斯、约翰·洛尔森、布莱恩·肖特、尼古拉·弗登、劳拉·费伦、安妮·梅瑞狄斯、露西·罗宾逊、托比·哈里森、汤姆·威廉姆森和詹姆斯·奥布莱恩。

最后是我个人最真挚的感谢。感谢伊恩·加泽利，在本书写作过程中他与我一起授课、聊天、喝酒，给予了我巨大的支持——尽管他并不赞同我对于乡村的观点！非常感谢保罗·布拉斯利，他对 20 世纪末农业和农业政策的了解以及他的评论对本书起到了至关重要的作用。劳特利奇出版社的维姬·彼得斯在本书出版过程中给予了大力支持，当本书出现问题时，她从前任编辑手中接过了这本书，并给予了真正的理解。特别感谢我的同伴兼好友赛琳娜·托德，她牺牲了自己的工作时间来关心我的作品，带着赞赏之情阅读了我的作品，并对其进行了斧正。最后，如以往一样，要感谢琳达·梅里克斯，尽管研究领域不同，她仍旧会抽出时间来倾听乡村的故事，关心这本书。最后，一如既往，如有不妥之处，敬请原谅。

本书的作者和出版商向以下机构和个人表示感谢，他们授权本书使用其版权材料：经约翰·默里(出版商)有限公司许可，使用了约翰·本杰曼《诗集》中《斯劳城》一诗的节选；经作家协会(A. E. 豪斯曼遗产的文学代表)许可，使用了豪斯曼诗集《什罗普郡的少年》中的第四十首诗歌。

缩略词表

AHR	*Agricultural History Review*	《农业史评论》
CCRO	Cambridgeshire County Record Office	剑桥郡档案馆
CPRE	Council for the Preservation of Rural England	英格兰乡村保护委员会
EcHR	*Economic History Review*	《经济史评论》
EG	*Estates Gazette*	《地产公报》
ESRO	East Sussex Record Office	东萨塞克斯档案馆
EWP	*Eastern Weekly Press*	《东部周刊》
FW	*Farmers Weekly*	《农民周刊》
HWJ	*History Workshop Journal*	《历史工作坊杂志》
LW	*Land Worker*	《农业工人报》
MAFF	Ministry of Agriculture and Fisheries	农业和渔业部
MLE	*Mark Lane Express*	《马克巷快报》
M-O	Mass Observation	大众观察
NN	*Norfolk News*	《诺福克新闻》
NRO	Northumberland Record Office	诺森伯兰档案馆
PP	*Parliamentary Papers*	《英国议会文件》
RH	*Rural History*	《乡村历史》
RHC	Rural History Centre	乡村历史中心

引　言

　　毫无疑问，在过去的十年里，农村地区和农业都经历了一场严重的危机。这场危机既是物质上的，也是意识形态上的。这场物质危机，或者说这场危机，是非常明显的。首先是人们对环境破坏和工厂化农业的担忧；随后是一系列的食品丑闻，这些丑闻在令人痛心的疯牛病事件中到达了顶峰；紧随其后，2001 年春天又暴发了口蹄疫灾难。这一切发生的背景是，自 20 世纪 90 年代中期以来，农业利润不断下滑，农村服务业持续衰退。意识形态危机也同样明显，而且与物质危机密切相关。最重要的是，公众对农村尤其是农业的看法发生了巨大的变化。人们对环境和许多现代农业生产方式充满担忧，对食品质量问题忧心忡忡，而且越来越多人认为农业补贴只是在保护富人和特权阶层，所有的这一切都导致了公众对农业的态度变得前所未有的严厉。

　　尽管如此，英格兰和威尔士的大多数城市居民依旧喜欢乡村，想去乡村度假，并最终在那里生活。1993 年至 2000 年间，前往乡村的"旅游"次数增加了 50%，而 1995 年的一项调查显示，48% 的英格兰城市居民希望居住在乡村。然而，对于农业产业而言，这些游客和"外来者"的需求往往与农业需求相冲突。不管这些人是抱怨树篱被毁、环境遭破坏，还是要求进入乡村、在乡间享有"漫游权"，农民和土地所有者的想法都没有改变，反而，这些抱怨和要求还成为了大多数城里人不"了解"乡村的证据。

除了疯牛病之外，这些问题都不是 20 世纪 90 年代才出现的。与以往相比，不同之处不过就是问题规模扩大与公众热议程度提高罢了。当然，变化也确实存在，其中许多隐藏在了"农业危机"这一引人注目的标题之后，这意味着英格兰和威尔士农村在 20 世纪发生的变化比农业革命以来的任何时候都要大。然而，在 20 世纪前 40 年的大部分时间里，这种变化并不明显。尽管经历了农业萧条、第一次世界大战和农业科技的起步，直到第二次世界大战爆发，英格兰和威尔士农村地区仍然保留了许多传统特征。事实上，在两次世界大战之间，农业部门的经济困境使得农村的"传统"得以保留，但同时也阻碍了投资和经济变革。这一点在高地地区尤为明显，这也意味着即使是在 20 世纪，19 世纪所特有的那种农业和农村社会结构上的巨大地域差异也并没有完全消失。即使到了 20 世纪 50 年代，威尔士和英格兰北部的一些地区的农业模式、社会和文化模式对于该地区 19 世纪的居民来说也会很熟悉。

表面上看，乡村所发生的变化似乎是一脉相承的。农业就业人数，尤其是农场工人人数在持续下降，该行业对英国经济的贡献也在下降。"荒废的村庄"里，村舍倒塌，商店和酒吧消失，大宅邸门窗紧闭，20 世纪二三十年代展现的这幽灵般的景象与 19 世纪八九十年代如出一辙。此外，20 世纪 30 年代作家笔下闲置和荒芜的土地上杂草丛生的景象也同样能在 20 世纪初作家的作品中找到。集镇也在衰落，地方性报纸被全国性日报取代，本地商店受到新的"连锁商店"的挑战，俱乐部和会议厅被新的电影院和广播电台取代。不过，这些抱怨也是老生常谈了，而且导致农村衰落的原因——城镇和城市文化的吸引——在威廉·莫里斯①或亨利·赖德·哈格德②笔下也是再熟悉不过了。

然而，虽然在 20 世纪的前 40 年中，乡村变化都不太明显，但这些变化却又

---

① 译者注：威廉·莫里斯，19 世纪英国著名设计师、诗人、早期社会主义活动家，英国"工艺美术运动"的推动者和领导者，亦是拉斐尔前派的重要成员。19 世纪 90 年代创作了小说《乌有乡消息》(*News from Nowhere*)、《世界尽头的井》(*The Well at the World's End*)、《奇迹岛的水》(*The Water of the Wonderous Isles*) 等。

② 译者注：亨利·赖德·哈格德，英国小说家，以写非洲的冒险故事闻名，代表作包括《所罗门王的宝藏》(*King Solomon's Mines*) 和《她》(*She*)。

确实存在且逐步显现。早在 20 世纪初，农村地区人口数量下降的情况就开始扭转，当时部分城市精英开始搬到农村生活，或至少会在农村度过闲暇时光。因此，到 20 世纪 30 年代，像萨里郡这样的伦敦周边农村地区，白领工人数量已不亚于在田间工作的男女工人的数量。也是在这时，乡村度假变得不再是精英阶层的专利，而开始向社会下层普及。因此，在英格兰北部的荒原上，那些想要获得漫游权利的人与那些认为土地作为私有财产神圣不可侵犯的人之间发生了第一次冲突。城镇由此渐渐回归乡村。

同样地，在战间期①，虽然农业整体处于低迷状态，但在某些行业和区域，特别是乳业和一些耕种地区，情况至少还算合乎情理。此时，技术变革开始产生影响。事实上，有人认为那些在 20 世纪五六十年代对农业成功作出巨大贡献的科技进步，早在 20 世纪二三十年代就已经出现了。

传统观点认为，第二次世界大战是导致这一切变化的原因。战时对粮食的需求不仅促使农民采用进步的科学技术，还改变了政府的态度，此前政府一直将生产补贴视为农业生产力甚至是该行业生存的核心。虽然这种说法有一定的道理，但真正带来变革的却是战后时期，特别是 20 世纪五六十年代，尽管在这时，变革也是不均衡的。与农业技术变革同样重要的是同一时期农村社会性质的快速变化。20 世纪下半叶，农村与半农村地区人口大幅增长，这永久性地改变了乡村的特征。同样重要的是，1950 年后，英格兰和威尔士乡村旧有的三方社会结构受到破坏。至少从 18 世纪开始，农村社会就被划分为土地所有者、农民和农业工人三方。到了 20 世纪 90 年代，农场工人消失殆尽。这意味着剩下的少数人对自己的土地越来越陌生，并寻求与农民甚至土地所有者建立更紧密的联盟。

到 20 世纪 80 年代，英国在温带食品方面实现了自给自足，战后补贴政策的有效性似乎得到了证明。然而，农业生产付出的成本似乎越来越高。从 20 世纪 60 年代开始，环保运动对现代农业进行了全方位的批评，此举不仅得到城市居民的支持，还得到了大多数农村居民的支持，但这些人只是生活在农村地区，并不从事与农业生产相关的工作。

---

① 译者注：战间期(inter-war period) 是指自第一次世界大战结束到第二次世界大战爆发的这段时期。

本书的历史记录不仅尽力阐明了 20 世纪 90 年代这场在农村地区发生的剧烈危机是如何爆发的，而且也阐述了其产生的原因。然而，所有这些记录都必然是片面的，尤其是这本书的篇幅还相对较短。尽管我不认为本书会完全忽略某个地区，但对每个地区的关注度确实并不均衡。尤其是对威尔士的记录时有时无，但我相信本书的叙述是清晰的。作为一部社会史，本书或许更侧重于乡村生活的某些方面，并且在不同的时代关注不同的方面——但这正是这本书的本质所在！

最后谈谈我自己，我出生在乡村，当时"二战"刚刚结束。我还记得田野里的马匹；我父亲修理过的一些最早的联合收割机。正如本书后面会提及的，我记得那时奶牛并不都是黑白相间的，我记得玉米地里满是罂粟花。我曾亲眼见证了童年时的田野变成了住宅区。我也记得低工资，记得没有厕所和自来水的房子。我曾举着工会旗帜，目睹一家人被赶出了他们住了近 20 年的小屋。因此，在某种程度上，这就是我人生的故事背景——在这片我"……曾走过而今无法再踏足"的遗失土地上，保留着我的过去，也保留着英格兰和威尔士乡村的过去。

第一部分

"记忆中的蓝色山冈":
农村社会，1900—1921 年

1

新世纪的乡村，1900—1914年

　　在1900年的英格兰与威尔士，乡村是一片充满对比和地域差异的土地。这片土地呈现出两种不同的面貌，既存在着许多传统甚至落后的农业生产实践与社会结构，又不乏其他高度现代化与高效的元素。这种两面性作为乡村社会的一部分，一直延续到了20世纪中叶。直到1950年以后，化学制品和农业机械被广泛应用，"第二次农业革命"终于占据主导地位，这种情况才得到了改变。

　　传统上，英格兰和威尔士的乡村根据1852年詹姆斯·凯尔德[1]划定的界线分为两大区域，但这一划分在他提出之前早已存在。此外，由于最初的划分是在气候、地貌和土壤等因素的基础上形成的，因此在乡村地区沿用至今。[2]凯尔德以诺森伯兰郡西部的苏格兰边境至埃克斯河一线为界将英格兰简单地划分为两大区域：该线以南和以东为低地地区，大部分地区适合耕作；该线以北和以西为高地地区，大部分地区适合放牧。在凯尔德的"地图"中，尽管威尔士的部分区域也属于谷物产区，如安格尔西岛和南部海岸，但整个威尔士仍被划入高地地区。凯尔德还认为，在英格兰和威尔士，不同地区的主要耕作类型也有所不同。北部和西部是小型农场，而南部和东部是大型农场。此外，我们还可以补充一点，无论过去还是现在，高地地区多见分散在各地的零星宅院，而低地地区则以村庄聚落为特征。[3]

在 19 世纪末，尤其在 20 世纪末，人们可能想过对凯尔德的划分进行一些调整，但它们现在仍与 1852 年的划分基本保持一致。更重要的是，凯尔德的这种划分方式掩盖了无数的地区差异。正如彼得·布兰登和布莱恩·肖特所说，[4]即使是像萨塞克斯这样明确属于南部的郡，也包含了三种甚至四种不同的地貌类型和居住模式，而类似情况在英格兰和威尔士的许多郡都曾出现过。[5]我们要注意的是这些划分不仅仅是空间上的，也是社会、文化和经济上的，本书后面也会重复提到这点。实际上，就算到了 20 世纪中叶，英格兰和威尔士也不仅是两个国家，它们还包含许多不同的地区。

如果地区和景观划分方式的延续性可以看成是对传统乡村两面性的印证，那么在 1900 年，英格兰和威尔士最显著的现代特征之一则是其人口分布。1901 年的人口普查显示，英格兰毋庸置疑已经成为世界上第一个真正意义上的城市化和工业化国家，威尔士紧随其后。这一年，两国 77% 的人口居住在城市地区，23% 的人口居住在乡村地区。在 1901 年之前的十年间，乡村人口减少了约 12%。乡村人口流向城市是一个长期的趋势。正如 1921 年《人口普查总报告》所指出的："1851 年后，城乡人口比例大致持平，但此后城市人口占据明显的领先优势，并且在 1901 年之前，每十年间城市人口都迅速而持续地增长。"[6]这种人口分布的城市化特征也反映在人们的职业上。尽管在 1901 年，英国仍有 130 多万男性从事农业工作，但只占劳动人口的 11.5%，而女性所占比例还不到 1%。[7]

然而，在 1900 年，尽管在英格兰北部和西部以及威尔士的部分地区，煤矿开采和采石业使得大量劳动人口从事了非农业工作，但农业仍是大部分乡村地区的主要就业行业。此外，虽然乡村地区和各郡首府都有着种类繁多的行业，但在 20 世纪初，不论男人还是女人通常还是依赖农业生存。

1900 年的农业就业人口统计并不准确，某些类别的人数，特别是女性就业人数明显被低估。这主要有两个原因。首先，"农民的妻子或女儿"这一类别在 1851—1971 年的人口普查中被明确认定为工作类别，但在 1881 年被删除，从而导致农民人数的显著下降，以致整个工作组别被取消。[8]虽然有些农民的妻子和女儿被认定为"未工作"，但实际上她们大多数都在工作。1911 年的人口普查中该类别被重新引入，从而确认了这一事实。其次，尼古拉·弗登和西莉亚·米勒的研究表明，人口普查一直以来都低估了在农场中从事各种工作的女性人数。[9]最后，1871 年"土地所有者"的人数中也剔除了女性人数，1881 年该类别整体消失。然而，我们仍然可以得出一些数据(见表 1.1)，反映出 1901 年在英格兰和威尔士乡村田间工作的人数。这些田间工作人员可以分为凯尔德在 1851 年所说的"与农业有关的三大利益团体——土地所有者、佃农和农业工人"[10]。

表 1.1　英格兰和威尔士 1901—1911 年的"农业阶层"

年份	土地所有者	农民	农业工人	总计
1901	25431*	475633**	621068**	1124701
1911	25431*	383333	656337**	1065101

注：

*这些数据是根据最后可查日期(1871 年)得来的，数据较粗略，而且很显然，统计的并不是所有的土地所有者，而是那些自称为土地所有者的人。但没有理由认定这些数字在1871—1931 年乃至其后发生了重大变化。

**这些数字是经过调整的，增添了通过估算得出的女性人数。阿伦·霍金斯的著作《重塑英格兰乡村 1850—1925 年》(伦敦，1992 年)第 11 页中有对估算依据的解释。

有人从事农业进行生产，有人经营农业从中获利，但到 20 世纪初，农业仍处于命运兴衰不定的时期，而没有人比农民更能感受到这种不定。农民这个概念，从整体上来看，是相当复杂的，因为它涵盖了各种不同的男性和女性，他们拥有的土地规模也不尽相同。正如 B. A. 霍尔德内斯所说的那样：[11]

> 人口普查中的"农民"这个类别既包括拥有 2000 英亩土地的资本家，也包括只有 5 英亩或 10 英亩土地的小农户。……1851 年[之后]，仅通过农民所拥有的土地面积就很容易对其进行区分，但由于农业的多样性，仅以土地面积作为衡量人们社会地位的标准是不够的。

然而，对于许多农民来说，无论他们拥有的土地面积有多大，都难逃历史的命运：从 19 世纪 40 年代末开始的"高级农业的黄金时代"持续了 40 年，给他们带来了巨大的利润和成功，而这种情况，在 19 世纪七八十年代，由于进口廉价谷物的冲击，尤其是北美进口廉价谷物的冲击而终结。对于像亨利·赖德·哈格德这些当时的人来说，那是一场灾难。亨利在 1901 年游历了英格兰农村。他写道："我的漫游给我留下的印象是，英国农业似乎是在和天意作斗争。"[12]但历史学家一直坚持认为，至少从 20 世纪 60 年代起，农业"大萧条"基本只是一种地区性现象。[13]受其影响最深的是南部和东部谷物种植郡，尤其是其中投入成本高的地区，比如埃塞克斯郡的重黏土地区。[14]奥布里·斯宾塞于 1894 年代表英国皇家劳工委员会（the Royal Commission on Labour）访问了埃塞克斯郡东北部的登吉百半岛，[①] 他对该地区的衰落留下了极具震撼力的描述。[15]

> 这片重黏土土地……本质上是一个小麦产区……[英格兰]的这一地区遭受了严重的农业萧条——其严重程度可能等同于甚至超过英格兰的任何一个地区。……相当多的土地完全荒芜了。……从农业角度来看，几乎无法想象比这一地区受灾更为严重的景象了。

但正如理查德·佩伦所指出的那样："这些受灾农民只占全部英国农民中的一小部分，甚至在萧条来临之前，谷物产值也只占英国农业总产值的一小部分。"[16]在其他作物产区，或者像诺福克这样的地区，农民能够凭借大型谷物农场和优质土壤承受谷物价格下跌带来的损失，情况可能而且确实有所不同。简而言之，虽然作为英国人主食的小麦价格下跌了，但人们的工资水平却保持稳定。因此，工人们有更多的钱用于购买其他商品，如乳制品、肉类，甚至是新鲜的水果和蔬菜等。也正因为如此，这些产品的生产行业在 1880 年以后得到了真正发展。到 1913 年，近 75% 的农业总产值来自畜牧产品，其中最重要的是肉类，但增长最快的是乳业。[17]然而，还有更令人难以置信的现象。到 1908 年，水果、花卉、家禽和鸡蛋的总产

---

① 译者注：这里原文有误，应该是 the Dengie Hundred，埃塞克斯郡切姆斯福德东部的一个半岛，东临北海，南临克劳奇河，北临黑水河，是一个农业社区。

值占英国农业产值的 6%，而曾经是主要产品的羊毛仅占 1.7%。[18]

这意味着，农业大萧条带来的影响和从中复苏的速度都极具区域性——这也是我们在本书中将反复讨论的话题。那些有能力或有意愿做出改变的地区和农民平安地度过了最艰难的岁月。在 1895 年，当威尔逊·福克斯先生访问林肯郡的斯伯丁区时，他见到的是一个真正繁荣的地区。[19]

> 在斯伯丁附近，我对一些从事市场园艺的蔬果农民进行了详尽的调查。这里种植的蔬菜、水果和花卉种类繁多，主要供应北部和伦敦市场。该地区种植的农产品有：早熟土豆、早熟卷心菜、辣根、胡萝卜、芹菜、大黄、芦笋①、萝卜、甜菜和芥菜籽、豆类、豌豆、黑加仑和红加仑果、醋栗、苹果、梨、李子、青梅、樱桃、植物球茎……还有紫罗兰。朗萨顿还种植了草莓，这一产业是由肯特郡的一些种植者发起的。

正如琼·瑟斯克所写的那样，造成这些惊人变化的往往是"微不足道的、地方性的改变，只有那些在偏远地方孜孜不倦探索的人才能做到"。然而，她继续写道："他们拓展了农业经营的范围……[而且] 本着积极的心态，这些经营者以一种全新的、建设性的方式迎接并接受了形势变化带来的挑战。"[20]

农业大萧条中，人们的适应能力和变通能力极大影响了他们对灾难性后果的感受；反过来，后果的灾难性程度在一定程度上又取决于我们所讨论的是英格兰和威尔士的哪个地区。正如 T. W. 弗莱彻多年前所指出的那样，北部和西部几乎没有受到大萧条的影响，因为这些地区已经是畜牧业经济区，而且往往靠近工业革命时期兴起的城市。[21]因此，在 20 世纪上半叶，这些地区仍然可以依靠那时的成功与经验进行发展，像约克郡、威尔士，甚至英格兰西部乡村等地区就是如此。南部大城镇附近，尤其是伦敦周边地区的农民，能够转而去经营乳业或种植其他替代作物，格洛斯特郡的伊夫舍姆、贝德福德郡的斯伯丁和桑迪镇的小农场主就是这么做的，因为这些地区与工业革命时期发展起来的城镇间有便捷的铁路交通连接。萨里郡和北萨塞克斯郡那些从事市场园艺的蔬果农和种植者(包括女性)则

---

① 译者注：原文为 rhubarb asparagus，两个单词之间疑漏了逗号，故译为两种蔬菜：大黄、芦笋。

从第一波中产阶级郊区化浪潮中获益，因为郊区化带来了人们对园林植物、花卉和蔬菜的需求。

另一方面，种植谷物的农民，甚至一些饲养牲畜的农民则受到了严重的影响，尽管这种情况并不普遍。受影响最严重的地区是那些贫瘠的谷物种植区，如埃塞克斯郡，这些地区依靠高价格、高投入和廉价劳动力来维持利润。19 世纪 80 年代至 20 世纪 30 年代，苏格兰人、威尔士人和西部农村流动农民接管了许多这样的贫瘠农场，并在此谋生。他们的经历清楚地显示，除非年景特别好，否则这块土地远远不能使农民们过上他们期望的生活。[22]

20 世纪，英格兰和威尔士的农业开始出现一种新的平衡。一些最贫瘠的土地完全停止了生产。L. 玛格丽特·巴尼特写道："1872 年，英国有 2400 万英亩的农田，占耕地面积的 51.3%。到 1913 年，这一数字缩减到 1900 万英亩，占耕地面积的 41.6%。"[23]然而，在大多数地区，停耕的土地往往是零散分布的，而不是整个地区都重新变成蓟草和灌木丛生的荒地。此外，尽管受到媒体质疑，但是耕地租金的降低缓解了农业大萧条带来的最严重的问题，因此，农民破产的情况相对较少。[24]此外，乳业和其他形式的"替代畜牧业"的增长意味着至少有部分人经营得还不错。到 20 世纪末，农业似乎已经很好地适应了新的供需模式，尽管这使得英国消费者严重依赖进口。1911—1912 年，A. D. 霍尔进行了三次跨越英格兰的"农业巡回考察"，他得出结论："我们必须认识到，这个行业目前是健全和繁荣的。……对于那些努力学习并努力经营自己事业的人来说，农业现在具有很好的资本回报前景。"[25]

20 世纪初，英格兰和威尔士的大多数农民是佃农——他们的土地都是租借来的。土地所有权仍然是少数人的特权，因为虽然数万人拥有土地，但英格兰的绝大多数土地仍然为少数土地大亨所拥有。我们拥有的唯一数据来自 1876 年的《新末日审判书》①，它列出了英国所有土地所有者的名单，并揭示了英格兰和威尔士

---

① 译者注：19 世纪后期，公众反对土地垄断的呼声日益高涨，为了抵制这种呼声，维多利亚时代的统治者委托地方政府编制一份土地所有者名单，1873 年发布了两卷本的《土地所有者回归》（*Return of Owners of Land*），登记了所有拥有 1 英亩以上土地的土地所有者。该书被称为"新末日审判书"，是 1086 年《末日审判书》（英王威廉一世下令在全境进行广泛的土地调查并将调查情况汇编成册）以来第一份完整的有关英国土地分配的文件。文件有不准确之处，约翰·贝特曼进行了修订，出版了《大不列颠及爱尔兰的大地主》。

仅有不到一百万人拥有土地。而且，其中 70 多万人拥有的土地不足 1 英亩。通过分析这些材料，著名的非激进人士约翰·贝特曼对英格兰和威尔士土地所有权的不平等状况进行了最清晰的描述。他的著作《大不列颠及爱尔兰的大地主》[26] 分析了《新末日审判书》的数据，并为激进批评家提供了明确的数字，即约 7000 个家庭拥有不列颠群岛五分之四的土地。这部分人，尤其是拥有土地超过 10000 英亩、年收入超过 10000 英镑、在排行榜中名列"前一千名"的人，构成了一个独特的阶层。正如大卫·康纳汀所写：[27]

> 在他们最辉煌的时期，以及在他们衰落的一个世纪里（1880 年之后），大多数名人最重要的参照群体是他们从属或曾经从属的那个英国地主阶层。在大部分时间里，群体成员彼此之间（无论他们是偶尔还是一直不同），都比他们与其他任何社会群体之间（无论他们是偶尔还是一直相似），有更多的共同之处。

尽管土地所有者拥有权力和财富，但农业大萧条对他们的影响比对农村社会中任何其他群体的影响都要大。1878—1894 年间，在诺福克郡，就算是莱斯特伯爵那些经营得非常成功的庄园，租金也下降了 45%。即便如此，他仍有一些农场"砸在手里"。他有 8 个农场的租约将在 1895—1896 年到期，尽管租金下降了 40%～60%，但他认为这些农场仍无法续租出去。[28] 在混合农场较多的林肯郡，租金降低了 20%～60%；然而，正如理查德·奥尔尼指出的，这里和其他地方一样，"地主们的净收入下降得更厉害，因为他们无法按比例削减支出"。[29] 正是由于租金下降，奥斯卡·王尔德笔下的布拉克内尔夫人才会对倒霉的杰克·沃辛的收入来源进行盘问。[30]

> 布拉克内尔夫人：……你的收入是多少？
>
> 杰克：一年七八千镑。
>
> 布拉克内尔夫人（在本子上记了下来）：是地产还是投资？
>
> 杰克：主要是投资。

　　布拉克内尔夫人：很好。生前要交地产税，死后要交遗产税，土地既
　　不能带来收益，也不能带来快乐。它给人地位，却让人无钱撑起这地位。
　　除此之外，也没有什么好说的了。

当然，我们也应当谨防在这一问题上过于夸大。在高地地区，土地租金保持稳定，
甚至在这一时期，德比勋爵的法尔德庄园的租金实际上还上涨了。[31] 那些最大的土
地拥有者也没有受到什么影响。在土地、年收入排行榜中名列"前一千名"的人中，
大多数人的收入还来自"矿山和码头、市场和房地产，有些人，如萨瑟兰公爵，还
持有巨额基金和铁路股票投资"。[32]

　　每个郡中受影响最严重的是那些完全或主要依靠农业租金为生的人，这些人
往往来自贵族的"下层"和乡绅阶层。理查德·奥尔尼在描述林肯郡时写道，土地
租金的降低"加大了农村社会中一直存在的显著差异"，即那些仅依赖租金生活的
人与那些有其他收入来源的人之间的差异。[33] 那些仅仅依靠租金为生的人，通常是
小乡绅，遭受了严重的打击，甚至因此破产。居住在林肯郡西威洛比府邸的 F. W.
阿利克斯就是这样，他把房子租给了一位叫雷尼的上尉，然后搬到生活成本更低
廉的比利时生活，直到 1894 年在那里去世。[34] 在诺福克，罗尔夫家族的文件也记录
了他们家族相似的衰落。在 18 世纪，他们一直是参与农业改良的地主，也是圈地
运动的参与者。[35] 然而，19 世纪中叶一系列的家庭问题和一场灾难性的大法官法庭
诉讼案耗尽了家族的财富。因此，这家人出租了他们的房子和剩余的土地，而后
移居意大利和德国。1886 年，家族的领头人尤斯塔斯·罗尔夫在卡尔斯鲁厄写道：
"我想，我离开英格兰去流亡的日子是没有终点的了——在我这个年龄，已经不太
可能出现什么转机，除了无所事事地生活，我什么也干不了。"[36] 农业大萧条使罗尔
夫地产的租金减少了近 60%，而且有些佃农还拖欠租金。最后的打击是，罗尔夫
家族意识到 1894 年颁布的新遗产税将使任何继承人都难以维持原有的社会地位，
他们最终在 1899 年出售了该地产。

　　虽然新的遗产税征收额度有限，但在许多贵族看来，这是对他们的地位的冲
击。这点似乎得到了证实，因为自由党在 1906 年大选中取得压倒性胜利后，议会
将目光转向了大多是保守党的地主精英，盯上了他们的巨额财富。1908 年，佃农

的权利得到了加强，郡议会（the County Councils）可以强制购买土地，并将其作为小块耕地和菜地进行出售或出租①。这一计划虽然足够温和，但在一些精英看来，这似乎是仿照爱尔兰模式进行激进土地改革的开端。1909 年的财政预算案预示着更加严厉的措施，其中包括增值税和未开发土地税。但最糟糕的是大卫·劳埃德·乔治的上台。劳埃德·乔治在威尔士反对英国地主阶级的斗争中初显政治锋芒，他对英国乡村精英阶层深恶痛绝。1909 年 7 月，他利用自己作为财政大臣的权势，在莱姆豪斯发表了著名的演讲，其言辞令《泰晤士报》"胆寒"，后者指责他发动了一场阶级战争。"谁是地主？"他向他的听众——主要是工人阶级——问道：[37]

> 地主是绅士——就其个人能力而言，我无话可说——地主是不劳而获的绅士。他甚至都不用费心去接收自己的财富，有一大堆代理人和职员替他收钱。他甚至不用费心去花费自己的财富，他周围有一大批人替他花掉这些财富。他只有在享用财富的时候才会看到它。他唯一的功用，他最引以为傲的就是堂而皇之地消费他人创造的财富。

对新遗产税巨大冲击的恐惧可能吓到了一些人，但对大多数人来说，这为他们提供了一个借口去做他们本来就想做的事情。正如 F. M. L. 汤普森所指出的，劳埃德·乔治"为长期以来看似明智的做法提供了自我辩护，即一旦市场回暖，他们就立即将一些土地资产变现"[38]。

从 19 世纪 90 年代末开始，当然也包括 20 世纪初，市场逐渐回暖，英格兰的土地交易量大幅增长，威尔士的情况更为明显。威尔士以畜牧业为主，即使在农业大萧条时期，对土地的需求也居高不下。此外，一场以小农户为基础的声势浩大的运动将政治关注点转向反对非常住民的英格兰土地所有者。这导致了 19 世纪八九十年代，许多英格兰土地所有者"放弃"了他们在威尔士的地产。从 1910 年到

---

① 译者注：1908 年，英国通过了《自留地法案》（*Small Holdings and Allotments Act*），该法案要求郡政府为愿意购买或租用土地种植作物的人提供小块土地，以保障穷人的福祉和幸福。

1914 年，随着价格的不断上涨，"几乎所有土地主要位于公国境内的威尔士大地主都开始出售他们的部分地产"。[39]

英格兰市场回暖的速度较为缓慢，但在 1905—1906 年以后，市场上开始出现了大量的土地，到 1910 年夏天，根据《地产公报》（*Estates Gazette*）的报道，英格兰 32 个郡共有约72000 英亩的土地出让。[40]三年后，还是这家报刊写道："好几代以来，都没有出现过像 1911 年和 1912 年这样大规模的土地产权的分散解体，全国各地祖传土地的供应似乎是无限的。"[41]但在这一点上，我们仍需要保持谨慎。尽管有人假意悲伤地表示失落，尽管有人大声疾呼"大庄园解体了"，但农村土地精英的顶端阶层几乎没有受到挑战：作为自己监管土地的领主，他们拥有英格兰。他们的生活依然是无与伦比的奢华和惬意：参加一轮又一轮的家庭聚会、伦敦的社交季、苏格兰的狩猎活动，以及在法国里维埃拉、比亚里茨或时尚的德国水疗中心度过越来越漫长的时光。在许多情况下，他们与自己的庄园以及至少提供部分收入的土地之间的联系日渐减少，唯余象征意义，但是这种象征体系仍然具有巨大的力量，而且在 20 世纪的大部分时间里仍将如此。

地主们拥有英格兰和威尔士农村的土地，农民（农场主）负责管理土地，但在土地上劳作的通常是一无所有、唯余劳动力可售的农业工人。与农场主的情况一样，在土地上耕作的工人的经验也具有深刻的地域性。农场工人不仅在工资和技能上存在差异，他们的生活方式也截然不同。最重要的区别在于受雇期限：一部分人的受雇期限为 6 个月或 1 年，并住在工作的农舍内或附近；另一部分人按星期甚至按天雇用，且住在远离农场的地方。这种差异也可以用"住在"农场的农场仆工与不住在农场的农场工人来加以区分。除此之外，在大多数郡中还有一大群拥有小块土地的人，他们与通常意义上的"农民"不同，部分在自己的土地上工作，部分为他人工作。[42]

住在农场的仆工在英格兰北部各郡最为常见，如诺森伯兰、达勒姆、坎伯兰、威斯特摩兰，还有约克郡和北兰开夏郡。[43]此外，英格兰其他 13 个郡也有农场仆工。许多历史学家认为到 1850 年这种"住在农场"的仆工几乎绝迹了。正如安妮·库斯莫尔所写的那样，"畜牧业中的仆工并没有演变成一种新的劳动形式，而是崩溃了"[44]。然而，这只是对一个复杂过程的简单化描述。事实上，农场仆工到第二次世界大战甚至更晚都一直存在。在一些地区，如约克郡东赖丁和中英格兰①的东北部，农场仆工这种雇佣形式甚至在 19 世纪得到了扩张。[45]然而，农场仆工并非只有一种体系，而是有三种。在诺森伯兰和苏格兰边境的大部分地区，通常是按年雇佣整个农场仆工家庭，他们住在农舍附近农场主的小屋里。19 世纪 80 年代，一份政府报告写道：[46]

> 每个大农场本身就是一个小群体，给每个他们所需的劳动力提供了住宿条件，只有在收割干草和玉米等特殊情况下才需要雇用额外劳动力（主要是爱尔兰人）。这种集中劳动力的做法不仅经济实惠……而且工人们或多或少都受到雇主的影响和直接监督。

在这种制度下，所有家庭成员都在农场工作。事实上，妻子、儿女和被雇为"仆工"的男性户主必须一起工作。

在大多数农场，年轻的单身男女也按年受雇。这些单身工人或是与其他家庭住在一起，或是住在工头家里。1905 年，鲍勃·赫普尔第一次受雇时，就住在一位年长的未婚农场工人家里，和农场主一家一起吃饭。[47]有时，这样的单身工人实际上是受雇于仆工家庭的户主，因为这些户主的家庭成员数量无法满足"雇佣"要求，由此产生了家庭雇佣中最著名的一种形式，即（19 世纪）声名狼藉和（20 世纪）被过度浪漫化的"女陪工"制。简而言之就是，每个雇工都必须带着一名女工与他一起工作。如果家里找不到女工，他就会雇一个。正如 1876 年出生于伍勒附近的布朗夫人所说，"没有女人的人很难被雇佣……如果没有女工，他们可以雇用

---

① 译者注：Midlands，英格兰中部，由中东部（East Midlands，亦译为东米德兰）和中西部（West Midlands，亦译为西米德兰）组成，英格兰中东部包括林肯郡、北安普敦郡、德比郡、诺丁汉郡、莱斯特郡和拉特兰郡；英格兰中西部包括斯塔福德郡、沃里克郡、什罗普郡、赫里福德郡和伍斯特郡。中南部（South Midlands 亦译为南米德兰）并没有被正式承认为英国的统计区域之一，但有时用于指代包括北安普敦郡、白金汉郡和牛津郡部分地区以及贝德福德郡西部的地区，这些地区兼具英格兰中部和南部的特征；中北部（North Midlands，亦译为北米德兰）也是一个非正式区划，用于指包括德比郡和诺丁汉郡，以及林肯郡和斯塔福德郡的部分地区。

一个并带她一起生活"[48]。朱迪·吉尔古德曾有力地辩称，女陪工在雇佣方面拥有相当的自由，这使得单身妇女能够根据自己的条件赚取高工资，这对 19 世纪和 20 世纪的农村妇女来说非常罕见。[49]

第二类农场仆工形式主要出现在约克郡东赖丁和中英格兰东北部的一些地区。与诺森伯兰和边界地区一样，农场远离村庄居住区，因此雇工们必须住在农场里，而由于工业对劳动力的竞争又使工资居高不下。不过，这里最大的不同是，雇工虽然年轻且单身，但很少住在农舍里，更多的是与工头或农场管理人员住在一起，偶尔也住在单独的建筑或房间里。这些年轻人按年受雇，从事与马匹相关的工作，马匹是该地区大型谷物农场的主要动力来源。还有两点需要强调：首先，在这些地区，雇工住宿在农场里不是一种古老的传统形式，而是农业革命的产物，是一种相对较新的形式。其次，基本上只有年轻男子会在农场住宿。他们一结婚就会放弃农场或者与马匹相关的工作，去当农业工人，甚至不再干农活。[50]农场劳动力的年轻化催生了一种与边境地区迥然不同的文化——男性文化。这种文化具有我们现在所说的"青年文化"的许多特征。[51]在招聘会和民间仪式"犁戏"中，以及偶尔在歌曲中，这些大农场的年轻人展示了他们作为一个群体的身份特征。

威尔士的一些地方也有类似的体系，并引起了类似的抱怨：[52]

> 单身男人……利用他们无拘无束的自由，晚上在其他地方一直玩到很晚，或者轮流挤在不同农场的睡房里，在那里大声说笑，狂欢数小时。

同样在威尔士，尤其是在北部，一些农场也有已婚男子居住。[53]

> 有一件事，几乎是该地区特有的，那就是很多已婚男性经常在距离家 5~15 英里的农场工作，他们只偶尔回家看望家人，根据离家距离的不同，他们可能是每两周回家一次、一个月回家一次，或六个月回家两次。

第三种形式的住农场仆工是"经典"的农场雇工方式，即社会地位相等的家庭，通常是小农场主家庭之间，派出 1~2 名儿女，与另一家庭一同生活一段时间并"学习一门手艺"。这基本上是近代早期"畜牧业仆工"观念的延续，库斯梅尔对这一观念的衰落做了很好的论述。尽管如此，作为一种次要的雇工形式，它并没有完全消失，特别是在高地地区的小农场、威尔士和威尔士边境地区、德文郡和萨默塞特郡的某些地区，甚至是肯特郡和萨塞克斯郡的高威尔德地区，这种形式都有所保留。许多人认为这是走上务农之路的第一步。例如，在威尔士，戴维·普里提到，"许多小佃户都是'在完成自己作为农场仆工的服务期后，从农业工人的职位升上来的'"[54]。

图 1 英格兰南部(1910 年左右)。英国农业此时劳动密集程度达到最高。在整个 20 世纪，土地上雇佣的劳动力数量一直在下降，但直到 20 世纪 40 年代，这样的场景仍很常见。(经雷丁大学乡村历史中心许可转载)

到 1914 年，住农场仆工制依然存在，但情况正在发生改变。尤其是作为雇佣活动实际发生场所的招聘会变得越来越不重要，并被书面合同和当地报刊上的广告所取代。据说早在 1904 年，诺森伯兰郡的安尼克招聘会就"形同虚设"。这主要是因为"农场主们通过报纸上的广告得到了所需的人员"[55]。尽管如此，农场工人及其家人仍然踊跃参加这类活动，享受他们的假期和乐趣。从诺森伯兰郡丁宁顿的卢瑟福家族的农场记录中可以清楚地看到，这种做法至少持续到了 20 世纪 20 年代末。[56]虽然高地地区的小农场数量保持不变，但总有地方需要雇佣男性和女性劳动力，甚至在 1939 年，《农民周刊》(Farmers Weekly) 都曾抱怨坎伯兰圣马丁节招聘会上雇工们要求的工资太高。[57]同样，斯蒂芬·考恩斯认为东赖丁的这种住农场仆工制在战间期仍然充满活力。[58]

尽管住在农场的仆工在某些地区是一个重要的群体，但英格兰大部分的耕地是由雇佣期更短的农业工人来耕作的，他们住在远离农场的村庄或小镇里。这些人就是我们更熟悉的"农场工人"，他们约占英格兰土地耕作者的 80%，占威尔士土地耕作者的 40%。同样，这个团体也按地区，特别是按他们工作的农场类型和技能，分成几类。这些因素也决定了他们的工资、工作条件、工作时间，尤其是工作的稳定性。一般来说，收入最高、最经常受雇的是男人（通常是负责管理牲畜的男人）。然而，即使在这一点上，地区因素也是占主导地位的。威尔逊·福克斯指出，在以耕地为主的东部和南部各郡，按周雇佣是常态，即使是负责管理牲畜的男人也是如此，而在混合性的或以牧区为主的西部和中部各郡，较长时间的雇佣更为普遍。只有牧羊人总是按年雇佣，而这种雇佣方式，除了极北部地区和威尔士，在其他地区也越来越少见了。[59]

饲养牲畜也能得到更好的报酬和更高的地位。在耕作区，养马人之间存在着严格的等级制度，地位最高的是技术最熟练、通常年龄最大的老人（犁头或其团队成员），然后依次是第二等、第三等，最低微的则是"马童"。队长或犁头的角色模糊不清。他们常常充当工头的角色，确定工作速度，安排谁做什么工作，并利用自己的技能开第一道犁沟或完成特别困难的任务。另一方面，他们经常充当其他养马人的非正式发言人。[60]

在混合区域和牧区，就没有这样突出的角色，尽管奶牛场工头也经常起着监督工人的作用，并可能扮演着与养马人头领类似的角色。在牧区和耕作区，负责饲养牲畜的人会得到额外的金钱和实物报酬。[61]不同地区报酬的差别很大。养马和养牛的人经常要在星期天照顾动物，他们因此得到了更多的报酬。饲养动物，尤其是竞赛获奖动物，饲养人通常会获得竞赛奖金的一部分，他们还会因为动物养得特别好而获得额外报酬。养马人和奶牛场负责人通常因其工作性质会得到一所廉价甚至免费的农舍，农舍通常位于农场中或靠近农场。

各个级别的农业劳动力工资会因地域不同而有所不同。在北方地区，由于工业也需要工人，这种竞争压力使得北方农业劳动力的工资比南方高得多。例外的是紧邻伦敦的郡，到 20 世纪中期，这里越来越难以招到干农活的人，因而很难估算工资和收入(工资加上实物津贴和其他报酬)。但威尔逊·福克斯 1905 年的调查数据表明这里也存在地区差异。1905 年，诺森伯兰郡的一名养马人预计每周收入约为 21 先令，而在牛津郡或多塞特郡，同样的工人每周收入仅为 16 先令，减少了近 25%。养牛工人的情况也是如此。此外，"级别"不同也会导致收入上的差异。一个成年的"普通农场工人"在诺森伯兰郡每周平均收入约为 20 先令，而在牛津郡平均工资只有 14 先令。

尽管威尔逊·福克斯的数据有点过于乐观，但在以耕作为主的郡中，成年男性的收入已经足够清楚了，而女性农业工人的收入、劳动条件甚至工作的范围，无论是北方还是南方，都要复杂得多。正如我们看到的那样，在边境地区，妇女以女陪工的形式作为家庭雇工的一分子被雇佣。在其他形式的农场佣工中，她们也会单独被雇佣在农舍和农场干活。这两者很难区别。很难分清她们在农场到底是干家务活还是干农活。下文中我们会看到，很明显，即使在 20 世纪 30 年代，对于那些在农场干活的人来说，区分家务活和农活也是很困难的。在 1900 年这就更难了。对于在地里干活的妇女来说，这个问题同样困难。很明显，连续几次人口普查都低估了从事农业的妇女人数。此外，自 19 世纪 70 年代以来，认为田间劳作"不适合"妇女的道德论断给农场主和农场工人都带来了压力，迫使他们减少雇佣女性从事田间工作。最后，什么是全职工作也是一个问题。即便如此，毫无疑问，20 世纪从事农业劳动的女性人数比 1850 年要少得多，而且她们数量下降的速度可能比男性更快。[62]但是，像威尔逊·福克斯所说的那样，除边境地区外，"在英格兰没有一个郡广泛雇用妇女从事普通的田间工作，这已经成为一种惯例"，显然这是一种夸大。[63]

在 20 世纪，农村社会结构在经济和社会方面仍然由农业工人、农场主(农民)

和土地拥有者这三大群体主导，也凸显了本章开篇时提到的双面性。在某些方面，它仍然是非常传统和地方性的，但在另一些方面，它正在经历由国家甚至国际变化所带来的真正的变革，而这些变革远远超出了其内部控制的范围。

从"连续性"和传统的角度来看，1900 年农村的社会经济结构和权力构成模式，有力证明了那是旧时代最后的黄金岁月这一观点。对于许多农村人来说，他们眼中的世界就是自己居住的这一方土地，有着固定的社会和地理边界以及一成不变的社会制度。尽管 50 年来有人从农村迁徙到了城镇，但那些留在农村地区的人仍然生活在一个高度自给自足的小世界里。大多数村庄都有商店和酒吧来满足人们的基本需要。即使在偏远的高地地区，每周或每两周都有小商贩、分期销售商和移动售货车过来，提供一系列的商品来出售或交换，就像来自诺森伯兰郡基尔德地区的默里女士所描述的那样："在某个固定的日子，两辆车来了，在基尔德山脚下相遇，把黄油和鸡蛋带下山，如果需要的话，再带着杂货回来。"[64]在英格兰和威尔士的低地，很少有哪个地区距离一个城镇或一个大村庄超过 10 英里或 12 英里，每周都有运输车将它们连接起来。到 20 世纪初，这些城镇提供了种类繁多的商店和商品，正如当地电话簿所显示的那样。19 世纪 90 年代末，诺福克的欣厄姆村是一个有 1500 人的大村庄，拥有裁缝、鱼贩、屠夫、服装制造商、一家银行、鞋（靴）匠、杂货商、钟表匠、玉米粉和种子商、五金商和摄影师、十几所公共酒吧和两个友好协会。[65]每年丰收后，大城镇甚至城市都会举办美食招待会。每年秋天，都会有成千上万的人涌入牛津的圣吉尔斯展销会、诺里奇的汤布兰德展销会或北方招聘会。

当地社会的联系因其社会机构，尤其是英国国教的长久稳定而得到加强。然而，正是从教会的角度，单纯传统地看待农村社会便会出现问题。整个 19 世纪，教会一直与农村精英阶层紧密相连，但在 19 世纪五六十年代，新一代忠诚的神职人员和教会内部的复兴至少在一定程度上拉近了教会与穷人之间的距离。正如 E. N. 贝内特在 1913 年所写的那样：[66]

> 牛津运动的重要影响……在我们农村教区也留下了印记。英国圣公会（即英国国教）纪律的改善……至少帮助剔除了许多声名狼藉、毫无用处

的神职人员……同时，在教会赞助方面也比五十年前更加谨慎。礼拜活动更加丰富多彩，教会与教区社会文化生活之间的联系日益密切。

然而，就信徒数量而言，英国圣公会在 19 世纪 70 年代后的几年里仅仅只是勉强维持，据 E. N. 贝内特估计，牛津郡农村人口中可能只有 30% 的人定期参加宗教礼拜，而且其中大部分是非国教徒(不从国教者)。[67] 不过非国教徒的情况也不容乐观。虽然在世纪之交，活跃的非国教徒可能比英国国教徒多，但是就连他们的人数也开始下降。曾经是几代农村人的精神家园和政治训练场的路边教堂旧势力也开始衰落。

英国国教衰落的原因有很多，但最主要的是非国教教会越来越"受人尊敬"。19 世纪 70 年代，在英格兰和威尔士的大部分地区，成为一名非国教徒意味着要坚持激进的政治立场。到 20 世纪初，情况显然已不再如此。约翰·卫斯理在 18 世纪 80 年代曾感叹"哪里都有卫理公会信徒在赚大钱"。20 世纪初，英格兰和威尔士的许多农村地区的情况也明显如此。正如农业工会会员乔治·爱德华兹在 1895 年所写的：[68]

> 我必须承认，这些年来，非国教徒的发展速度并不快……而且他们远远忽略了一个事实，那就是基督的到来既是为了纠正社会的错误，也是为更高尚的生活铺平道路。

19 世纪还处于农村生活边缘的非国教教会，到了 20 世纪几乎成了农村体制的一部分。尽管在英格兰和威尔士乡村，非国教教会力量并不强大，但它拥有强大的世俗利益。教会成员之间通过联姻建立了教会家庭和教会就业网络，从而加强了商业联系。

进入 20 世纪以后，随着时间的推移，教会日益远离政治活动而注重宗教生活的精神层面。宗教信仰"越来越被视为个人，甚至是私人事务，与他人无关"[69]。这并不意味着宗教在农村地区不再是一种活跃的社会力量——显然事实不是这样，也不是说所有的英国国教神职人员或非国教传教士对农村贫困人口和农村地区的社会问题漠不关心。即使在 20 世纪五六十年代，许多农村工会成员也自豪地宣称自己是卫理公会教徒。在英国国教中，有着像埃塞克斯郡塞克斯泰德的杰出牧师康拉德·诺埃尔这样的人物，他将英国乡村生活的复兴（包括莫里斯舞蹈和民歌）与马克思主义和农村工会主义相结合。一直以来，都有许多正直但默默无闻的乡村神职人员和牧师，他们关心并同情教区中最贫穷的教友，并在农村地区传承他们信仰的优良传统。然而，在大多数乡村，他们仍然是日益边缘化的少数群体。

在农村地区，有组织的宗教势力的减弱和贵族社会文化力量的衰落在一定程度上是相伴相随的。地租收入的减少意味着贵族们维持慈善捐赠和高调公开展示自我的能力受到严重挑战，尤其对小土地拥有者而言。到了 20 世纪，许多大土地拥有者在许多不同的郡、伦敦和欧洲大陆都拥有房产。他们既是国内精英，也是国际精英。这意味着，他们与庄园和乡村之间传说的、长期神话化的特殊关系已削弱到几乎令人难以置信的地步。尽管他们经常为继承人的出生、长子的成年或家族成员的婚礼举行庆祝活动并广而告之，有时最卑微的庄园工人也会参与其中，但在大多数情况下，这些活动只是基于社会秩序的狂欢。这些大型庄园和许多小型庄园的日常管理仍然掌握在管家、庄园管事和代理人手中。

此外，他们在农村的实际政治权力也有所下降。1884 年，选举权扩大到农村工人，使选民人数翻了一番，从 300 多万人增加到接近 600 万人，1885 年的进一步立法废除了不列颠群岛 150 多个小行政区的席位。这些措施结合起来，极大地削弱了英国国家政治中的贵族权力。自此以后，在英国农村，尤其是在威尔士，土地大亨们必须比以前更加努力工作，才能维持他们曾经占据的主导地位。[70]地方上的这种权力变迁进一步加剧了全国层面上主导地位的变化。到 20 世纪末，许多土地大亨在当地社会中担任的职位不过是挂名而已。1889 年地方政府改革后，郡长（Lord Lieutenant of the County）一职失去了大部分实际意义。实际上，地方政府的主要职责，特别是担任地方法官和出席季度法庭，即使在改革之前，也往往是由有责任感的人来履行，而不是简单地由大人物担任。1853 年，柴郡治安委员会共有 556 名法官，但只有 176 人宣过誓（宣誓后才能履职）。令人吃惊的是，尽管合格的委员人数到 20 世纪末有所增加，但大部分都是在该郡的城市地区。[71]在这种情况下，李认为，在改革前夕，"季度法庭……事实上是由一批成功商人控制的，他们由大土地拥有者主导"，只保留了"地主士绅政府的表象"。[72]

人们经常认为，选举产生的郡议会意义不大，因为当选者基本上与 1889 年之前组成郡政府的非民选季度法庭成员相同。无论 1889 年的情况如何，到了 20 世纪初，至少在某些郡，情况并非如此。例如，到 1900 年，诺福克郡议会有十几名"激进派"或自由党成员，其中许多人是农场工人出身。即使在 1889 年，也有 6 名被称为"工人候选人"的人当选为郡议会议员。[73]诺福克不能"代表整个英格兰"，作为一个激进的郡，在某种程度上它是一个特例。然而，在整个英格兰，近 50% 的当选人在 1889 年都不是地方法官，也就是说，他们是"新"的郡议会成员。在威尔士，选举结果反映了威尔士农民和农场工人与他们的英格兰地主之间不断产生的摩擦。正如康纳汀所说，"几乎到处都能看到乡绅与显贵受挫和受羞辱，正是这些地方选举，标志着贵族统治的结束"[74]。

这些变化随着 1894 年教区议会和区议会①的创建而变得更加明显。尽管后来的历史表明，这些议会几乎没有实际权力，但在当时看来却是极具震撼力的。自由派/激进派报纸《东方周刊领袖》认为这些选举是"英格兰农村的解放日……民主的宵禁钟声将送走封建权力的残余，迎来自治的新时代"[75]。在某种程度上，第一次选举的结果证明了这一观点。正如帕特里夏·霍利斯所写：[76]

> 1895 年，据《当代评论》（*Contemporary Review*）统计，在全国范围内，席位的三分之一至一半由农民赢得，约四分之一由工匠赢得，剩下的席位大多由农场工人赢得，还有少数由神职人员、士绅、男性专业人员、非国教牧师和女性赢得。

最后一个群体是女性群体，她们的出现也反映了另一个变化趋势。根据 1894 年法案，纳税女性可以参与投票；已婚女性如果拥有与丈夫不同的财产，也可以投票。女性可以参加教区和区议会的选举，正如她们可以参选学校董事会一样。可能多达 200 名女性在 1894 年被选为英格兰和威尔士的新教区议会成员。[77]

---

① 译者注：根据 1894 年英国地方政府改革法案《地方政府法》，居民人数超过 300 人的教区拥有一个区议会；居民人口不到 300 人的有一个教区议会。

　　这一变化确实敲开了传统政治和社会控制的大门，但同时也标志着更广泛变化的到来。愿意从事农业劳动的人数持续下降，这意味着到 1900 年，可能是百年来的首次，即使是在南部和东部以农业耕作为主的郡，也出现了劳动力短缺的现象。男女劳动力变得更为宝贵，他们也不再像早些年那样毕恭毕敬。尽管当时正处于布尔战争时期，仍有许多农村地区的农场工人投票反对保守党。1895 年至 1900 年，东英吉利 17 个农村选区中，保守党在其中 9 个选区的选票份额均有所下降，甚至失去了诺福克西南部选区。在英格兰中南部农村地区，15 个席位中有 14 个席位的得票率下降。这些微小的变化导致了保守党 1906 年的大溃败。几乎在英格兰和威尔士的每个郡，保守党在大选中都输给了自由党。保守党仅在中南部农村地区保住了一个席位，即中巴克斯。他们失去了北贝德福德郡、伯克郡的两个席位，北白金汉郡、格洛斯特郡东部、亨廷顿郡、北安普敦郡和南安普敦郡，以及牛津郡的所有席位。1906 年，在东英吉利，保守党没有保住任何一个席位；在威尔士的农村地区，甚至没有一个保守党议员当选。[78]

　　图 2　新农村工人，车站工作人员，萨默塞特郡，拉德斯托克，1910 年。在 20 世纪的前 50 年里，铁路工人一直是将城镇生活带入乡村的现代化推动者，并将农村工人阶级与不同的组织和政治传统以及体面生活联系在一起。（经雷丁大学农村历史中心许可转载）

在 20 世纪头几年，不再恭顺的农村工人阶级找到了其他表达方式。发生在 19 世纪 70 年代的农村工会主义运动是一场声势浩大、几乎千年一遇的运动，但到了 19 世纪 90 年代中期，即使在其中心地区东英吉利，这场运动也最终痛苦地消亡了。然而，1900 年这场运动又出现了复兴的迹象。1906 年，一个"新"农场工人工会在诺福克郡的北沃尔沙姆成立了。起初，它发展缓慢，只在东部各郡传播，但到 1913 年，它在许多农村地区都占有一席之地。这一年，新工会在兰开夏郡南部的奥姆斯科克地区成功地举行了第一次罢工，该地区有 2500 多名工会会员，几乎占工会会员总人数的一半。这次罢工之所以进展迅速并取得胜利，主要原因是得到了新型农村工人——铁路工人的支持。全国铁路工人工会(the National Union of Railwaymen)支持罢工，拒绝将农产品运出罢工地区。但铁路工人在兰开夏郡和其他地方发挥的作用远不止这些。[79]他们一般是农场工人的子孙，加入工会使他们摆脱了牧师和乡绅的威胁，为英格兰和威尔士的农村带来了新文化的曙光——随之也带来了劳工主义和社会主义的曙光。1912 年，新农场工人工会加入了英国工会联盟(the Trades Union Congress)，并于 1914 年投票加入了工党。[80]

1914 年之前的几年里，在其他方面，城市对乡村的影响也越来越大。随着英格兰乡村，或者更准确地说，随着英格兰和威尔士农业在经济和政治上的重要性不断下降，其文化的作用却日益凸显，尤其对国家身份的构建起着日益重要的作用。人们普遍认为，从 19 世纪八九十年代开始，对城市地区"危机"的认识导致人们对城市化和工业化进程彻底的、批判性的重新评价，而城市化和工业化在当时被认为是 19 世纪的特征。[81]在重新评价中，人们发现城市存在着问题。他们认为，城市生活，尤其是伦敦的生活，导致了英国人，或者说较为贫穷的那部分英国人道德和身体上的堕落——富人和伟人们似乎被排除在这种堕落之外。1899 年，诺福克土地拥有者沃尔辛厄姆勋爵在给亨利·赖德·哈格德的信里写道：[82]

> 我想你会承认，城市孕育了一类人，乡村孕育了另一类人。人们在城镇中可能更为敏锐，但毕竟，英国之所以成为今天的英国，不仅仅是因为敏锐，而她的儿女们的体魄才是一切的基础。……自然从未让城市成为他

们永恒的家园。如果让人们远离其自然繁衍和生长的土地，在城市中耗尽健康和力量，那么这个国家的衰落只是时间问题。

布尔战争中许多志愿者身体不适合服兵役的事实进一步印证了这些想法。正如吉卜林在 1902 年的诗作《岛民》中所写的那样：[83]

> 然而，你因幸存者而得救，(他们历经磨难，承载着这片土地的希望)
> 你成千的壮士，在猎场欢呼；而你稚龄的少年却奔赴战场。
> 被庇护的城市之子——未经训练、尚未适应、没有经验——
> 毫无准备，你把他们从街上挑出；毫无准备，你把他们推上战场。

解决这个问题的方案都围绕着"重塑"乡村生活这个主题。有人认为，英格兰(在轻微一些的程度上，整个英国)"天然"就是一个乡村社会，如果要扭转国民生活的衰败，国家就必须回归它的乡村根源。这种重塑有多种形式，从重拾英国传统音乐和民间传说到重建花园城市；从农民土地所有权计划到乡土建筑风格的创造。所有这些都是要在英国国家身份和英国乡村之间建立联系。[84] 至于这在多大程度上是英国独有的反应还有待商榷，我们在此并不关注探讨。更重要的是这些反应对人们的影响程度，尤其是对中产阶级甚至上层工人阶级的影响。

在战前几年，主要是城市精英阶层在关注乡村和国家身份的问题。毕竟只有极少数人能够委托鲁琴斯(埃德温·鲁琴斯爵士，英国著名建筑师)建造一座"都铎贝坦"风格的房子，并配上格特鲁德·杰基尔设计的花园。尽管如此，这些有关国家身份构建的想法自上而下传播开来。克拉里昂运动通过骑自行车和远足将社会主义和户外活动带给了自我完善的工人阶级，正如弗莱彻·多兹于 1906 年在大雅茅斯附近的奥姆斯比建立第一个"度假营地"一样。[85] 同样，民间舞蹈和民间歌曲运动将传统音乐和舞蹈表演与国家身份联系起来，扩大了其影响力。到 1914 年，塞西尔·夏普已经说服教育委员会将民间歌曲作为小学音乐教学基础。

不过，这只是一个特殊的愿景。以这种方式展现出来的并不是整个英格兰，而只是其中的一部分。与浪漫主义景观形成鲜明对比的英国特色景观是南方景观——英格兰乡村世界。其他部分的景观也可以纳入其中，例如威尔士边境，那里有半木结构的房屋和豪斯曼的诗歌。除了那些荒凉的、崎岖的、没有人烟的地方，东英吉利的部分荒凉景观也可以融入其中。英格兰是农耕的国度，在这片土地上，到处都是教堂和绿地、黑白相间的建筑和整齐的树篱。最重要的是，它是一片被耕种并有人居住的土地——这是一个"民族"在这片土地上深深扎根和繁荣复兴的基础。它也具有独特的社会秩序——家长式的乡绅、面色红润的佃农和忠实的农村工人，他们因为对土地的奉献，形成了一个超越阶级的整体。这不仅消除了社会达尔文主义对种族衰落的恐惧，也驱散了阶级斗争和工业动乱的幽灵。

这种愿景不切实际，只是一种理想。在 1914 年之前，它还只是城市中产阶级的理想，与正在发展变化的乡村几乎没有任何关系，尽管这种变化并不均衡。1914 年，英格兰和威尔士农村卷入战争时，仍然保留着许多独特的传统社会和文化风格。也许除威尔士之外，某些地区土地拥有者、农民和农场工人的旧秩序在被动摇，但从未被打破。农业生产力发生了变化，但农业生产方式远远落后于美国、加拿大和澳大利亚等新世界国家。这些国家越来越多地引领并控制着市场，尤其是谷物市场。最重要的是，农村仍然像方言一样具有牢固的地域性特征，而这都是基于社会和地理结构的实际差异而形成。在国民经济中，农业和农村仍然有一席之地，但这一席之地在不知不觉中愈加受到城镇的限制。1914 年，约翰·布尔仍然是一名农民，但也仅仅是个农民。

2

"一战"及其影响：1914—1921 年

1914 年 8 月 4 日第一次世界大战爆发时，英格兰和威尔士的乡村面临着两个问题。第一个是全国上下要共同面对的问题，即组建志愿军。第二个是农业需要解决的问题，即在战时为国家供应粮食。直到 20 世纪 20 年代初，这两者的关系一直主导着乡村生活和乡村政策，因为这两者难以调和，征兵的需求和农业增产的需求相悖。当时，农业并未实现大规模机械化，在很大程度上依赖人工劳作。

起初，人们并未普遍认识到农业增产的必要性。尽管 1914 年英国有 80% 的小麦和 40% 的肉类依赖进口，但政府和农业界普遍认为，战争不会对粮食供应造成太大干扰。战前几年，人们曾讨论过被封锁的可能性。然而帝国国防委员会(the Committee on Imperial Defence)相信英国海军战无不胜，并于 1914 年 2 月断言："通过全面控制海上交通，我国在未来能同过去一样承受战争带来的巨大损耗。"[1]农业委员会(the Board of Agriculture)主席卢卡斯勋爵于 8 月 4 日重申了这一观点，他向上议院强调，"公众无需对粮食供应感到恐慌"[2]。

至少在一开始，这些乐观的预测是正确的。战前，农民重新在良田上播种谷物。1914 年，收成略有提升,[3]而在 1915 年情况进一步好转。由于谷物价格(尤其是小麦价格）上涨，农民增加了种植面积，当年的小麦增产 20%，燕麦增产 8%。然而，问题仍然存在，因为农民几乎没有开垦新土地，而是通过减少大麦的种植，转而种植其他谷物来实现增产。更糟糕的是，到了 1916 年，很明显许多农民没有按照传统轮作制度划分出根茎类作物种植区，导致产量长期下降。同年，海外供应也开始出现问题，北美各地收成不佳。由于土耳其加入同盟国，切断了协约国通过达达尼尔海峡的航运线，英国无法从俄罗斯、土耳其和罗马尼亚等黑海地区进口谷物，导致局势进一步恶化。最终，在 1916 年至 1917 年的冬季，德国 U 型潜艇在北大西洋展开战役，开始给英国航运造成重大损失。1916 年的秋冬季，粮食供应形势首次变得严峻起来。

正如彼得·杜威所言，"一切照旧"可能是"战争前半部分农业的写照"，[4] 而整个乡村地区在诸多方面亦是如此。和城镇一样，乡村地区也有很多人踊跃参军。但许多农场工人发现，收割庄稼或照料牲畜的需求与战争的要求之间，存在着难以调和的利益冲突。来自诺福克郡特朗克村的"比拉"·迪克森回忆道：[5]

> "我们干活儿总是比大农场上的其他人多两到三天……我们总是工作三周零三天或一个月……8 月 4 日，就在我们刚开始收庄稼时，战争爆发了，所以一收完庄稼我就去参军了。当时在招志愿兵，村里有好几个人，我想大概有 10 个人，那天早上一起去了曼斯利，加入了志愿军，当了兵。"

在战争初期的数月里，农村地区的征兵工作紧密依托于传统的乡村生活"价值观"和固有的社会结构。基思·格里夫斯描述了萨塞克斯的情况，这与众多其他郡的情况如出一辙：[6]

> 1914 年 8 月，在萨塞克斯，拥有土地的社会经济精英设想在本郡备战中发挥核心作用……他们深信，那种家长式的社会关系模式能够超越农村社会的束缚——包含特权、责任和义务——而与萨塞克斯郡武装化的过程产生千丝万缕的联系。

乡村精英们凭借对战前本土军部队的控制，凭借他们作为官员和荣誉赞助人的社会角色，以及作为土地所有者、牧师甚至农场主的地位，敦促男性入伍。[7]

地主经常从仆佣和农场工人中挑选合适人选并送往最近的征兵处。以 A. C. 伯顿中校为例，他在肯特郡拥有一座名为切弗尼的庄园，他还是当地的治安法官，亲自驱车将管家、男仆和奶牛饲养工送往梅德斯通兵营参军。皇家伯克郡军团有一个排是由管家和男仆组成的，另一个排则几乎完全由某个贵族庄园的园丁和工人组成。

至少在战争初期，这种家长作风模式对双方均有成效。1914 年 9 月，诺福克农业协会（the Norfolk Chamber of Agriculture）同意"为所有加入皇家部队的员工保留职位"[8]，萨塞克斯的阿伯加文尼侯爵保证为参战者在"战争期间"提供住房，玛格丽特·达克沃斯夫人则为每位入伍男子开设了邮政储蓄银行账户。[9]然而，此类方案并未得到普遍实施。正如格里夫斯所写："在萨塞克斯，入伍的庄园工人军饷不足，无法为家庭提供充足的收入，而公开承诺补偿他们的地主却寥寥无几。"[10]随着战争的持续，这种迫使他人入伍的家长式作风引发了民众真正的不满。萨松写道："德比计划下，乡绅喋喋不休，威逼我参与战斗。／我在地狱中死去，那里名叫帕斯尚尔。"[11]这些沉痛的诗句一次又一次地引起了农村人民的共鸣。

一些人则确实是出于经济原因选择参军。冬季的到来使许多乡村地区的临时工甚至全职工人都面临着失业的威胁。而在城镇地区，新设立的劳工介绍所鼓励失业者参军。[12]尽管二等兵一周的薪金比收入最低地区的农场工人的还要少，只有 6 先令 8.5 便士，但好在是定期发放的。此外，他们的妻子和母亲还能领取分居补贴，只不过发放速度较慢。然而，值得注意的是，对于大多数加入新军的乡下人而言，模糊的爱国主义是他们参军的主要动机，这种情感既包含个人层面的，也包含集体层面的。当战争的呼声逐渐平息，他们的情感表达往往是含蓄且低调的。正如彼得·辛金斯指出的那样，实际上，他们的行事往往是经过深思熟虑的，而非像 1914 年参军热表面显示的那样。"1914 年 8 月和 9 月，只有不到三分之一的志愿者投入最初的参军热潮"，这表明他们参军更多是"出于责任感和义务感，而非满腔热血"。[13]参军前，乔治·休因斯在埃文河畔的斯特拉特福及周边打零工，居无定所。他清晰明了地表达了自己的观点："如果你问我为什么参战，我会说'为了拯救这个国家'。倘若德国人获胜，我们将沦为奴隶！"[14]

更令人惊讶的是，军队开始面向全体工人阶级广泛征兵。1914 年之前，军队往往被视为社会上那些道德沦丧的无耻之徒最后的避难所。相比之下，在 V. M. 热尔曼等同代人的眼中，新军是由"正派、自尊、勤奋的劳动者"组成的。而鲁德亚德·吉卜林认为，新军能保有这些优秀品质是因为这些新部队还没有被老兵群体的腐化所侵蚀。[15]乡村精英则对这些变化不以为意，因为他们历来将军人视为体面的职业。许多乡村精英通过公学和大学的军官训练团获得了军事背景，而那些未能加入训练团的人也能在地方自卫队找到归宿。对于这些年轻人而言，乡村生活为他们提供了军官行事的生动范本。基思·辛普森指出，在战前，军官"被鼓励遵循乡绅的理想和生活方式"，而这种理念在战争中得到了延续。[16]对于新军里的年轻军官，尤其是来自乡村地区的军官来说，"我的部下"或"我的排"就如同"我的村庄"和"我的工人"。相应地，他们的部下也在这种家长制下对上级表现出高度的服从。战后最具影响力的两部战争回忆录——西格夫里·萨松的《乔治·舍斯顿回忆录》和埃德蒙·布伦登的《战争的底色》不约而同地以乡村为主题展开论述，这绝非巧合。

随着士兵们踏上征途，英格兰乡村逐渐适应了战争所带来的变化。尽管表面看来"一切照旧"，但内里实则潜藏着诸多变化。这些变化起初并不明显，甚至微不足道，但到了 1916 年，它们开始真正对乡村社会产生影响。尽管诸多历史学家认为，至少在战争的最初几年，劳动力并未出现短缺，但在当时人们看来，事情却并非如此。首先，就业模式开始发生变化，尤其是妇女的就业模式。战前，乡村年轻女性只能务农或从事家政服务。如上一章所述，1914 年前的几十年，务农的女性数量持续减少，而从事家政服务的女性数量则在持续增加。[17]然而，随着乡村和城市男性纷纷应征入伍，乡村女性迎来了前所未有的职业机遇，尤其是在城市和乡镇这些在战前被认为"不适合"女性工作的地方。战前，这些地方大多数行业都将她们拒之门外。这些新的就业领域同时也为女性，特别是乡村妇女带来了可观的收入。1914 年，乡村女性的父辈每周仅能挣得约 14 先令的收入；而在 1916

年的莱斯特，一名年轻的女电车售票员每周可以挣到 52 先令，还能享有免费制服和一周带薪假期等福利。同样在莱斯特，工厂里从事"非技术性"工作的女性周薪也达到了 40 先令。虽然新工作机会大多集中在北部大城市中，但并非所有工作都是如此。例如，很多地方性农业工程公司转向战时生产，位于伊普斯威奇的兰塞姆公司就是其中之一。而在沃里克郡，军工厂众多，以致"难以说服女性从事任何农业工作"。[18]

对于留守乡村的妇女来说，也有一些变化。女性工人主要来自两个群体，其中最主要的是当时被称为"乡村妇女"的群体。然而，许多因素阻碍了这个女性群体获得工作。首先，对于已婚妇女而言，至少在 1917 年之前，发放给士兵妻子和孩子的津贴与通货膨胀保持同步，因此许多家庭的经济状况相较于战前有所改善。其次，士兵的宿营需求为许多地区创造了宝贵的收入来源。正如前文所述，单身女性在城市工作挣的工资比务农时挣的更高。或许最重要的是，在过去的 50 年里，上层阶级一直灌输给乡村妇女一种观念，即田间劳作是有失体面的，不适合女性参与。这种根深蒂固的偏见在短时间内难以扭转。此外，在已经建立了工会的地区，人们普遍反对女性工作，认为男性的工资会因此降低。在一些地区，尽管有些工会发言人为女工呼吁，但他们的呼声往往被忽视。1916 年 4 月，全国农业工人联合会（the National Agricultural Labourers' Union）主席乔治·爱德华兹[①]在一系列会议上发表讲话，号召妇女从事农业劳动。"一名女工"在给媒体的回信中表示，爱德华兹最好向"中产阶级和富人的女儿"提出这种建议，因为"她们中有些人一辈子都从未做过一天有用的工作"[19]。因此政府开始采取行动来推进这项工作。1916 年，郡战时农业委员会（the County War Agricultural Committees）奉命设立了妇女战时农业委员会（the Women's War Agricultural Committees），登记愿意务农的农村妇女，并帮助她们与需要劳动力的农场主取得联系。到 1916 年底，全国约有 14 万名妇女登记在册。然而，实际情况却并非如此乐观。从理论上说，应有约 7.2 万名妇女获得证书，证明她们"与在战壕或海上作战的男性一

① 译者注：此处有误。乔治·爱德华兹创立的是东部各郡农业劳工与小农联合会（the Eastern Counties Agricultural Labourers & Small Holders Union），后更名为全国农业工人工会（the National Union of Agricultural and Allied Workers）。

样为国效力"；还应有约 6.2 万名妇女获得"缀有红色王冠的深绿色臂章"，表明佩戴者已经按规定完成了 30 天服务。但到了 1916 年的秋收季，仅有 2.9 万名妇女在该计划下参与农业工作。[20]

除了农场，还有第二个潜在的招聘女性的领域。至少从 19 世纪 90 年代开始，便有人倡导中产阶级女性从事"相对轻松的农业工作"，尤其是园艺业、乳业和家禽养殖业等行业。[21]与此同时，第一所女子农业学院于 1880 年在斯旺利成立；1898 年成立的沃里克伯爵夫人①宿舍（the Lady Warwick Hostel），使女性能够在雷丁大学学习农业知识；斯图德利学院也于 1903 年成立。所有这些教育中心都面向中产阶级妇女，旨在培养她们，使她们至少能在农业的某一领域占据一席之地。战争初期，与这一运动紧密相关的各种团体，尤其是妇女农场和园艺联盟，开始组织志愿者，并敦促政府建立相关组织，以引导城市和中产阶级妇女参与农业劳动，为战争贡献自己的力量，并让战前已接受培训的妇女担任培训他人的角色。[22]1916 年，"国家妇女土地服务队"（WNLSC，the Women's National Land Service Corps）应运而生。到 1917 年初，国家妇女土地服务队已经培训了约两千名妇女。这些妇女来自支持者所拥有或经营的农场、战前女子学院以及从 19 世纪 90 年代起设立的"郡"农业学院。[23]

这些志愿者大多是中产阶级和城市女性，在国家妇女土地服务队中发挥着领头作用。她们训练有方，技能娴熟，作为领班或招聘官，负责培训其他妇女。但在 1917 年 3 月，一个截然不同的组织——妇女土地军②（WLA，the Women's Land Army）出现了。该组织首次招募目标是 1 万人，但最终实际上招聘了 3 万人。同年 7 月，已有超过两千名成员被派往农场。正如苏珊·格雷泽尔所说，妇女土地军主要面向的是"受过教育的城市女性，她们很可能来自中产阶级家庭，人们期望她们成为农村妇女的楷模"[24]。尽管如此，妇女土地军绝非虚设。其志愿者

---

① 译者注：沃里克伯爵夫人，英国社交名媛和慈善家。她为女性创办了专门学校，教授缝纫、农业以及其他技术。并且致力于女性选举权、女性就业、儿童免费午餐等社会公益事业。

② 译者注：妇女土地军（the Women's Land Army，WLA）是一个英国民间组织。它由第一次世界大战期间的农业委员会于 1917 年创建，旨在鼓励女性从事农业工作，以取代应征入伍的男性。为 WLA 工作的女性通常被称为"土地女孩"（Land Girls / Land Lassies）。

训练有素，穿着合适的统一制服，并按全国工资标准每周领取 18 至 20 先令的工资，这与全国男性农场工人的工资相差无几。此外，她们还因掌握拖拉机驾驶、犁地等技能而获得额外的报酬。她们无疑能胜任与农场上日益年迈的劳动者相同的工作。

图 3　战争带来的变化。妇女土地军成员和士兵们坐在干草地上。照片捐赠人 F. 钱伯斯夫人写道："我附上了战争期间粮草队成员和捆草机的合影。这张照片是 1917 年在埃塞克斯郡拍摄的。照片左侧是我的一位朋友。在当时，捆干草是一项非常艰苦的工作，这表明妇女在'一战'中贡献了自己的力量。"（经雷丁大学乡村历史中心许可转载）

　　在成立之初，妇女土地军遭到了农民、农场工人和许多农村妇女的抵触。其特有的服装，尤其是马裤，引起了人们的恐惧与诸多议论。然而，正如格拉泽尔所描述的那样，"这些在地里劳作的新女性身着马裤和绑腿，其'具有威胁性的'外表是被精心刻意地女性化了的"[25]。不仅如此，人们正在谈论的乡村衰退问题也时常与土地女孩联系在一起。她们成为了"真实"的例证，用以说明回归土地的意义。城市妇女从堕落的都市生活中被"拯救"出来，她们反过来也"拯救了土地，保护了'古老的英格兰乡村'，而英国的乡土也救赎了这些女性，赋予了她们一种'新的'坚韧而温柔的女性特质"[26]。

战争结束时，共有 11529 名妇女从事各种农业工作，无论是在城市还是在乡村，人们普遍认识到女性志愿者的重要性。然而，对乡村妇女而言，在战争末期，另一个产物——妇女协会运动——或许更为重要。1915 年，在农业组织协会(the Agricultural Organization Society) 的支持下，妇女协会(the Women's Institute) 成立。1917 年 9 月，妇女协会通过农业委员会妇女分会(the Women's branch of the Board of Agriculture) 获得了政府的支持。至 1919 年，当农业委员会将权力移交给妇女协会全国联合会(the WI's National Federation) 时，妇女协会已经有 1200 多个分会。近期的学术研究，特别是玛吉·安德鲁斯的研究，强调了妇女协会在战时妇女经历中的核心作用。妇女协会在战间期建立了"乡村妇女支持网"，而这反过来"对增强妇女自信心、挑战主流女性形象具有重要意义"。[27]这一点得到了蒙特·阿博特等人士的认同。作为科茨沃尔德地区的一名牧羊人，蒙特·阿博特在回顾'一战'时，将妇女协会誉为"最大的一场革命"。[28]

战前，村里大多数协会都是专为男性工人设立的俱乐部。人们并不赞同妇女们聚集在一起。她们偶尔会聚集在"爱之屋"，也就是酒吧后面的小厨房里……但是，她们有目的地聚在一起，组成一个团队，并自称"妇女协会"——好吧！……她们只是在做我们男人多年来一直在酒吧做的事情。

尽管乡村贵族和绅士阶层男性的伤亡率居高不下，但女性受战争的影响却相对较小。回顾 1914 年至 1915 年这段时期时，寇松夫人写道："我们的朋友几乎每一位都失去了儿子、丈夫或兄弟。"[29]为缓解丧亲之痛，同时也出于其阶级身份中根深蒂固的爱国情怀，许多大家族纷纷无偿地将自己乡间和镇上的房屋腾出来作医院或康复中心，以照顾伤员。这些女性往往像拉特兰公爵夫人一样，亲自承担"女护士长"的角色。在其他地方，那些参军的人的妻女则负责管理庄园和农场。艾尔利伯爵夫人在其回忆录中写道："我的视线中充斥着马铃薯，每间藤屋都堆满了马铃薯；就连花园后的小屋里，从地板到屋顶，都堆满了马铃薯箱子。"[30]

在其他方面，精英阶层的担忧则更现实、更自私。贵族和乡绅对仆人参军的鼓励以及自 1916 年起实施的征兵制都导致了仆人的短缺。1916 年 3 月，梅·哈考特的司机被征召入伍，她的管家也因病无法履职。"尽管家务繁重，但毫无疑问，我一定会渡过难关！然而，没有管家真是个大麻烦，因为管家是最不可或缺的男仆。"[31]在萨塞克斯的古德伍德，室内仆人从战前的 20 多人减少到 1917 年的 12 人，其中只有 3 人是男性。

与中产阶级和工人阶级一样，精英阶层的年轻女性在战争期间所经历的变化是巨大的。琼·波因德在 20 世纪 70 年代告诉西娅·汤普森："我热爱独立……我深知，在战前，除了嫁人我很难得到什么独立……但幸运的是，我很快实现了独立，因为我假装自己比实际年纪大，去做了护理工作。"[32]尽管如此，伦敦的社交生活仍在继续，甚至变得更加狂热，就像是对《青春挽歌》①的荒诞重构。在战争期间，谢菲尔德勋爵的小女儿维尼夏·斯坦利和戴安娜·曼纳斯女爵都以十足的名媛风范在社交界"崭露头角"，过着丰富多彩的社交生活。

随着女性地位发生以上种种变化，社会也迎来了深刻的变革。除了不列颠群岛和北美洲的农业歉收之外，1916 年还发生了一系列危机。这些危机最终促成了联合政府的成立，劳埃德·乔治出任首相。在农业和其他领域，"一切照旧"的时期就此结束。在农业方面，罗兰·普罗瑟罗，也就是后来的厄恩利勋爵，担任了农业委员会主席。普罗瑟罗既是历史学家又是农学家，他认为英国的农业要想恢复到 19 世纪 70 年代的水平，必须要有国家的支持。他的上任标志着有组织的粮食生产政策的开始，这在英国历史上尚属首次。

该政策的第一阶段始于 1917 年 1 月并持续到同年 8 月，旨在鼓励农民开垦草地。为了实现这一目标，政府赋予各郡战时农业执行委员会（the War Agriculture Executive Committees）更为广泛的权力。这些权力使得他们可以勘测土地、督促农民种植谷物，以及指导农民提高土地耕作水平。最初，委员会通过与农民协商的方式实施其政策，最终委员会获得了强制执行的权力。例如，面对不遵守农业规范的农民，委员会有权终止租赁。但事实上，委员会很少行使这些强制性权力。到战争结束，仅有 317 份租约发生变更。[33]更为关键的是，1917 年 8 月出台的《玉米

---

① 译者注：《青春挽歌》是战争诗人威尔弗雷德·欧文于 1917 年创作的一首诗，展现了战争带来的肉体和精神创伤。

生产法》(*Corn Production Act*)标志着该政策的第二阶段正式启动。[34]

　　政府为确保农民收益，设定了小麦和燕麦的最低价格(该政策持续至 1922 年)……然而，鉴于当时的禁酒运动，大麦的价格并未纳入此保障范畴……保证价格实行期间，由工资委员会强制执行农场工人的最低工资标准。农田所有者和佃户必须遵循农业部门发布的种植指南，确保土地的使用符合国家利益。同时，为维持最低价格，租金不得上涨。

该粮食政策是否成功一直存在争议，但从最基本的层面来看，与 1916 年相比，1918 年英格兰和威尔士的耕地面积大约增加了 186 万英亩。从更直观的角度来看，该粮食调控政策采取了配给措施，将小麦出粉率提高了约 20%，提升效果更为显著。[35]然而，政府内外普遍认为，该政策在整个战争期间避免了面包配给制的实施。同时，农民被视为"英国的救星"，这在战后产生了深远影响。

　　在短期内，农场工人受到的影响最为显著。自 1912 年起，农场工人工会一直主张由工资委员会(the Wages Boards)设定农业最低工资标准。1917 年，这一建议终于被采纳。由农场主代表、农场工人代表和"独立委员"组成的郡委员会(the County Boards)由此成立。这些委员会负责制定各郡的工资标准，然后提交至伦敦的农业工资委员会批准。诺福克郡率先成立了首个郡委员会，但直到 1918 年 5 月才提交报告。在此期间，伦敦制定了全国性的最低工资标准——25 先令。在某些地区，如东部各郡，这一标准使得工资获得实质性的增长，但在其他地区，尤其是北部，其工资水平已远超这一标准。

　　更为重要的是，这些委员会将个体劳动者手中的工资谈判权转交给了工会。诺福克一名马夫杰克·里德回忆起委员会成立之初的情况时表示："人们都很害怕……这是可以理解的。但工会帮助工人谈判收割季工资和周工资，解决了很多问题，这是一件好事。"[36]工资委员会的成立标志着雇主和工人之间关系的转变，即使这种转变是暂时的。20 世纪初的几年里，农场工人对自身价值和力量的认识显著增强。在许多地区，这种认识的增强体现在工会成员的数量增长上。1917 年至 1921 年，工会会员人数激增。自 19 世纪 70 年代阿奇①工会的辉煌时期以来，农

---

　　① 译者注：约瑟夫·阿奇，英国工会成员和政治家，于 1872 年创立全国农业工人联合会并担任主席，该组织于 1896 年解散。

场工人从未拥有过如此有组织的力量。1914 年，全国农业工人联合会有 350 个分会和大约 9000 名会员。到 1919 年，分会数量增加到 2300 个，会员数达到 17 万名，而同期工人联盟(the Workers' Union)的农业分会拥有 10 万名会员。简而言之，战争结束时，近 50% 的工人都是工会成员。

但在某些地区，工会的辉煌就不仅仅是成员增加这么简单。整个战争期间，罢工时有发生，这表明工会至少在某些地区拥有强大的影响力。1917 年，在乡村地区的一系列公开会议上，全国农业工人联合会总书记罗伯特·沃克对俄国革命表达了欢迎的态度。最终，在 1918 年的选举中，社会主义和工党候选人在乡村地区崭露头角，他们得到了工会的支持，与自由党和保守党形成对抗。尽管他们的成功具有一定的局限性，但在许多人看来，这已然打破了传统的政治格局。[37]

当时，尽管战争已接近尾声，但 1918 年德军几近成功的春季攻势①使得国家和农村的资源消耗达到了极限。政府将征兵年龄的上限提高至 51 岁，并采取一系列措施减少免役人数。在乡村地区，战时农业委员会(the War Agriculture Committees)对此提出强烈抗议，理由是收获季节即将到来，劳动力已经出现严重短缺。因此，1918 年 6 月政府放弃征兵时，"被征用"的农业劳动力大约仅占所需人数的一半。

1918 年，历经四年的苦战，当"和平的曙光就在前方"时，英格兰乡村在很多方面都呈现出欣欣向荣的景象。所有未曾参战的人似乎都从战争中恢复了过来。虽然这种经济上的成功与稳定只持续了短短三年，但在随后几十年的艰难岁月中，却几乎象征着一个失落的黄金时代。

然而，并非乡村社会的所有阶层都过得同样好。至少从表面上看，土地所有者可能是受益最少的群体。首先，地租自 1917 年后大体保持在战前水平，没有上涨，[38]但也没有像战前那样减少。其次，之前由于战时的需要，没有土地处于闲置状态。但战争结束后，情况迅速发生了变化。显然，由于农产品价格趋于稳定，甚至上涨，农田变得更加抢手。然而，若突然提高地租，地主可能需要承担更高的所得税，这反而使得出售土地变得更为诱人。因此，土地交易量迅速攀升。

---

① 译者注：春季攻势，是第一次世界大战中德意志帝国在西方战线发动的连续攻势。

"1919 年春天，土地交易呈爆发式增长，"F. M. L. 汤普森写道，"到 3 月底，约有 1 千平方英里，即超过 50 万英亩的土地在出售。"[39]至 1922 年 12 月，英格兰约有四分之一的土地易手。[40]

尽管战后几年出现了显著的变化，人心惶惶，但这并不标志着旧社会秩序即将终结。相反，这标志着至少在最初阶段，土地所有者的资本配置有了进一步调整。尽管部分庄园，特别是小型庄园，被整体出售，但大多数地主只是利用有利的市场条件，将部分资产转换为利润更丰厚的股票和债券——这样的操作在他们家族的历史上并不鲜见。以 1919 年为例，艾尔斯福德勋爵在沃里克郡的地产共有 1 万 7 千英亩，他卖掉了 2 千英亩；亚伯勒伯爵在英格兰东部的地产共有 5 万英亩，他卖掉了林肯郡的 2 千英亩；乔蒙德利侯爵在柴郡卖掉了 2 千英亩土地，约占其全部地产的八分之一。而彭布罗克伯爵十五世在威尔顿的 4 万英亩地产被他卖掉了其中的 7 千英亩。[41]

不过，确实存在部分小庄园被出售的现象，且这一现象在战间期愈发普遍。与 19 世纪八九十年代的情况类似，那些没有其他资产、只有少量土地的乡绅受到的影响最大。而一些人，比如贵族精英，即使在最困难的时期也能生存下来，因为他们持有价值不菲的城市房产、大量股票和债券构成的投资组合。当然，"小"也是一个相对的概念。例如，奥斯瓦尔德·莫斯里爵士家族在斯塔福德郡的罗勒斯顿庄园占地达 3 千英亩。1919 年，他们卖掉了其中大部分，随后又将剩余部分出售，从此切断了与这片土地和地区长达 300 年的联系。[42]

当我们把目光转向社会底层，农民群体可能是其中境遇最为乐观的。"一战"结束后，农业呈现出自 19 世纪 70 年代中期以来前所未有的繁荣状态。小麦进口量的减少，以及 1917 年以来政府实施的保价政策，为谷物生产者创造了一个稳定的高价格时期。然而，其他农业领域的情况却有所不同。1880 年至 1914 年，乳制品生产可能是最成功的农业部门。但在战争期间，尽管全国牧群规模保持稳定，该部门依旧遭受了重创。[43]核心问题在于进口饲料出现短缺，这直接导致每头奶牛的产奶量下降。类似的问题也造成了牲畜产量的下降。同样，虽然全国牧群存栏数量保持稳定，但由于越冬饲料出现短缺，加之政府决策失误，促使农民提前出售牲畜，进而导致了牲畜的出栏重量下降。[44]

因此，尽管农业繁荣成为普遍现象，但某些地区的受益程度较其他地区更高。显然，英格兰以谷物生产为主的地区，尤其是东英吉利地区，"获益"最多。然而，这掩盖了另一个事实：人们难以找到额外的耕地，因此只能通过其他方式开源节流。[45] 相比之下，在其他一些地区，如南部某些郡、兰开夏郡和约克郡的东赖丁和西赖丁，人们找到了额外的土地用于耕种。在这些地区，"人们开垦了永久性和临时性草地，种植了燕麦和马铃薯，并在现有耕地上增加了小麦的种植面积"。在其他地区，长期以来用于轮作的草地被开垦。但在北部和西南部，由于当地缺乏耕作"传统"，缺少犁地队和相应的管理人员，农业出现了问题，这一问题在 1940 年再次凸显。此外，在威尔士，人们重新在 19 世纪 80 年代停耕的土地上种植作物，尤其是燕麦和马铃薯。[46] 鉴于上述情况，战争结束时，除了那些生活在最小、最边缘地区(特别是高地地区)的农民，很少有农民"过得不好"，但这或许在所难免。

纵观整个战争时期，彼得·杜威指出："战前，农民在农业产业中的收入份额约为其收入的五分之二。而在 1917 年至 1918 年，这一比例提高至近三分之二。"[47] 这些收益通常反映在生活方式的转变上。A. G. 斯特里特在回顾 20 世纪 30 年代的艰苦岁月时，提到了 1918 年至 1921 年的这段往事：[48]

> 我曾经和其他人一样糟糕、愚蠢、可笑，或者更诚实地说，和他们一样穷奢极欲。我养了两匹猎马，一匹给我自己，一匹给我的妻子；我们与当地的狩猎队度过了美好的时光……在晴朗的夏日，几乎每个下午我们都会去参加网球派对。轮到我们举办派对时，我们在自家网球场上招待的客人多达二十位，通常还会请他们共进晚餐……总之，农民都在摆阔气。

不过，最能体现这种新财富的现象或许是佃农争相购买属于自己的农场。1909 年，13% 的农场由农场主自耕，到 1927 年，这一比例达到了 36.6%。尽管早在 1917 年就有证据表明，佃农"越来越渴望购买自己的土地"，[49] 但"1919 年至 1927 年期间，农场自耕率的增长主要发生在 1919 年至 1921 年"[50]。

农民购买土地的原因各不相同，但最重要的原因可能是他们普遍持有乐观的态度。因为至少在谷物种植者看来，谷物价格将长期处于高位，这在一定程度上得益于政府对价格的保障机制，正如 1917 年的《玉米生产法》规定的那样。这种感觉在情理之中。战时的三份报告均认为，政府干预将成为未来农业政策的基石。最重要的是，重建委员会（the Reconstruction Committee）的农业政策小组委员会——"塞尔伯恩委员会"认为，在战后世界中，生产优质的国产小麦至关重要。[51]亨利·奥弗曼是诺福克郡最大的小麦种植户之一，他总结了许多大佃农对该委员会的看法，他说：[52]

> 如果英国想在战后生产更多的粮食，就不能像过去几年那样严重忽视农业，而是要保护农业。要么规定小麦的最低价格，要么对所有进口谷物征收保护关税。我更赞成前者。

1919 年，皇家农业委员会在其多数报告中采纳了这些观点，并主张继续设立最低价格，由新的农业部委员会负责将其与生产成本挂钩。报告还提出，在终止最低价格政策之前，应提前四年通知农民，以便他们安稳地规划未来。作为回报，农民必须"精耕细作"，并由郡农业委员会进行检查，1917 年法案针对农场工人制定的最低工资标准将继续实行。[53]1920 年 6 月，政府正式出台了《农业法》（Agriculture Act），对此予以支持。[54]

尽管部分农业界人士认为，为了维持最低价格政策，给农场工人提供工资保障和必要条件所带来的成本太过高昂，但几乎无人反对这项举措，因为该政策明显体现了政府对农业福祉的深切关心。许多人继续持有乐观态度，坚信农业会一直繁荣发展，并带来源源不断的利润。于是，他们开始小心翼翼地迈向更高的农业阶层。一些年轻人购买了他们的第一座农场，比如阿德里安·贝尔购买了萨福克郡的农场。其他人，比如诺福克特朗克村的希克斯先生，将 50 英亩的土地扩充到 100 多英亩。[55]还有一些人的搬迁并非完全出于个人选择，而是迫不得已。如果土地所有者想出售土地，通常会优先卖给承租的佃户。如果佃户拒绝，土地可能会被卖给一个不太合他们心意的地主。爱德华·斯特拉特是来自埃塞克斯郡的土地所有者和农业家，他在 1919 年皇家委员会上说：[56]

　　我不能说他们现在以高价购买土地是明智之举，但很多人并不想失去他们的农场，他们想保持现状，因此他们必须花大价钱留住农场。

　　购买土地并不受地域限制。斯特梅认为，在 1909 年至 1927 年期间，影响土地购买的主要因素是是否有可购买的土地。因此，约克郡北赖丁和东赖丁、兰开夏郡和柴郡等北部郡的土地购买率都高于全国平均水平。[57]威尔士的情况更为突出。甚至在战前，威尔士的佃农就比英格兰的佃农更渴望购买土地，他们也有更多机会购买土地，因为在威尔士，土地所有权主要掌握在英格兰统治精英手中，佃农和统治精英之间的"联系"并没有像在英格兰那么紧密。然而，与英格兰一样，"战后，最后一道闸门终于打开。在 1918 年至 1922 年的繁荣时期，威尔士的每个大地主都至少将部分地产投向市场"[58]。据估计，那几年威尔士有 26% 的农田流入了前佃户的手中。[59]

　　在英格兰和威尔士，不论出于何种购买原因，几乎所有农场都是贷款购买的，而且价格虚高。1914 年，诺福克郡的优质地块每英亩售价 17 英镑，而到了 1920 年，售价已升至每英亩 28 英镑，涨幅高达 60%。[60]在威尔士，农场的价格通常相当于土地 20 年的收益，但在当时相当于 40 年的收益。[61]在 A. G. 斯特里特的"小说"《党派绅士》中，主人公鲍勃·马什被迫在 1919 年以每英亩 25 英镑的价格买下了自己的农场，农场上还有一个军营。[62]然而，比起高价，借贷造成的问题更加严重。亚历克·杜埃写道，诺福克郡的农民被迫放弃常规的借贷渠道，转而向律师、拍卖商甚至谷物商借贷，而这些渠道的利率通常都很高。[63]阿什比和埃文斯在 1944 年揭示了威尔士农业的另一个极端现象，"许多农民用借来的钱高价购买土地。"[64]艾迪生勋爵在 1930 年至 1931 年任农业部部长，他于 1938 年写道：[65]

　　全国各地的农民为了保住自己的家园和生计，纷纷购买了农场。然而，他们所支付的价格却相当高昂。通常情况下，他们需要用抵押借款支付总价的三分之二，而剩下的三分之一则需要他们倾尽所有积蓄。在许多情况下，他们用股票或一般信用证作为抵押担保，通过银行透支获得额外的资金。这些抵押贷款的利率普遍维持在 5% 或 5.5%。

然而，在 1919 年甚至 1921 年，这似乎并不是什么大问题。战争期间物价居高不下，利润可观，农民的生活比 19 世纪 70 年代以来的任何时候都要好。R. R. 恩菲尔德在 1924 年如此描述农民："由于价格普遍上涨，生产成本较低，（他的）日子过得非常好。在一个短暂的时期内，他或许会惊讶地发现自己几乎没有什么可抱怨的。"[66]而在威尔士，尽管收益不及大型产粮区，但农业依旧繁荣，甚至有一种获得政治胜利的氛围。正如肯尼斯·摩根所言："乡绅沉寂了，仿佛他们从未存在过。"[67]

随着自耕农人数的增加，权力从一个阶级向另一个阶级加速转移。20 世纪 20 年代初，作为拥有自己土地的自耕农，农民逐渐成为一股独立且独特的政治和社会力量。这一点在全国农民联盟（the National Farmers' Union）的发展中体现得淋漓尽致，该组织将地主排除在会员之外。19 世纪 80 年代至 90 年代，随着佃农权利运动和反工会运动的兴起，该组织应运而生。到 1918 年该组织已拥有 8 万名会员和 58 个郡级分会，以致郡土地所有者协会（the County Landowners' Association）的喉舌《地产公报》不得不承认："显然，当前的地主利益集团已经不够强大，不再具有实质性的影响力，也不再受人尊重。"[68]

对于农业劳动人口中的大多数，也就是农场工人而言，情况喜忧参半。在战争期间，全国上下名义工资（即货币工资）都有所增加。1918 年初，农业工资委员会宣布工资增长了 56% 至 61%。然而，考虑到战时通货膨胀，再加上农场工人几乎没有加班费，工资标准接近他们的实际应得收入。由此，杜威认为战时的实际工资反而有所下降。[69]战后不久，这种情况略有好转。到 1918 年夏季，定量配给和价格管控政策减缓了通货膨胀的速度。同年 5 月至 10 月，全国开始实施最低工资标准，进一步缩小了收入差距。1919 年 3 月实施的每周半日假的规定意味着周六有可能加班。与最低谷物价格一样，国家规定的工资标准在 1920 年的《农业法》中得以延续。这些变化在一定程度上帮助了农场工人，至少开始弥合北部"高工资"郡和南部"低工资"郡之间长期存在的差距。这种区域分化在 19 世纪曾占主导地位。例如，在 1920 年至 1921 年，萨福克郡和诺福克郡的最低工资标准为每周 46 先令，仅比诺森伯兰郡和兰开夏郡等北部郡低 3 先令。然而，许多区域差异一直持续到第二次世界大战，甚至可能在战间期再次显现。

战争加速变革的最后一个领域是意识形态领域。第一章已经提到，"一战"前夕，一些艺术界和学术界的精英开始将目光投向乡村和乡村事务，将其视为构建新英格兰的基石。战争似乎加速了这一进程。保罗·福塞尔深刻阐述了"田园"体裁的重要性，其重要性不仅体现在战争题材的作品中，还体现在对参战者情感的塑造上。[70]显然，最有力的证词来自精英作家，尤其是布鲁克、萨松和布伦登的作品。在布伦登所著的《战争的底色》中，佛兰德斯的景观恐怖且荒芜，而复苏的英格兰大地却令人心旷神怡，他第一任妻子的东英吉利家庭生活"淳朴简单"[71]。作者不断地将两者进行对比。萨松则采用田园牧歌（或者说风景明信片）式的风格，重新演绎了自己在肯特郡的童年生活，为战友们打造了一个终极的心灵避风港。他在 1917 年写道："我希望为思乡的战士写一本慰藉之书。"毫不意外，他笔下的风景充满了对"英格兰南部"的经典刻画，比如灰色的教堂、村庄的绿地，以及"一些不起眼的小房子的玫瑰门廊"，还有"一位身穿印花连衣裙的姑娘……在等待，等待沿着黄昏的乡间小径归来的脚步声，而最后一只乌鸫从五月树上婉转鸣叫"。[72]

然而，虽然证据并不充分，但我们没有理由认为只有精英阶层才有这些感情。与军官相比，"普通"士兵眼中的战场与家园同样对比强烈。从前线寄来的明信片上，士兵在表达爱国主义的同时，常常梦想着"乡间"的家园。此外，正如乔治·L. 莫斯所言，乡村是战后世界不可或缺的一部分。对于许多参加过各类战斗的人而言，大自然"治愈"了被摧毁的土地，使之恢复活力；与此相同，在 J. L. 卡尔震撼人心的小说《乡间一月》中，主人公是退伍士兵，他在英格兰乡村寻求治愈之方。[73]然而，直到战间期，这条"漫漫长路"才在英国乡村找到了归宿。正如哈代和沃德在研究战后初期的地块定居点①时写道：[74]

> "一战"结束后，许多受毒气影响的幸存者在劝说下离开伦敦，也有一些严重毁容的人选择远离城市，避免日日与人接触。更多的人庆幸自己幸免于难，决心不再回到城市辛苦劳作，而是将退伍津贴投入到新的乡村

---

① 译者注：19 世纪末到"二战"期间非官方规划的居住点，多位于英格兰东南部的地块上，是英国特有的现象。

生活中……养鸡或从事市场果蔬业的梦想可能很容易被击破，但他们仍然拥有一小片土地和自建房。

更多人将乡村视为娱乐和逃避现实的地方。英格兰南部空旷的丘陵在战前曾吸引了很多艺术徒步者，如爱德华·托马斯，很快又迎来了成千上万来自南伦敦的徒步者和骑行者。最重要的是，城镇开始影响乡村的发展。据 1921 年的人口普查显示，自 1911 年以来，乡村人口虽然看似有所下降，但实际上却在增长，因为"城市逐渐扩张，侵入了乡村地区"[75]。与此同时，郊区正在发展壮大。彼得·曼德勒写道，"渐渐地，城市向乡村延伸"[76]，"乡村"遭到了前所未有的包围，即使在 19 世纪中叶工业和城市扩张的高峰时期也未曾如此。

到了 1921 年春季，虽然许多事情尚未发生，但那些将目光投向农场和村庄繁荣之外的人看到了不祥的变化迹象。国际谷物产量开始回升，进口谷物严重影响了英国的谷物价格。在工资委员会上，农场主代表开始讨论削减工资的事宜。小麦价格对诺福克的影响最大。该郡于 1921 年 2 月召开了一系列会议，呼吁"全面降低"工资。而全国农民联盟的诺福克郡代表乔治·穆蒂默表示，"由于玉米价格暴跌，诺福克郡的农民已走投无路"[77]。与其他地方一样，乡村地区的失业率迅速上升。同一周内，有 1800 人在诺里奇济贫院外举行了示威活动。在场的许多人都"佩戴着服役徽章"[78]。

然而，大多数乡村居民可能认为这个问题只是暂时性的——毕竟以前也发生过多次，而且政府提供了价格保障，然而事实并非如此。在接下来的二十年里，英国农业经历了严重的衰退，既对乡村居民造成了影响，又波及城市居民。本书接下来的四章将探讨这段岁月。

第二部分

---·-◆-·---

"灾难重重的岁月"：
1921—1939 年

3

农业的灾难，1921—1937 年

1931 年，萨福克郡的农民兼作家阿德里安·贝尔在回顾 1921 年秋天时写道：[1]

> 自我开始务农以来，贸易便持续低迷。但在那个严峻的时期，与其他行业相比，农业的情况可能没那么糟糕。农民愁容满面，但尚未充分意识到，国家在战时给予的支持不过是对战争恐慌的一时应对。随着《玉米生产法》的迅速废止，他们感受到了政治的左右摇摆，但仍然认为这只是繁荣时期的短暂回落。我亦曾抱有这样的希望。

然而，如同许多务农的人一样，他的希望很快便化为泡影。1921 年夏季，随着《农业法》被废除，农业不再享有战时的"特殊"待遇。自 1920 年冬季以来，国际谷物价格持续下跌，政府可能不得不向农业这个"次要"产业提供 2000 万英镑的补贴，因此拒绝援助其他经济部门。1921 年 6 月 7 日，亚瑟·格里菲斯·博斯卡文爵士宣布废除《农业法》，该决定于次年 8 月生效。尽管提供了短期的经济补偿，但政府取消了所有价格保障机制，解散了工资委员会，也就此取消了全国最低工资标准制度。[2]

在开始阶段，公众对废除《农业法》的态度褒贬不一。农场工人工会强烈反对这一决定，其创始人、南诺福克劳工党议员乔治·爱德华兹在农业史上留下了这样一句批判："废除《农业法》是政府对农业最大的背叛。"[3]然而，农业界的主流观点则倾向于支持废除该法案。其主要原因是：解散工资委员会意味着可以削减工资，从而降低主要投入成本，而这一成本一直在削弱农业的盈利能力。正如全国知名农业报纸《马克巷快报》（又译《粮食交易所快报》）（*Mark Lane Express*）于 1921 年 7 月在关于该法案的辩论中表示，"必须承认两名生来自由的英国公民具有签订商业合同的绝对权利"[4]。此外，作为"甜头"的短期补贴连续发放了 18 个月，这有效保护了谷物价格，尤其是小麦价格。这似乎不是政府第一次（也不是最后一次）牺牲农场工人的利益来保护农场主。

1921 年秋季至 1923 年春季，由于《农业法》的废除，农场工人工资下降了约 40%。然而，当谷物价格也随之下跌后，农业舆论开始发生变化。正如前文所述，许多农民在战后初期购置了自己的农场，而且往往是以抵押贷款的方式高价买下。随着进口谷物价格的持续下跌，这些农民开始感受到沉重的经济压力。然而，只有部分地区的人才有这种体会。到了 1922 年，东英吉利的土地自耕率从约 11% 增至约 37%。大型耕作农场不仅劳动力成本高昂，还要与进口谷物直接竞争，情况可能最为严峻。其他一些小麦产区也深受其害，尤其是牛津郡和汉普郡的白垩丘陵。[5]1923 年，正是在这些地区，尤其是诺福克郡，农民开始谈论政府对他们的"巨大背叛"。

1924 年至 1925 年期间，谷物价格保持稳定，这让部分谷物种植农民，尤其是英格兰东部各郡的谷物种植农民变得乐观起来。1924 年，政府对甜菜生产提供补贴，又为人们带来了一线希望。正如杜埃所写的那样："在 1924 年不稳定的环境下，这样的保障犹如及时雨。政府一宣布这个政策，农民就种下了 7000 英亩的甜菜。"[6]诺福克郡和北萨福克郡最早从这项政策中受益。但到了 20 世纪 30 年代初，甜菜加工厂遍布英格兰东部各郡、中西部、约克郡和苏格兰法夫郡的库珀。[7]这种稳定是短暂的。到 1926 年，甜菜价格开始再次下跌。1927 年，S. L. 本苏珊按照 1902 年亨利·赖德·哈格德爵士的农业考察路线游览了英格兰，他发现诺福克的一些地区几乎变成了荒地。[8]

> 这片荒凉之地似乎并不属于英格兰，它从梅思沃尔德向东延伸至沃顿，途经托廷顿、雷瑟姆和克罗克斯顿，一直延伸到塞特福德；这在某种程度上让我想起欧洲定居者到来之前安大略省的偏僻腹地和曼尼托巴省的贫瘠的平原……杂草是唯一可见的植物，肆意疯长，遍布各处；方圆几英里内没有一座房屋……也没有任何行人。

在接下来的十年里，谷物价格持续下跌，引发了乔纳森·布朗所说的"农民式"反应，即"或多或少遵循既定的生活习惯，避免花钱"[9]。

然而，正如第一章所述，英格兰和威尔士的农业存在着明显的地域特色，所以在非耕作区，情况则截然不同。谷物价格低廉意味着牲畜的饲料成本降低，从而提高了肉类和乳制品生产的盈利能力。与此同时，一项关于战时膳食的调查显示，人们对乳制品的营养价值有了更深入的认识。因此，城市对牛奶的需求增加，促使战后乳制品生产实现大规模扩张，特别是在大城镇周边地区。在长期生产乳制品的郡，产量增长尤为显著并且十分成功。到 1930 年，格洛斯特的乳制品产量较战前增加了 40%，而在其他传统产奶区，增长率则为 20%~30%。受到城市发展的刺激，在一些乳业并不那么稳固的地区，乳制品的产量也有所增长，例如英格兰中南部的部分地区。与此相反的是，如泰勒所言："北方大部分地区受到工业萧条的影响。德比郡和约克郡西赖丁的奶牛存栏量仅增长了 5%，而兰开夏郡的增幅更是不足 1%。"[10]随着乳制品产量的增长，乳业逐渐趋于专业化，人们开始对奶牛进行精心选育，其中最重要的成果可能是专门用于产奶的弗里斯牛种①的普及以及纯种畜群的培育。1930 年，E. G. 巴顿在约克郡的桑德比农场饲养了 14 头弗里斯牛，这是当时最有名的纯种牛群之一，其产奶量与 24 头普通奶牛相当。[11]总体而言，在 20 世纪 20 年代，乳业发展良好。正如梅瑟在关于 1931 年农业萧条的著作中写的那样：[12]

---

① 译者注：亦译作荷斯坦·弗里斯牛（Holstein Friesian）或者黑白花奶牛，原产于荷兰，后被世界各国引进并培育成适合当地环境的优秀奶牛品种。

在当前农业形势下，有两个特点经常被提及……一是奶牛养殖业具有稳定性，二是这种农业类型具备在任何地方推广的可能性。

20 世纪 20 年代，肉畜业的命运好坏参半。20 年代初饲料成本下降，肉类供应商从中受益。但冷冻肉等进口肉的增加导致肉类价格大幅下跌。因此，从购买牲畜、育肥到最终销售的过程中，常常会发生亏损。亚历克·杜埃以诺福克郡的一个案例为例："一个农民在 1920 年 10 月以每头 40 多英镑的价格购买了九头牲畜，一年后在诺里奇郡市场上以每头 35.4 英镑的价格售出。"[13] 这给饲养了一年牲畜的养殖户带来了毁灭性的打击。20 世纪 20 年代初，柴郡和其他地区爆发了口蹄疫，仅在 1923 年和 1924 年两年间就出现了 1300 多起病例，"对该郡畜牧业造成了沉重打击"[14] 尽管疫情已经对乳业和肉畜生产产生了显著影响，不断增加的进口肉使肉类生产商的处境更是雪上加霜。

1922 年，加拿大的牛肉危机戏剧化地加剧了这一问题，历史学家称之为"真正的背叛"。[15] 为了保护本国牛群免受疾病侵袭，英国自 19 世纪 90 年代起就禁止了活牛的进口，这间接导致了加拿大进口禁令的颁布。战时，英国政府向加拿大承诺，一旦和平来临，"干净"的加拿大牛群将不再受到限制。英国一些强大的利益集团认为，政府阻止加拿大牛进口，又不让更便宜的"帝国"肉端上英国工人的餐桌，这实际上是为了抬高肉价，为英国的肉畜生产商提供补贴。在激烈的争论后，比弗布鲁克勋爵作为加拿大生产商、帝国和工人的拥护者，首次在农业领域登场。1922 年 12 月，英国解除了对加拿大的进口禁令。虽然此举对进口影响不大，但在政治上具有重大意义。尤其是在废除《农业法》之后，这显示出与 1921 年相比，农业游说集团的结构性弱点暴露得更加明显。更糟糕的是，这表明农民的意见可能存在分歧。东部和北部一些郡的大农场主认为进口可以提供廉价的冬储牛，因此都支持进口。这或许是农民群体的首次分歧，但绝非最后一次。"小麦大户"和小型牧场主之间的分化体现了"农业利益"缺乏实质性。

20 世纪 20 年代，"替代畜牧业"开始对英格兰和威尔士农业的其他方面产生重大影响。这种变化由来已久，有些方面已经在第一章有所探讨。然而，在战间期，替代畜牧业对所有农民来说都具有新的意义。鸡蛋生产就是一个很好的例子。传统上，由于运输和储存方面存在困难，鸡蛋生产的规模较小，通常由农场主的妻子负责。在 20 世纪初的德文郡，鸡蛋和黄油会在农场门口卖给小贩，或在集市上出售。这些收入"用来维持家用。作为养家糊口的重要来源，这笔钱对农场主或小农场主的妻子都十分重要。"[16]西威尔士和诺森伯兰郡也有类似的情况。战时鸡蛋的高价格一直持续到 20 世纪二三十年代，极大促进了鸡群养殖规模的扩大。因为只要投入家庭劳动力，母鸡就能带来十分可观的利润。到 20 世纪 30 年代，许多混合型家庭农场的鸡群规模已达 400 只，为他们提供了宝贵的额外收入。此外，与其他农业部门相同，一些地区开始实行专业化养殖，兰开夏郡甚至成为了英格兰的蛋类生产中心。到 1931 年，普雷斯顿农民合作社的主席称，普雷斯顿地区生产了全英国三分之一的鸡蛋。[17]这些鸡蛋主要是由小型的专业农场生产，农民合作购买饲料并统一将鸡蛋销往市场。到 1924 年，鸡蛋产量较战后时期增加了三分之一。

其他农作物在战间期也出现类似的发展趋势。"一战"后几年里，得益于新的罐装技术，果蔬类，尤其是蔬菜的产量迅速增长。该技术与工人阶级的饮食变化相契合。同样，蔬菜生产也存在区域专业化的现象。兰开夏郡在蔬菜种植，尤其是马铃薯的种植方面拥有悠久的历史。至少从经济效益角度来看，马铃薯是兰开夏郡和柴郡大部分地区的主要作物。在"一战"前的东英吉利，埃塞克斯郡、萨福克郡和诺福克郡的豌豆和豆类种植已经非常成熟，而在种植供人类而非动物食用的卷心菜和球芽甘蓝方面，这些地区出现了真正的变革。实际上，W. F. 达克在 1937 年考察全国农业情况时认为，这一变革是"英国农业结构的主要变化之一"[18]。

水果生产面临的问题更多。由于优质、抗病的品种仍处于初级发展阶段，土壤类型对水果的生长就显得至关重要。也正因土壤条件的影响，东英吉利和剑桥郡沼泽地带的浆果生产在战前就已经相当成熟，这为战间期的扩大生产提供了坚实基础，尤其是在草莓生产方面。同时，位于剑桥附近希斯顿地区的奇弗斯工厂持续进行着半工业化水果种植和果酱生产。20 世纪 20 年代，虽然许多小农场的盈利能力仍然备受质疑，但伊夫舍姆谷和肯特郡大部分地区的李子和苹果产量都有所增加。而且，1927 年本苏珊还在特克斯伯里附近发现了一个非常成功的水果农场。该农场占地 130 英亩，生产优质梨、苹果、李子以及少量草莓，并将这些水果销往"最有利可图的市场"，包括"伦敦的一些顶级酒店"。[19]

然而，替代畜牧业的前景并非一片光明。整个 20 世纪 20 年代，奶酪生产一直受到国外产品竞争和本土市场销路不畅的影响。之前已经提到，兰开夏郡的普雷斯顿地区在鸡蛋生产方面取得了巨大成功，但普雷斯顿农民合作社的另一项业务，奶酪生产——实际上也是合作社成立的部分原因——却业绩惨淡。合作社的目标之一是收购和销售兰开夏郡奶酪，在 1916 年，他们自豪地宣布，他们已经开始经营"奶酪业务……（并）在先前不了解兰开夏郡奶酪的地区推广了该产品"[20]。但随着战争结束和进口产品增长，"奶酪业务"开始走下坡路。到 1924 年，年度股东大会报告指出："奶酪部门亏损的主要原因是大量低价加拿大卡夫奶酪的进口，这使得兰开夏奶酪难以批量销售并盈利。"[21] 尽管如此，在整个 20 世纪 20 年代，合作社仍在亏损状态下继续生产奶酪，但其成员数量逐渐减少。在其他地区，虽然少量传统奶酪仍在生产，但越来越多的农民完全转向了利润更高且不断壮大的液态奶贸易。例如，尽管直到 1956 年，温斯莱代尔的农场仍在生产奶酪，但是铁路支线的开通促进了液态奶的生产，当地还成立了一个液态奶生产合作社，导致奶酪的产量迅速下降。[22] 不过，也有一些成功的案例。19 世纪 90 年代，威尔特郡建立

图 4　在战间期，乳业规模虽小，却是为数不多真正取得成功的行业。1934 年，约克郡温斯莱代尔一个小农场的女工。（经雷丁大学乡村历史中心许可转载）

了奶酪生产线，确保了奶酪的持续生产。然而讽刺的是，该地区生产的是切达奶酪，而非威尔特郡本地奶酪。同样，斯蒂尔顿奶酪在战间期得以生存并连续取得成功，也得益于其工厂化生产模式。

在这段艰难的岁月里，政府发挥的作用微乎其微。1923年3月，农场工人和农民联合代表团要求政府支持农业发展，但从保守党首相博纳·劳对此的回应可以概括出20世纪20年代各政府的态度。他说：[23]

> 我不知道政府能做什么，或者你们期望政府做什么。你们来找我，说情况非常糟糕，然后要求政府解决问题。如果我们有能力的话，我们当然会非常乐意帮助你们……但我看不到任何切实可行的方案。我认为农业的处境几乎比任何其他产业都要糟，但所有产业都遭受了损失。问题是，农业是要自给自足，还是要依靠国家支持？我认为后者是不可能的。如果有任何办法，我们愿意帮助你们，但在我看来，农业必须立足于经济基础之上。

随着《农业法》的废除及对加拿大活牛禁运的解除，这些言论对于昔日显赫的"农业利益集团"而言无疑是一记响亮的耳光。自此，即使是传统派也承认英国是一个城市社会。在战间期，尽管斯坦利·鲍德温等保守党人也曾高谈阔论，抑或黯然神伤，但为保证廉价食品的供应，必要时他们还是会牺牲农业。

20世纪20年代末，政府面临着"更加严峻"的问题，即城市经济日益萧条。相比之下，农业的困境反而显得微不足道。此外，正如克莱尔·格里菲斯指出的那样，工党作为"新"的反对党，至少在20世纪20年代初对乡村地区的困境缺乏同情和理解。工党最多只是将乡村视为一个"沉睡之国"，需要通过社会主义来唤醒它。从这一观点出发，"乡村选区是'落后的地区'"……这一称谓既反映了乡村地区的组织水平低下，也暗示着乡村的政治文化并不发达。[24]在最极端的观点中，乡村甚至会被视作无可救药的反动分子。例如菲利普·斯诺登认为，农业是"保守党的宠儿"，在今天是"国家基础工业的寄生虫"。[25]

政府也做出了一些微小的努力。例如，甜菜补贴对东部各郡的农业产生了实质性的影响。1924 年工党政府重新启用工资委员会，也确实对工人有所帮助。但除此之外，政府几乎没有采取什么措施。5 年内，政府仅拨款 100 万英镑用于改善排水系统。政府于 1923 年出台《农业信贷法》(Agricultural Credits Act)，但其提供的援助非常有限；政府向乡村委员会拨款，用于修建道路和村舍，但该措施仅为帮助失业者。20 世纪 20 年代末，政府开始大力推广分级和标识制度以凸显英国产品并保证产品质量，但直到 20 世纪 30 年代初才真正见效。而在农业和园艺的某些领域，这些措施的效果甚至更为滞后。

1919 年，林业委员会(the Forestry Commission)的成立对乡村甚至农业产生了显著的影响。到 1929 年，该委员会在英格兰和威尔士拥有 10.41 万英亩的土地，并管理着另外 12 万英亩的王室土地。林业委员会在这些土地上种植的主要是速生针叶树，而非本土落叶树，这一做法受到批评，尤其是在诺福克郡和萨福克郡的布雷克兰、北约克郡的荒原以及诺森伯兰郡的基尔德。早在 1927 年，本苏珊就发表过以下评论：[26]

> 我想起了恺撒大帝对这些岛屿的描述——"一片可怕的树林"。历经两千年的开垦，英国的土地已满足了数个世纪以来全国人口的需要。这片广袤的土地本能够用于生产粮食，如今我们却要让其回到恺撒时期的原始状态。

以上几页对 20 世纪 20 年代农业变革进行了简单概述，展现了一个喜忧参半的复杂局面。尽管许多农业领域取得了进步，但在情感、政治甚至可能在种植面积上，谷物生产仍然主宰着英国农业，然而谷物生产却遭受了损失。因此，即使历史学家强调了乳业和小规模替代性畜牧业取得的成就，但对当时的人来说，这些成功都微不足道。然而，到了 20 年代末，农业实现了理查德·佩伦所言的"不稳定的平衡"，在许多乡村地区，人们开始重拾信心，相信情况可能会好转。

然而，他们要大失所望了。与 19 世纪末的经济萧条一样，有些人错误地认为艰难时期已经结束，但实际上，这只是短暂的喘息。1929 年华尔街股市崩盘，再加上全球产量增加，尤其是谷物产量的激增，导致农产品价格暴跌。对于英格兰和威尔士来说，情况更加糟糕。由于许多海外生产商获得了出口补贴，所有农产品生产商，尤其是谷物生产商不得不以低价倾销商品，就连乳制品生产商也未能幸免。自 20 世纪 20 年代初以来，联合乳品等全国大型乳品公司一直以保证价格向农民收购牛奶。尽管这种做法有垄断的倾向，但农民能从中获得稳定、可靠的收入。到 1930 年，倾销廉价牛奶事件导致保证价格体系全面崩溃，尽管这种崩溃是暂时的。[27]此外，与 19 世纪 80 年代相同，一连串的恶劣天气接踵而至。1931 年的冬天甚至创下纪录，成为英国史上最温和、最潮湿的冬天之一。这对农业来说更是雪上加霜。

那些刚刚经历过第一场风暴的人，对第二场风暴感到措手不及。与 20 世纪 20 年代一样，这时损失最严重的仍然是东部各郡的谷农。这些农民"被前十年的谷物价格下跌趋势削弱了资本和信贷能力"，现在他们又面临着新的灾难。[28]这些情况在整个谷物种植区反复上演，而畜牧区的情况也不容乐观。最初，廉价饲料曾帮助了畜牧者，使得东部种植区的收入下降，西部牧区的收入上升；然而，在 1931 年至 1932 年冬季，牲畜的价格再次下跌。

随着形势的急剧恶化，政府被迫采取行动，尽管其初期行动稍显缓慢。1931 年 11 月，政府开始对浆果和马铃薯征收关税。1932 年 1 月，征收范围扩大至其他农产品，但主食类产品仍未被纳入保护范围。毕竟，即使出现了所谓的农业危机，也没有政府愿意"对人民的粮食征税"。同年，《小麦法》颁布，对这种现象进行了间接的修正。该法案实质上恢复了《玉米生产法》的原则，即通过差额补贴来保障农产品最低价格。然而，与过去的《农业法》不同，政府是通过对国产面粉和进口面粉征税，作为补贴资金的来源。实际上正如布朗所说，这是"一种变相的关税"[29]。该法案的实施取得了立竿见影的效果——1933 年和 1934 年，小麦播种面积激增。政府在 1934 年重新对甜菜提供补贴，消除了农民的另一重担忧。

从长远来看，更加关键的是 1932 年至 1933 年设立的营销委员会，特别是牛奶营销委员会。营销委员会这一概念可追溯至 1928 年的《国家商标法》，但随后有了进一步的发展。其运作原则很简单：根据某一农业部门中全体注册生产者的要求进行投票。如果有三分之二的人投票赞成，营销委员会就会制定一套方案。最初，这种方案的主要目的是限制委员会所负责商品的进口数量，但到了 20 世纪 30 年代中期，委员会已发展到深入介入甚至控制生产、定价和营销等领域。

这些变化不仅是对危机的短期应对，而且是对 1931 年至 1933 年冬季日益高涨的农民抗议情绪的直接回应，也在某种程度上反映了政府态度的转变。正如 K. A. H. 默里写的那样：[30]

> 政府这样做的理由有很多。其一是为农业提供一些援助，就像 1932 年给其他产业提供的保护一样；其二是为了满足这十年间人们对营养问题日益增长的需求；其三是出于对乡村人口减少和农田"荒废"的长期不满。此外，还有一些人考虑到国防的需要。

这些变革的核心存在一个矛盾。一方面，农业想要生存就需要得到保护；另一方面，绝不能"对人民的面包征税"，否则会导致物价上涨，这是绝大多数城市居民所无法接受的。在库珀看来，内维尔·张伯伦为保守党研究部门提供农业评估后，1929 年保守党颁布的新政策明显体现了这一矛盾。张伯伦认为，为阻止农业"崩溃"，国家的干预是不可避免的，但这种干预必须聚焦于农业结构的调整，通过"减少边缘和低效生产者的数量"[31]，提高粮食供应的效率。这种观点认为，应在国家计划的基础上运作大规模、高效的农场，并在必要时采取"胡萝卜加大棒"①的策略对其进行补贴。在 20 世纪余下的时间里，这种观点逐渐成为农业政策的基石，尽管当时鲜少有人能预见到这一点。人们普遍相信，精简措施能够提高生产力和生产效率，从而避免价格上涨。然而，维恩在 1933 年指出，实际上这些措施意味着非农业消费者的资金转移到了农民的口袋里。按照当时的实际情况，每袋面粉的配额成本为 2 先令 9 便士，假设将这笔费用转嫁给面包消费者，那么根据每个面包 1 法寻②的价格计算，全国每个家庭每年要多支付 10 先令[32]。这个费用虽然微不足道，但它与其中涉及的原则一样，标志着一项政策的开端，此后的任何一届政府都未曾改变甚至质疑这项政策。

《小麦法》的通过、甜菜补贴的延续以及营销委员会(尤其是牛奶营销委员会)

---

① 译者注：指奖励与惩罚并存的激励政策。
② 译者注：英国旧硬币，相当于 1/4 便士。

的巨大成功，扭转了农业的局势。纽比写道，这些措施"在很大程度上成功提高了农业收入"。[33]即使在受影响最严重的地区，即谷物生产郡，这一点也是显而易见的。到 1935 年，小麦种植面积恢复到了 1923 年的水平。不过，小麦面积增加是因为种植其他作物的土地被改种了小麦，而不是因为开垦了新土地，而且这种变化大部分发生在东英吉利。在其他地区，小麦的种植面积继续下降。由于牛奶营销委员会的努力和城市对液态奶的需求，人们转向了奶牛养殖，而液态奶在很大程度上不受海外竞争的干扰。因此，农业生产的结构最终发生了根本性的变化。到 1939 年，牛奶和奶制品占英格兰和威尔士农业总产值的 31%，而所有粮食作物只占 4.5%。[34]正如乔纳森·布朗写的那样："乳业可能仍缺乏魅力，但经过近 70 年的发展，它逐渐在农业中占据重要地位，就像 19 世纪 80 年代和 90 年代大萧条前的谷物种植业那样。"[35]

因为牛奶营销会，乳业备受瞩目。虽然其他农业产业知名度较低，但也有了发展。1938 年至 1939 年，家禽和蛋类的产值是谷物的两倍，尽管加上小麦补贴后两者产值大致相当。1935 年，政府为肉牛养殖提供了补贴，从而提高了该产业的产量。尽管猪肉和熏肉销售委员会因无法有效调控生产而以失败告终，但这一产业依然得到了发展。1937 年，新《农业法》进一步促进了农业的发展。据农业部长 W. S. 莫里森称，该法案是为了"提高本国土地的生产力，以确保能够在战时增加粮食产量"[36]。为此，该法案不仅增加了对提高土地生产力的拨款，还扩大了可提供补贴的小麦的种植面积，并将大麦和燕麦纳入补贴范围。

20 世纪 20 年代至 30 年代初，农业的命运对在乡村地区生活和工作的人们产生了深远影响，并为英格兰和威尔士乡村开启了新的篇章。自此，农业的核心地位逐渐下降。那些熬过"重重灾难岁月"的人，他们的经历为残酷的经济变革提供了鲜活的例证。现在，让我们将目光转向这些人，从"上层"有钱有势的地主开始，随后转向农民，最后再进一步观察乡村工人阶级和"新"农村人。

4

地主和农民

在 1921 年的春夏两季，许多乡村地区仍在忙于为那些光荣牺牲的人修建纪念碑。其中大多数纪念碑上镌刻着当地乡绅或其子弟的名字，而更多牺牲者的名字则出现在私人纪念碑上。在切斯特大教堂有一座纪念碑，它是为纪念奥尔顿庄园格雷·埃格顿家族在服役中阵亡的 13 位成员而设立的。尽管这种规模的家庭悲剧并不多见，但乡村精英阶层伤亡惨重。正如大卫·康纳汀所写:[1]

> 因为第一次世界大战的影响，英国贵族阶层被削弱到无可挽回的地步。自玫瑰战争以来，从未有过这么多的贵族如此突然而又惨烈地丧生的情况。从比例上来说，他们的伤亡人数远远超过了其他任何社会群本。在战争期间服役的英国和爱尔兰贵族及其子弟中，有五分之一在战争中丧生。而从所有参战人员来看，这一比例则为八分之一。

这场大屠杀使英格兰和威尔士的土地所有权格局在战后和平时期的头两三年里发生了剧变。然而，土地被出售的原因还有很多，正如本书所提及的，其中大部分是出于对经济的考虑，但也是深思熟虑后的结果，而这一点被当时以及后来的很多历史学家所忽视。而且我们需要谨慎地看待这场所谓灾难的影响程度，简而言之，尽管英格兰和威尔士有四分之一的土地易手，且主要是从贵族和绅士手中流失，但仍有四分之三的土地在他们的控制之下。从这个意义上来说，1918—1921年发生的这些变化并非土地财产终结的标志，至少在全国范围内如此。此外，尽管缺乏精确的数据，但全国土地交易量在 1922—1923 年农业陷入危机期间迅速下降，农民尤其不愿在市场环境不确定的情况下购买土地。[2] 尽管在 1924—1925 年农业复苏时期，土地销量再次上升，但上升幅度较小，1925 年之后，土地销售几乎停滞。

不可否认，某些地方确实发生了变化。在诺丁汉郡和德比郡，大片土地被出售，至 1930 年，德比郡已有多达三分之一的大庄园被出售，而到 1939 年，所有诺丁汉郡的大地主都离开了他们的庄园。[3] 由于缺乏全国性的可靠数据，我们难以确定这些数据与其他地区的对比情况。然而，从近期的地方史来看，许多人离开了北部乃至英格兰中部地区，至少部分原因应归咎于工业区的"问题"，正如约翰·沃尔顿所述，人们离开兰开夏郡，"迁往了气候更适宜的地区"。[4] 到 20 世纪 30 年代，精英们认为诺丁汉郡已经"不适合居住"，菲利普斯和史密斯在其关于兰开夏郡和柴郡的历史著作中写道："工业污染威胁着古老的家族住宅（据报道，柴郡的诺顿修道院和马德伯里庄园因此被拆除）。"[5] 在斯塔福德郡，萨瑟兰公爵在战前就出售了特伦瑟姆，因为那里过于城市化。1917 年，他又卖掉了自己在中部地区的另一处宅邸利勒肖尔，搬到了萨里郡，因为"在那里我可以享受宁静而美丽的乡村"[6]。希瑟·克莱门森收集的自 1880 年以来的乡村别墅被拆除数据在一定程度上也支持了这一观点。数据显示，在 1880 年至 1980 年期间，北部各郡的乡村别墅被拆除和不再重建的比例都略高于其他地区。[7]

显然，整体或部分出售地产并不是北部或中部地区的特有现象。然而，根据最近的研究案例，可以看出在战后初期，东南地区几乎没有整体或大片的地产被出售，而在北部和中部地区这种情况似乎很普遍。东南地区出售的地产往往规模较小，目的明确，通常是用于住房。例如，战后不久，位于雷瑟黑德的洛夫雷斯庄园的一部分土地被飞机制造商"汤米"索普威斯购买，但在 1925 年，这些农场被宣传为"一流住宅的绝佳建设地点"。[8]同样，在谢尔周边地区，布雷家族自 19 世纪 80 年代起就开始出售和出租土地用于建造别墅，其中包括工艺美术殿堂霍姆伯里圣玛丽。到了 1922 年，他们意识到用来建造大型住宅区的土地已经告急，于是将目光转向了霍姆伯里郊区相对小型的开发项目。然而，还有更糟糕的情况。1923 年，萨里花园村信托基金会买下了一个占地 300 英亩的小庄园和雉鸡养殖场，即塞尔斯顿谷，并将其改造成了宅地定居点。[9]

与英格兰北部相比，土地出售和贵族迁离对威尔士的影响更为显著。尽管 1883 年威尔士超过 2 万英亩的庄园中没有一个在 1922 年消失，但是许多庄园的规模已经大幅缩减，部分中等规模的乡绅庄园甚至已彻底消失了。不过，在威尔士，这一过程持续时间更为漫长，乡村社会结构也大相径庭。正如约翰·戴维斯所写：[10]

> 与英格兰乡村地区相比，在威尔士乡村地区，土地所有权的非经济特权受到了民主制度更为严峻、更为突如其来的冲击。1868 年以后，尤其是从 19 世纪 80 年代开始，那些在英格兰和威尔士同时拥有地产的人发现，就地区声望和影响力而言，只投资英格兰的土地更具回报价值。

从长远来看，这种情况还会继续发展。1887 年，威尔士的土地所有权结构与英格兰北部相似，但到 1970 年，威尔士的自耕农比例已达到 61.7%，而英格兰北部尚未达到 50%。

这些地域性差异表明，即使在威尔士，贵族和绅士的土地所有权也并未在任何地区或任何程度上被完全废除。这一事实凸显了英国在"一战"前后，至少在经济方面所保有的连续性比人们通常所关注的所谓"巨大变化"更为显著。希瑟·克莱门森（历史学家）通过深入研究 1880 年至 1980 年间 500 个大庄园的样本，进一步强调了这一点。她的研究是我们了解英国土地所有权长期变化的唯一来源。正如我们之前提到的，她强调，所谓的"衰落"程度实际上取决于所讨论的是哪个阶层的地主精英。她的研究表明：[11]

对于地产面积为 3000~10000 英亩的私人土地所有者（即大乡绅）而言，庄园的衰退程度更为严重。然而，对于那些大土地所有者，特别是历史悠久的乡村贵族而言，地产的分割似乎没有那么严重。

此外，正如史料记载，大型地产巨头倾向于出售他们地产的部分地块，而这些通常是外围地块，并不是将整块地产拆分出售。

这些地区性变化及其他变化引发了难以解决的社会、经济和政治权力问题。地产销售在不同地区产生了截然不同的社会影响。在维多利亚时代的观念中，一座宏伟的宅邸是整个社会经济和文化社群的中心，这种观念在某些地方被奉为圭臬，但在其他地方却被弃如敝屣。例如，在 1921 年，萨里郡的许多地区仍然属于乡村，但它们已经受到了新兴郊区世界的影响。在这个世界中，传统农业社会的"规范"在现实中变得不再重要，即使新迁入者认为自己的生活像是一首牧师与乡绅的田园牧歌。在这样的地区，地产交易的影响相对较小。埃塞克斯郡的一些地区也是如此，19 世纪 70 年代至 90 年代的农业萧条导致部分庄园破产。但是，在更纯粹的农业区域，比如牛津郡的乡村地区，从一些记录中可以清楚地看出，活跃的精英阶层本被视为 19 世纪的特有现象，但在战间期却仍然发挥着重要的作用。20 世纪 20 年代，在沃特斯托克，"大多数……村民为乡绅阿什斯特工作，住在他的村舍里，受他统治"。[12]在戈林，"在学期的最后一天，当地的贵族们会来学校招工"[13]。在伍斯特郡，一个小农场主的儿子弗雷德·阿彻在 20 世纪 20 年代这样描述他的村庄："约翰·鲍德温先生是村里最有权势、最受尊敬的人，600 年以来，他所在的乡绅家族一直为人敬仰，而他是这个家族中最后一位成员。显然，他是一位平易近人的绅士，但在我看来，他的地位只比国王低一点。"[14]不管是活跃的贵族阶层还是绅士阶层，都不是南方的特有现象。当比尔·丹比于 1930 年搬到约克附近的黑斯林顿的一个农场时，他发现：[15]

众所周知，守规矩是必须的。星期天，你应该前往教堂做礼拜，不可割断房子上的常春藤，因为爵爷喜欢欣赏它的美丽。此外，你还不能砍掉树上的树枝，而且为了方便狩猎，树篱底部要很宽敞。

在许多大庄园中，显示尊崇地位的公开仪式依旧没有改变。1929 年 6 月，在萨塞克斯郡的阿伦德尔，第 16 任诺福克公爵成年时，整个庄园举行了为期数天的盛大庆祝活动。其中包括为佃户及其家人在城堡庭院准备传统的餐食，为孩子们准备点心，点燃篝火，燃放烟花。而到 1933 年，约克郡费茨威廉伯爵庄园中的"数千名"佃户都被送往都柏林，参加伯爵儿子在圣帕特里克大教堂举行的奢华婚礼。[16]

显然，与此相对应的是一系列重要的文化转变，但这些转变往往难以被记录下来。简而言之，在许多乡村地区，贵族似乎逐渐淡出了积极的文化角色。导致这种变化的原因是多方面的，其中土地所有权的成本变化无疑是重要因素之一。然而，人们还能感受到，这种变化背后还有更深层次的动因。亨利·埃文斯·隆贝，"一个来自古老且富有的贵族家庭的后裔，当他决定出售诺福克郡的拜劳庄园时，给出的理由不仅是他的儿子在"一战"中丧生，还因为他希望将资金分散到更广泛的投资领域"[17]。谈及威尔士的情况时，约翰·戴维斯写道："在战前和战后的繁荣时期，大多数地主出售土地并非出于严重的财务困难，而是为了实现投资的多样化。"[18]毋庸置疑，这一举措十分明智，尤其是在 20 世纪 30 年代，但它确实表明维多利亚时期完美绅士标准中规定的责任义务已经发生了变化。这种变化不仅仅局限于投资领域的调整，乡村生活对于许多人，尤其是经历过战争的人来说，变得"乏味"和"过时"。正如玛德琳·比尔德所写：[19]

> 虽然狩猎舞会、成人礼和圣诞聚会在战后依然流行，但同时，有地产的社会阶层也开始反对战前的旧世界。许多人对长期以来一成不变的生活感到厌倦，于是伦敦社交圈和各郡社交圈频繁融合。

不仅仅是伦敦社会，整个贵族阶层都融入了"国际化"的潮流。尽管出国旅行甚至旅居国外早已十分普遍，然而在 20 世纪 20 年代，一个国际化的上流社交圈正在逐渐形成：[20]

> ……对于许多……贵族而言，旅行和娱乐已不再仅仅是从事庄园管

理、地方领导和国家政治等严肃事务的间歇或准备阶段的活动。相反地，它们已演变成了一种逃避、一种选择，甚至是一种替代传统生活的方式，因为国外社交生活已升级为一项全职活动，其本身就已成为目的，这导致贵族们几乎没有时间在国内履行传统职责。

图 5　延续性。1934 年，在伯克郡庞伯恩附近举行的金毛巡回猎犬俱乐部的认可展上，贵族和绅士们依然坚持过去的爱好。（经雷丁大学乡村历史中心许可转载）。

　　无论出于什么原因，一个地方如果没有贵族家长式的参与，该地肯定会发生变化。林肯郡一个声名显赫的贵族家庭离开了这个村庄之后，孩子们失去了圣诞礼物，租户没有了晚餐，当地的慈善事业也告一段落。他们的一名前租户回忆道："我们非常尊敬约翰爵士和福克斯夫人，他们也非常尊敬我们。我们是他们的人（原话如此）。有约翰爵士在，我们就不需要任何病友会来照顾我们。"[21]然而，20世纪20年代，在英国乡村地区，虽然很难量化，但作为社会文化力量的贵族绅士的确在逐渐衰落，土地所有权方面也发生了一些变化，但即使到了第二次世界大战爆发时，英格兰乡村的大部分土地仍然归乡绅或贵族地主所有。在许多地方，他们仍然遵循维多利亚时期的礼仪，坚持家长制的作风和女慈善家的准则。受影响最大的是那些主要依靠农业收入、拥有3000到10000英亩庄园的人，即克莱门森所说的"大乡绅"。正是这些人坚持传统的家长作风，因为他们更依赖农业，更有可能居住在乡村。实际上，"衰落"并不是指整个贵族阶层的衰落，而是指那些脆弱的传统贵族的衰落。整个 20 世纪，强大富有的土地贵族阶层仍然存在。罗伊·佩罗在 1968 年对贵族的描述更符合 20 世纪 20 年代的情况：[22]

> 虽然他们拥有的土地面积可能每年都在逐渐减少，但我相信大多数庄园都有能力在可预见的未来长期维持下去。在未来仍会有足够的土地，让贵族在很多代人中保持足够强烈的旧式地主特色，这也是为什么我认为报道精英阶层消失还为时尚早。

然而，精英阶层利用财富和权力的方式正在发生改变。随着一部分贵族逐渐淡出当地社会和文化生活，他们也愈发明显地退出了地方政治舞台。尽管人们常常认为旧的郡政府和新的郡议会之间存在真正的延续性，但即使在纯农业地区，也发生了许多真正的变革，因为当选的非土地所有者越来越多。这一趋势在战间期仍在继续，以应对日益严重的官僚化以及贵族对地方政府兴趣减退等问题。正如康纳汀所指出的：[23]

> 到了 20 世纪 30 年代，郡议会已经不再是以新名义出现的旧乡村寡头政治，而是演变成了一个等级鲜明、组织精密的专业官僚机构，可能（也可能不是）隐藏在贵族权威的幌子后面。贵族在乡村政府中扮演的角色逐渐趋向于不引起争议、仅起到装饰性作用的一类存在。与此同时，在城镇和帝国中，他们也在完善和实践这种角色。

1929 年至 1932 年农产品价格的暴跌和 1929 年的华尔街股市崩盘进一步重创了土地所有者。对于乡村地区的居民，尤其是那些依靠地租谋生或自己务农的人来说，农产品价格暴跌无疑是一场灾难。尽管如前文所述，地租在战争结束时有所上涨，但在 20 世纪 20 年代又开始下跌。到 1933 年，地租已回落到战前水平，并在 1936

年降到 1870 年以来的最低点。自 1921 年以来，地租下降了 25%。尽管成本也有所下降，但其下降的幅度和速度都赶不上农产品价格暴跌的程度。汤普森估计，尽管地产支出比 1914 年之前减少了约 70%，但"土地所有者的净收入也仅约为 1914 年之前的一半"[24]。这带来了连锁反应：地租连续下降意味着地产维护支出减少，而农产品价格暴跌则意味着农民无力购买土地。从这个意义上说，许多地主陷入了恶性循环。

在这种情况下，正在走下坡路的贵族们，尤其是乡绅们的地位进一步下滑。即使是那些非常富有的人也在削减开支，一座座乡间庄园接连被拆除更是佐证了这一点。同样具有象征意义的是考德雷子爵的过世及其葬礼。一辆马车运送他的遗体，庄园工人和租户六人一排紧随其后。这或许不仅是萨塞克斯郡最后一次举行此类葬礼，也似乎标志着某种家长作风统治的终结。在这种情况下，有些人可能进一步退出曾经的生活模式，逐渐"安定下来，过起了一种在过去只属于贫困的耕地所有者的拘束生活"[25]。有些人——只有极少数——转而愤怒地捍卫已经废除的制度，本书将在下文再次提及他们。利明顿子爵和后来的朴茨茅斯伯爵，主张复兴以"英国式"法西斯主义和有机农业为基础的家长作风秩序，并将心灰意冷的地主奥斯瓦尔德·莫斯利爵士视为英雄和并肩作战的朋友，然而这些只是个例。总的来说，人们感到 1929 年至 1932 年的经济崩溃只是贵族和乡绅从他们曾经主宰的社会中退出过程的延续，或者说是这一过程的加速。

尽管如此，"郡社会"仍在运转。实际上，在许多回忆录中，两次世界大战间的"乡间庄园生活"都被描述为具有复古的韵味，老一辈的人觉得这种韵味属于 1914 年之前的时代。我们已经注意到，在某些地区，许多彰显对贵族尊崇的礼仪仍在继续，但更为重要的是，贵族和乡绅的私人生活仍然保留着战前时代的许多传统。狩猎、伦敦社交季和乡村庄园的周末活动都保留了自身的特色，但那些真正盛大的"活动"例外。20 世纪 20 年代和 30 年代初，新建的乡村庄园寥寥无几，许多房屋被拆除或出售作非住宅之用。然而，尽管贵族们唉声叹气、咬牙切齿，但他们仍然保留着强烈的财富和特权意识，就连绅士阶层也是如此。

事实上，他们的大部分财富都是"新兴"财富，但这并不重要，因为贵族和绅士阶层长期以来一直具备吸纳新人的能力——商业人士和专业人士早已成为贵族和绅士们可接受的财富和新鲜血液的来源，只要他们保持"绅士风度"，在社交圈中也是可以被接纳的。剑桥附近的安格尔西修道院①就是一个很好的例子。20 世纪 20 年代末到 50 年代期间，费尔黑文勋爵利用他父亲在美国赚到的钱，以适当的规模重新打造了一个具有近乎 18 世纪风采的花园和宅邸。正如亚瑟·布莱恩特爵士所说：[26]

> 我们的时代并不缺少富有的人……然而，赫特斯顿·费尔黑文却几乎是独一无二的存在，因为他在 20 世纪中叶创造了一个与乔治时代伟大建筑杰作相媲美的花园。在这个战争四起、革命频发的时代，他以耐心、专注的奉献精神和无可挑剔的品位，为未来的英格兰打造了一座无愧于其历史的景观花园。

具有讽刺意味的是，花园里摆放的大多是 18 世纪的雕像，这些雕像来自英格兰各地的庄园。其中一些来自斯托庄园，这座由格伦维尔家族建造的宏伟庄园在 1922 年被一所学校收购，当时许多人认为这标志着旧秩序的结束——正所谓万变不离其宗。……更引人注目的是，在富有的啤酒酿造商父亲的赞助下，格伦维尔夫人于 20 世纪初在萨里郡创建了波勒斯登莱西庄园社交圈，这个社交圈一直延续到战间期，人们在这里举办奢华的家庭聚会，尽管有些人认为这些聚会有些"过时"。[27]与很多爱德华时期和战间期的乡村庄园及其居住者一样，波勒斯登莱西的意义在于它几乎和农业没有经济联系。其中的原因有很多，汤普森几年前指出，即使是在战后不久的价格低迷时期，从零开始购置一座大中型农业庄园的成本也远远超出了大多数人的财力，只有极少数"新来者"能够负担得起。更重要的是，很少有人想要购买这样的庄园。以工业发家的人、专业人士或者"商业贵族"渴望的是乡村生活，而不是农业本身。在战间期，务农或租赁农田在经济上变得越来越不可

---

① 译者注：安格尔西修道院仅沿用过去的名称，实为一座大庄园。1593 年，福克斯家族买下了原修道院房产，并在修道院旁边盖了一座詹姆士一世风格的大房子。1926 年该房子由布劳顿兄弟买下。兄长厄本·赫特斯顿·布劳顿继承父亲的爵位，成了费尔黑文勋爵，他对庄园进行改建并陈列大量艺术品。他离世后把安格尔西修道院连同 30 万英镑一起捐献给了英国国家信托基金。

行。实际上，就像我们看到的那样，到了 1930 年，务农或租赁农田无异于自取灭亡。然而，乡村运动、休闲娱乐和田园生活的魅力仍然吸引着许多人，特别是在英格兰东南部。在这里，银行家、律师或公司董事们可以在"朴素"的房子里尽享时尚娱乐，还能领略乡绅生活的风采。莱斯利·刘易斯讲述了她在埃塞克斯郡成长的经历，她展现的就是这样的田园诗般的、让人向往的家庭生活。[28] 她的父亲是一位成功的律师，在一家历史悠久的家族事务所工作，该事务所隶属于律师学院。1912 年，他在翁加附近购买了朝圣者庄园，庄园内有一个占地约 100 英亩的家庭农场，随后由卢廷斯的一位学生对其进行了适当的现代化改造。莱斯利·刘易斯在这里接受了私立教育，并在十七岁时前往巴黎完成学业。回国后，"我过着与邻居和同龄人相似的生活：天气好的时候我会去打猎、打网球，我们都住在相似的房子里。我还参加了当地的慈善工作，如红十字会……"[29] 1927 年，她受到了宫廷的接见，并度过了一个伦敦社交季。她的家族雇佣了室内外的仆人，拥有自己的庄园，因而在当地扮演了小贵族的角色，而她的父亲作为教区议会主席的身份也巩固了这一地位。为了巩固地位，他们还保留了一些小规模的仪式以显示其尊崇的地位。圣诞节时，为他们工作的人会得到礼物，"已婚男人会得到猪肉或牛肉，单身男人可能会得到钱，女仆们通常会得到裁剪好的衣料自己做长裙"[30]。

有些贵族退缩了，有些贵族失败了，但还有一些贵族坚持了下来。在某种程度上，一些人取代了他们的位置，至少在战间期是如此。汤普森几年前的观点是，"总体而言，乡村社会的平衡在 1921 年至 1939 年并未受到严重破坏"。[31] 在最近有关贵族和地主阶级衰落的报道面前，这个观点倒颇有可取之处，但也有些言过其实。在某些方面，乡村社会的平衡确实遭到了一定程度的破坏，其中一部分我们已经讨论过了，其余的将在后文中提及。需要特别关注的是农民日益增长的力量和影响力，虽然在 20 世纪 20 年代和 30 年代初还处于萌芽阶段，但从长远来看，它将给乡村带来翻天覆地的变化。现在我们就来谈谈农民。

1927 年，英格兰和威尔士共有 401734 处农场，其中 146887 处是自耕农场，[32] 其余的则通常归属于更大的土地所有者。首先要指出的是，拥有自己土地的农民(尽管通常是通过抵押贷款的方式购买)和佃农显然有着不同的境遇，这构成 19 世纪末期大萧条与战间期大萧条之间的重要差异。在 19 世纪八九十年代，绝大多数农民都是佃户，这意味着经济萧条的代价往往由土地所有者以减租的形式承担。在战间期，大约 63% 的耕地仍然如此。以诺福克为例，减租现象早在 1923—1924 年就开始出现。到 1929 年，在杜埃考察的三个庄园中，租金减免的幅度在 2% 至 16% 之间，同时还存在类似金额的租金拖欠现象。[33] 而对于那些购买了农场的人来说，情况就大不相同了。大约有 9 万名前佃农和 5.5 万名已确立的自耕农面临着 20 世纪 20 年代的时代难题。对于这些农民来说，即使他们得到了债权人的同情，不断下降的农产品价格和缩水的利润也必须靠农场和家庭的其他资产来填补。尽管当代人和历史学家在讲述经济大萧条这段往事时重点聚焦于这一群体，但正如我们必须考量其他文化因素，我们不能忽视那些在 1918 年至 1922 年间高价购买农场的人所面临的现实困境。

毫无疑问，在 20 世纪二三十年代初，损失最为惨重的是谷物种植区的农民，尤其是这些地区中在战后不久购买农场并背负债务的人。起初，大部分人的应对措施是让土地荒芜，这种做法很普遍。1921—1929 年，北部和东部郡的主要种植区有超过 50 万英亩的农田变成了荒地，其中大部分土地与 19 世纪八九十年代一样，变成了永久性的草地。虽然这一数字在一定程度上反映了向畜牧业转型的趋势，即所谓的"减少粮食种植，增加畜牧养殖"的解决方案，而且牲畜数量的增加也印证了这一点，[34] 但这个数字也表明有些土地被完全荒废了。这种情况在贫瘠的沙质土地上尤为明显，在萨福克郡奥威尔附近务农的 G. M. T. 普雷特曼先生放弃了将近 1000 英亩的石楠荒地，并将其改为粗草场进行放牧。这片土地在战争期间曾用于种植小麦。最终，其中一部分土地落入了林业委员会的手中。同样的情况也发生在诺福克郡和萨福克郡交界处的布雷克兰地区。约克郡东赖丁以北的沃尔兹地区曾是一个优质的谷物种植区，但由于大麦需求下降了，这片白垩高地难以找到真正的替代作物，因为这里不适合种植非谷物作物，并且距离市场很远。此外，在战争期间，这片土地被过度耕作，土质下降。1936 年，有人指出，"该地区的农业比其他地区陷入了更明显、更严重的萧条"。相比之下，作为英格兰最北部的谷物种植区，诺森伯兰郡的格伦代尔地区情况要好得多。因此，在 1936 年的一项调查中，纽卡斯尔大学将其描述为"一小块高质量农业用地"。[35] 在更靠北的地区，荒芜的土地是"介于低地和开阔丘陵之间的中间地带"。例如，在伍勒以东的地区，由于农田产量下降，"一些与荒原接壤的围垦土地实际上已经荒废，即使是可耕种的轻质土壤也是如此，大部分土地上蕨类植物泛滥成灾"。[36]

放任土地荒废或半荒废是一种削减成本的手段，而缩小劳动力规模则是另一种。尽管在 20 世纪 20 年代初工资水平有所降低，但在整个战间期，工资仍是农业成本中的一笔重大开支。乔纳森·布朗等人认为，劳动力成本的不可控是导致战间期经济萧条的一个重要原因。[37]1931 年，一项在英格兰东部的耕地农场进行的调查显示，劳动力成本是最大的支出项目，其占比达到了 37.7%。在这种情况下，明显的应对策略是裁员，转而雇用家庭劳动力和更廉价的临时工，或者使用机械作业。以下这些数据再一次说明了该问题：1921 年至 1931 年，约有 6 万名工人离开了农业这一行业，而在 1931 年至 1939 年，又有 10 万名工人离开。[38]对于农场主而言，这仅仅意味着降低成本；然而对于那些在土地上劳作的人来说，他们不仅失去了生计，也丢失了曾经的生活方式。

短期来看，最终的解决方案就是举债。农业债务难以统计，但我们所掌握的破产农场数据表明，农场的破产数量在战间期不断增加。1914 年至 1920 年，平均每年有 82 家农场破产；到了 1921 年增至 285 家，1922 年升至 401 家。1932 年达到最高峰，为 560 家，但在 1934 年至 1939 年，又回落到每年 240 家。[39]虽然每一个案例都是悲剧，但从全国范围来看，它们总体上仍然是微不足道的。1921 年，全国的农民人数为 34.3 万人，尽管到了 1931 年这一数字已经下降至 30 万左右。而在过去十年共有约7500人破产，仅占农业人口的 2.5%。正如 J. A. 维恩早在 1933 年就指出的那样，整个农业社会"普遍破产"的说法显然是夸大其词。[40]

对于那些未破产但陷入经济困境的人而言，向地主（如果是佃户）、银行或抵押公司（如果是自耕农）以及商人（适用于所有人）借债是另一种结局。虽然能证明这类债务的材料难以获得，但债务显然是普遍存在的。正如我们所了解的，在 1932 年，诺福克郡的霍克汉姆庄园和布利克林庄园分别有 8.5% 和 29% 的佃户拖欠地租，甚至到了 1939 年，这两个庄园仍有大量佃户拖欠地租。[41]银行的情况也好不了多少，据报道，截至 1932 年 12 月，农民拖欠巴克莱银行诺里奇分行的债务已达 350 万英镑。[42]

如果说减租、举债、将耕地转为草场或解雇工人的办法是应急之策，那么在

20 世纪二三十年代，种植区的农民还有长期的解决方案。其中较为显著的是利用机械化来降低劳动力成本、提高产量，以及选择有市场需求且价格高或至少价格稳定的作物来实现作物多样化。这两种尝试在不同程度上均有成效。但令人惊讶的是，农业机械化这一解决方案使用得很少。在 20 世纪 20 年代，拖拉机往往既笨重又不可靠。即使在 20 世纪 30 年代初引进了轻型的美国机械，其初始购入成本也阻碍了许多农民购买机械。此外，将马匹使用的"齿轮"改装成拖拉机使用也十分困难，会给中小型农场主带来难以负担的额外成本。在许多农场里使用拖拉机也不一定更高效，而且需要与马匹并用——拖拉机用于犁地，马匹用于运货，因此除了一些特例，拖拉机的数量较少。在北诺福克郡的特朗克村，梅先生耕种了 100 多英亩的土地，他是 20 世纪 20 年代末第一个拥有拖拉机的人。"梅先生有一台拖拉机，您瞧，它负责繁重的犁地工作，但他还有马。"[43] 由于上述这些原因，到 1938 年，英格兰仅有大约 4 万台拖拉机，而且大多数都在 300 英亩以上的农场里，正如查尔斯·罗丁对林肯郡宾布鲁克教区的描述：[44]

> 在沃尔兹，拖拉机首次大规模出现在 20 世纪 30 年代初，主要是在大型农场上工作，尽管一些承包商也有拖拉机，他们会将拖拉机带到规模较小的农场去耕作，而这些小农场主仍然只使用马匹耕地。较小的农场一般要等到第二次世界大战期间才能拥有拖拉机。

对于拖拉机在替代劳动力或提高产出方面的效益，人们也是不确定的。1939 年东英吉利的一项调查发现，拖拉机虽然没有降低每英亩的成本，但却提高了产量，即通过降低单位产量的成本来增加利润。[45]

与战前相比，最显著的变化可能就是割捆机的广泛应用。虽然割捆机在战前就已经被投入使用，但在英格兰大部分地区，老式的收割方式，特别是机械收割机仍然占据主导地位。1919 年，哈罗德·希克斯回忆道，在他父亲耕种的那片土地上，即诺福克郡的北沃尔沙姆以北地区，"只有一两个大农场主"没有使用自动割捆机，但"当沉甸甸的庄稼伏倒在地时"，即使大型农场也得使用镰刀。[46] 与机械收割机相比，割捆机的优势在于收割过程中对劳动力的需求更少。到 20 世纪 30

年代，割捆机已普遍用于谷物收割。相比之下，联合收割机的使用进展甚微。这是一种非常昂贵的机器，只有在非常大型的农场上使用才能回本。即使是在诺福克郡，在许多条件都非常理想的情况下，到 1939 年，仅有大约 30 台联合收割机在工作，这已占到了可用的和普遍使用的联合收割机数量的大部分。

机械化很少能够做到"全面"普及，当然也有例外。其中最著名的例子是艾利兄弟在诺福克郡费肯纳姆附近的蓝石农场。到了 1935 年，该农场已经实现了全面的机械化作业，使用履带式拖拉机、联合收割机和谷物烘干机等机械设备。该农场引起了人们极大的兴趣，不仅出现在电影、新闻和农业纪录片中，还经常受到农业媒体的报道。艾利兄弟还自产小麦片，以"农夫的荣耀"之名销售，并直接供应给伍尔沃斯超市——从各个方面来看，这都具有 20 世纪 30 年代的风格。还有其他一些不那么引人注目的实验，例如，1934 年，威廉·帕克在金斯林附近的巴宾利庄园使用了多种机械设备，包括谷物烘干机，[47]但这种程度的机械化在当时仍然较为罕见。

尽管全盘机械化的尝试并不多见，但即使是在东部和北部的谷物种植区中那些最适合耕作的地方，耕作方式也发生了广泛的改变。最简单的办法就是以某种方式改变耕作体系，例如引进甜菜。这种做法得到了广泛推广，尤其是在东英吉利地区。20 世纪 20 年代中期，在政府补贴和工厂保证收购的情况下，甜菜已经成为东部许多郡农业生存的关键。在东英吉利地区和法夫的库帕工厂的引领下，人们纷纷开始在东北部的可耕地上种植甜菜。威尔特郡的 A. G. 斯特里特在 20 世纪 20 年代初也开始尝试种植这种作物，但由于将作物运往诺福克加工所需的运输成本，以及不适宜种植的土壤条件降低了利润，两年后他就停止了种植。然而，在 20 世纪 30 年代，他又小范围地恢复了甜菜的种植。[48]

如果说甜菜的种植影响了局部地区的话，那么果蔬生产的影响范围则更为广泛。一个极端的例子是剑桥郡附近希斯顿的奇弗斯工厂，这家半工业企业在战前就给亨利·赖德·哈格德留下了深刻印象。1935 年，奇弗斯工厂占地 14 英亩，旺季时雇用了 3000 多名工人，制作果酱、装瓶和装罐。奇弗斯所拥有的土地仅占这些水果种植面积的一半，其余约 2500 英亩的土地来自其他生产商。[49]根据《农民周刊》的报道，利亚谷在 1935 年拥有"数千个"玻璃温室，并且该行业"在过去几年中

取得了长足的发展"。布罗克斯本的罗奇福德公司拥有 30 英亩的温室，并雇用了
250 名员工，其中包括 40 名单身男子，他们的员工宿舍区还设有俱乐部和酒吧。[50]
然而，这些都是极端情况。更普遍的情况是在耕作体系内进行改变，用蔬菜作物
代替粮食作物。土壤类型在其中发挥着至关重要的作用。诺福克郡和林肯郡，尤
其是剑桥郡的沼泽地在战前就已经有了成熟的蔬菜种植业，并在战间期持续扩张。
在其他地方，过去通常作为动物饲料种植的孢子甘蓝和卷心菜也被纳入轮作范围，
并出售给人们食用。

水果种植更为困难，因为其所涉及的变化更为广泛。尽管如此，水果种植在
谷物种植区已经取得了显著的成功。20 世纪 30 年代中期，芬斯沼泽地区大规模种
植草莓，使得每天有 1000 吨草莓被运往英格兰中部和北部。在诺福克郡沃斯汉姆
地区以东，黑加仑被大规模种植。1927 年，本苏珊参观了其中一个占地 150 英亩
的农场，这片土地以前种植小麦。而现在，除了黑加仑，农场主还种植了一些灌
木作为苗圃储备林，并在 1927 年售出了 10 万棵。他还种了水仙花。[51]

在谷物种植区，遇到困难的农场主们最明显的改变是转向乳制品业。他们通
常将乳制品业作为混合农场的一部分，而不是只生产牛奶。这种做法即使在英格
兰的耕地中心——诺福克，也十分普遍。诺福克的奶牛存栏量在战间期几乎翻了
一番，通常利用的是包括甜菜在内的耕地副产品。正如一位诺福克农民在 1934 年
向 A. G. 斯特里特所述："没有粪肥就种不了地，没有奶牛就获不了利，而在那个
时代，不种甜菜就没钱买牛。"[52]牛奶营销委员会起着至关重要的作用，它不仅为农
场主提供了销售市场，定期支付销售牛奶的款项，还优化了产品标准，特别是在
牛奶的结核病检测和巴氏杀菌方面，并全面提高了牛奶生产方法的卫生要求。到
20 世纪 30 年代末，亚瑟·阿米斯在 20 世纪 20 年代所描述的那种牛奶生产条件已
变得十分少见："当时的牛奶生产不太卫生，你用一块旧麻袋围裙围在膝上就算是
不错的了，只有在围裙脏得能立住的时候，你才会把它扔掉，换上一条干净的
围裙。"[53]

然而，向乳制品业转型并不总是受欢迎。人们始终认为，乳制品业或蔬菜种
植不算是真正的农业。即使斯特里特一心支持向乳制品业转型，他也写道："与旧
的耕作体系相比，这种草地牧场毫无趣味可言。农耕的浪漫已经一去不复返了。"[54]

然而，这不仅仅是浪漫的问题。传统上，乳制品业是女性的工作，地位远低于谷物种植业。正如 E. 洛林·史密斯在 1932 年所写的那样，"农民们普遍认为种植玉米比养殖奶牛更有趣、更轻松，而且社会地位更高"[55]。

土地规模是决定种种变化的关键因素，同时也决定了这些变化带给人们的体验。对于东部和北部玉米种植区的大农场主来说，他们常常会觉得事情并没有想象中那么糟糕。例如，那些最大的土地所有者，他们能够完整保留"核心区域"，只削减边缘部分。比起土地规模较小的地主，他们更有资本，更容易改变种植方式。当这些措施与许多谷物种植郡所提供的租金减免政策相结合时，就能顺利挺过经济萧条的最黑暗时期。在经济萧条的几年里，农村地区家庭仆工的数量实际上有所增加。这便能够证明一点，除了外来人口和乡村中产阶级雇用佣人，一定还有很多人延续了"农场仆工"传统。

我们再看看社会地位更低的人群，他们的经历也有所不同。尽管中小型农场主可以通过使用家庭劳动力和改良作物来适应变化，但他们的生活方式还是发生了明显的变化。哈罗德·希克斯和他父亲的经历与这一群体中的许多人相似。[56]他的父亲在"一战"期间是杰克斯·布莱克家族在诺福克郡斯旺顿·阿博特（Swanton Abbot）的佃户，拥有 75 英亩的土地。但在 1919 年，他从巴克斯顿家族手中买下了位于特朗克村的砖窑农场，该农场也位于诺福克郡，占地 96 英亩。

> 当时这个庄园正在对外出售，庄园里工作的农民都有机会买上一份土地。然而，住在那里的老绅士们并不打算购买，因此这块地在市场上被公开拍卖。最终，我的父亲以每英亩 30 英镑的高价买下了它，在当时的诺福克郡，只有优质土地才能卖上这个价格。

然而，对许多人来说，购买土地的乐观情绪很快就烟消云散了。"'一战'后，一切似乎都崩溃了，政府大幅削减给农民的补贴，所以就算是丰收季，农民的利润也只有以前的一半。"在这种情况下，希克斯先生开始作出调整。他的两个兄弟从加拿大回来，顶替了雇佣工人的工作。哈罗德离开学校后，他接替了另一名全职工人，最终他的弟弟也加入了他的行列。到 20 世纪 20 年代中期，这个曾经雇用了三个工人的农场已经没有了雇工，完全依靠家庭劳动力来经营。

　　然而，对于希克斯一家来说，要度过 1930—1932 年这段艰难岁月，光靠这些措施远远不够，进一步的改变迫在眉睫。首先，由于他们住在海岸附近，这里远离谷物种植区，是农妇们青睐有加的度假胜地，所以希克斯的母亲开始接待游客。其次，他的父亲选择了后来被很多人沿袭的途径，即开始种植除谷物以外的农作物。而在此之前，他的主业是种植谷物。"父亲建了一些温室，开始销售西红柿和黄瓜。"他们还开始种植黑加仑。就这样，通过使用家庭劳动力和进行多样化种植，希克斯一家终于端稳了农民这份职业的饭碗，但正如哈罗德·希克斯所说，"有时候不知道接下来该做点什么。"

　　最底层的小农场主的日子仅比小农户①稍微好过一点，他们采用了久经考验的生存策略。来自诺里奇西部阿尔平顿村的琼斯一家以一种近似传统农夫的耕作模式经营着大约 50 英亩的土地，他们种植谷物和水果，养殖奶牛，饲养鸡鸭。琼斯夫妇、他们的儿子和儿媳是农场的主要劳动力。他们偶尔雇用两个工人，琼斯先生的两个姐妹和一个姐夫也时不时来农场帮忙。他们在村里卖牛奶，在诺维奇市场把黄油和奶油卖给摊贩，还采用拍卖的方式卖普通农产品。此外，他们还"每周五去诺里奇市区……，当村里人知道他要去诺维奇市时，会来找他说'我剩了好多胡萝卜'，或者'我有这种水果'……他就会收下他们的农产品并按一定比例收费"。最后，他们还与其他小农户进行货物交换，用鸡蛋、蔬菜、黄油和水果来换取干草或稻草。[57]

　　与东部和东北部的谷物种植区农民的经历形成鲜明对比的是，西部甚至一些中部郡在战间期情况相对较好，尽管很少有人，尤其是小农场主，能够幸免于经济萧条的影响。在全国范围内，正如我们所见，至少从产量方面来看，英格兰和威尔士在战间期成为了牧业经济体。在 1938 年到 1939 年期间，全国牛奶及其制品的总产值达到了6460 万英镑，而牲畜和羊毛的总产值为6880 万英镑。相比之下，粮食作物、土豆和甜菜的总产值仅为2580 万英镑。在这些总体数据中，如同 19 世纪八九十年代的经济萧条时期一样，那些有能力发展乳制品业，尤其是生产液态

---

　　①　译者注：small holders，在英国，通常指的是那些拥有 1 到 50 英亩土地的小土地所有者，通常是小自耕农或者小佃农。

奶的地区情况最好。因此，如果我们想在西部地区找到一个"理想型"的成功农场主，那么他应该在城镇附近，或者至少靠近铁路交汇点，种植大约 250 英亩的优质牧草，并饲养纯种的牛群或弗里斯牛。到 20 世纪 30 年代末，这样的成功农场主可以利用机器生产通过巴氏杀菌的牛奶，签订"牛奶合同"来保证收入，并开发自己的牛奶配送业务。当然，这无疑是一种理想化的状态，就像我们之前提到的面临"最坏情况"的东部各郡农场主一样，很少有人能完全吻合某种固定模式。与谷物产区类似，地理位置和土地面积对于农场主在战间期的经历有着巨大的影响。

英格兰西部和北部的高地地区，尤其是威尔士，大概是最小型农场主的聚集地。在这里，土地的具体性质对农场的经营至关重要。在战间期，高地地区的绵羊数量有所增加，就算是在较低的山坡和山谷底部，也养殖着"存栏牛"或奶牛。同时，羊的品种也发生了变化。传统的 2 到 3 岁的阉羊被更精瘦、鲜嫩的小羔羊所取代，以满足不断变化的消费需求，因此"羊腿"在周日的餐桌上获得了一席之地。在这些地区，小型家庭农场占据主导地位。在威尔士，从事农业的人员中，农场主及其亲属超过 60%；[58] 而在整个英格兰和威尔士，这一比例则为 35.4%。尽管在威尔士以及英格兰北部和西部的部分地区，可利用的荒地牧场导致了对实际放牧面积的估计存在误差，但这些农场基本上仍属于小型农场。

回看战间期的这段历史，高地农场的情形喜忧参半。尽管进口了来自新西兰的冷冻肉类，羊肉价格依然上涨了，全国羊群数量也增加了，但农民却依然在困境中苦苦挣扎。理查德·摩尔·科利尔对威尔士的描写完全适用于许多高地地区：[59]

> 对于丘陵农场主而言，战间期的几十年使他们身心俱疲，经济上也在苦苦挣扎。由于丘陵农业体系结构单一，海拔、气候和土壤条件恶劣，仅适合产出羊毛和饲养家畜，……这意味着不论何种规模的农业都会一直面临挑战。

1927 年，本苏珊在约克郡北赖丁遇到的正是这样的人。[60]

首先，他是一位出色的劳动者。他的妻子和他们的孩子们到了合适的年龄后，也会给他帮忙；他对土地的奉献精神让他与法国、比利时和德国的小农场主们有着某种相似之处；由于家人的鼎力相助，他不计较时间的投入，全力以赴地努力，依靠一小块勉强可耕种的土地来维持生计。

许多丘陵农场主在力所能及的情况下都会从事其他职业。有些人仍然像 19 世纪时那样前往工业区寻找工作。然而，工业的萧条导致了阿伦黑德的铅矿关闭，这座铅矿曾助力阿伦代尔农业社区的发展。同时，曾为西威尔士的农业经济作出贡献的南威尔士的矿井也因为经济不景气而缩短工作时长。在这种情况下，仅有那些离大农场较近的人可以找到日结的工作，比如收割干草、收获谷物或土豆。1923 年在威尔士卡马森郡进行的一项调查显示，在 4000 多个小于 50 英亩的农场中，45.9% 的农场主从事其他职业，其中最多的是煤矿工人。阿什比和埃文斯写道：[61]

在卡马森郡的一些地方，煤矿工人拥有小块家庭土地的情况相当普遍。在卡纳封郡和梅里奥尼思郡的一些地方，板岩采石工人也拥有类似的土地。这种现象在卡迪根郡、格拉摩根郡和其他郡的小部分地区也存在，这往往会增加该郡的备用土地的比例。

也不仅仅是威尔士如此。弗雷德·阿彻在伊夫舍姆镇附近长大，那里是高地和低地农业区的交界处，他回忆起休·克莱门茨，一位面包师、酒店老板兼小农场主，说道："人们常说，休·克莱门茨除了不做煤炭生意，什么行业都干。"[62]

丘陵农场和地势更高的地区，如果靠近城镇或铁路枢纽，土地条件较好或适中，就可以进行改良，以扩大奶牛养殖规模。英格兰和威尔士的"高地"地区，尤其是中部和西南部地区，普遍采用了这一方法。在许多地区，这只是规模上的改变，算不上是一种全新的经营方式。但这也不是所有人都能做到的。小农场主，尤其是战后立即购买农场的小农场主，会发现筹集资金进行重大变革具有相当大的难度，尤其是考虑到牛奶营销委员会在 20 世纪 30 年代中期后提高了对卫生标准的要求。然而，即使是在偏远地区，有保证的价格和需求也鼓励了许多人进行改变。

　　这对威尔士和英格兰西部"传统"社区的影响尤为深远，而且不只局限于经济方面。大卫·詹金斯对卡迪根郡的研究以及玛丽·布凯对北德文郡的研究都指出，随着乳制品业不再仅仅作为农妇的额外收入来源，而是转为农场收入的主要支柱，男性在乳制品业中取代了女性的地位。在德文郡：[63]

　　　　1933 年以前，托里奇谷奶油厂只收集奶油和黄油，这些产品传统上是由农妇在农家奶场里制作的。1933 年后，牛奶营销委员会开始推行工业化收购牛奶并生产乳制品的政策，最终导致农妇们的农家乳制品生产被逐步淘汰。

詹金斯将这些变化与其他技术变革联系起来：[64]

　　　　在农场，牛奶的批量销售和拖拉机的引入削弱了妇女与奶牛、男人与马匹之间的联系，而这种联系曾是农场工作最显著的传统特征之一。

　　在英格兰西南地区和威尔士，生产的牛奶主要销往当地的乳制品厂，但在靠近人口中心的地方，许多农场主将牛奶营销委员会的销售与当地交易结合起来。托尼·哈曼就是其中的典型代表。他于 1931 年开始在白金汉郡经营农场，1932 年，由于赫默尔亨普斯特德本地的一家牛奶厂拒绝收购他的牛奶，他开始了自己的零售业务。虽然起步时的规模很小，但通过巧妙地赢得其他小型送货员和农场主的好感，到 20 世纪 30 年代中期，他的生意已经相当可观。在此基础上，到 1936 年，他又在谷物种植的基础上增加了蔬菜生产，并拥有了自己的蔬菜水果店。[65]类似哈曼这样的成功案例并不仅仅出现在英格兰南部地区。1935 年，《农民周刊》曾报道，在兰开夏郡和西赖丁工业中心周围的"贫瘠土地"上，出现了大量的小型混合农场和乳制品生产商。报道提到 100 英亩的农场每年饲养 90 头奶牛、200 只家禽和 200 头育肥猪，其中大部分产品直接供应给消费者。[66]

　　与其他农业领域相比，乳制品业和其他畜牧业在战间期的情况要好得多。此外，正如我们所提到的，它们变得越来越重要。到 1939 年，家禽生产已经从过去农场主妻女赚点"零花钱"的小业务，发展成每年收入超过 2100 万英镑的产业，超过了所有粮食作物的无补贴产值。正如前文所述，在英国的一些地区，家禽和鸡蛋占据了农业生产利润的很大一部分。在兰开夏郡，普雷斯顿周边地区发展起了规模庞大、组织严密的家禽业，并且成立了最成功的农民合作社之一——普雷斯顿和地区农民贸易协会，即现在的联合农民公司。该协会成立于 1911 年，开始只是为中小型养殖者集体采购家禽饲料。到 1937 年，以兰开夏郡的家禽业为基础，该协会年营业额已超过 100 万英镑。[67] 即使是在战间期最困难的 1930 年，该协会主席也表示："尽管我们的大多数重要行业都不景气……但我必须报告这一年来的稳步进展。"[68] 然而，即使在这个成功的地区，也存在着一些问题，尤其是对于那些只专注于鸡蛋生产的小生产者来说。1935 年的年度报告评论道：[69]

> 无论他们如何努力工作，他们也只能勉强维持生计，很难获得其他回报。虽然有少数幸运的人拥有混合农场，或者能够获得相当数量的鸡蛋和雏鸡，他们可能过得还不错，但我们确信，对于小型家禽养殖户来说，要想从劳动中获得足够的回报是极其困难的。

随着海外和国内其他地方畜牧业的日益壮大，兰开夏郡也面临着激烈的竞争。在因战后政府立法而"新"诞生的微小农户中，家禽养殖成为他们的首选。对于许多生活在大城市边缘地区的人们来说，家禽养殖具有很大吸引力，因为他们只需投入相对较少的资金就能获得明显的高回报。尽管在家禽养殖户中，这些以在农场门口销售家禽为生的小生产者占了很大比例，但在战争爆发之前，第一批集约化养殖机构已经开始出现，这预示着家禽养殖业将迎来一个崭新的、截然不同的未来。

在战间期，农民的自我意识发生了根本性的转变，这一转变对农业的未来同样至关重要。农民意识到自身是一个在政治和经济影响力上有别于土地所有者的群体。随着地主势力的衰落，尽管这种衰落的程度是不均衡的，农民的势力也在逐渐增长。其中最显著的方面，我们已经略作提及，就是全国农民联盟（NFU, the

National Farmers' Union）的日益强大。该协会成立于 1908 年，其会员数量从 1910 年的10000人增加到了 1918 年的60000人，到 20 世纪 20 年代末更是已超过100000 人。[70]从形式上看，全国农民联盟并不参与政治，尽管在 20 世纪二三十年代，农民运动的某些派别曾试图建立一个"农业党"，特别是在东英吉利地区。然而，该联盟更多的是作为一个压力团体，在当地，甚至是在全国范围内影响农业政策。与农场工人工会一样，在 1917 年的《玉米生产法》和 1920 年的《农业法》对农业进行管控的背景下，全国农民联盟也获得了相当大的权力和声望，这些经历为他们提供了正式和非正式参与政府政策制定的途径。尽管随着政府干预的结束，这种权力在 20 世纪 20 年代有所下降，但全国农民联盟还是从中汲取了宝贵的经验。这些经验使他们获得了回报：在 1930—1931 年为改善农业现状"做点什么"的运动中，他们表现出越来越强烈的自信心。前文已经提到，人们对农业态度的转变与全国农民联盟有着密切的关系。斯特里特在其 1931 年的评论中清晰地说明了这点："全国农民联盟是一个负责任的机构，任何政府都可以与之讨论农业问题……. 在全国性问题上，它向政府展示出团结一致的立场……这是一项艰巨的工作，而联盟理事会比人们通常认为的做得更好。"[71]

在地方层面，全国农民联盟，或者说农民，在战间期逐渐取代了绅士和贵族，成为地方民选代表。李对柴郡的研究表明，在 20 世纪 20 年代，当地的全国农民联盟逐渐成为郡议会中的一个"独立政党"，这种模式似乎在其他地方也出现过。然而，这些变革并非总是一帆风顺的。在小农场地区，尤其是在威尔士，农民的反体制态度比大农场地区更为普遍，因为在大农场地区，农民往往倾向于遵循保守的家长制乡绅传统。实际上，在威尔士，在地方和全国进行政治表决时，小农场主往往投票支持地区民族主义。[72]20 世纪 20 年代末和 30 年代，各种农民运动曾短暂地涉及政治领域，虽然持续时间不长，但却更为引人注目。在 20 世纪 30 年代初，罗瑟米尔勋爵和比弗布鲁克勋爵对农业保护政策进行了短暂的尝试，这催生了 1931 年诺福克农民党的诞生，即后来的农业党。该党得到了诺福克郡全国农民联盟的支持，特别是得到了联盟中充满活力的秘书 J. F. 赖特的支持。该党赢得了一些人的支持，到 1932 年在东英吉利地区已有 113 个支部。然而，它未能从既有政党中获得广泛支持，随着 1932 年到 1933 年后保护主义政策的逐步推行，该党失去了存在的理由，并最终销声匿迹。[73]

图 6　延续性。1922 年在萨默塞特郡的邓斯特，即使是处于最为黑暗的岁月，壮观的狩猎场面也能团结郡内各界，收获众多追随者。（经雷丁大学乡村历史中心许可转载）

反什一税运动持续的时间更久。尽管什一税（向已经建立的教会缴费，用作教会和教区牧师的开销）在 1863 年被废除，但许多农场仍然承担着缴纳什一税的义务。在 20 世纪 30 年代初，随着农场利润缩水，许多新的自耕农发现自己要承担过去通常由地主支付的税款，什一税成为一个现实问题。农民通常采取的抵抗方式是拒绝缴纳什一税，随后他们的货物被扣押。这场运动在全国范围内蔓延开来，但主要集中在东部和南部各郡，当地的协会以及后来的全国什一税纳税人协会经常在什一税拍卖会①上组织声势浩大的示威活动。例如，由其他农民购买被扣押的牲畜并将其归还原主以及绑架拍卖商。这些示威活动最终导致扣押农场货物时政府出动了大量警力。[74]这场运动取得了一定的成果。在农业媒体的同情和支持下，皇家委员会于 1935 年召开了会议，并于 1936 年制定了一项《什一税法案》（Tithe Bill）。最终，政府购买了什一税，并通过长期征税将成本转嫁给之前缴纳什一税

---

①　译者注：指未缴纳什一税的农民的财物会被扣押，然后拍卖。

的农场。

　　什一税之战给农民带来了意想不到的盟友——英国法西斯联盟（the British Union of Fascists）。在 20 世纪 30 年代末，在诺福克务农的小说家亨利·威廉姆森，以及多塞特郡的土地所有者罗尔夫·加德纳等人，从农民和什一税运动中看到了构建英国特色法兰西斯主义的乡村基础。黑衫党在萨福克郡尤其活跃，他们组织起来阻止没收未交什一税的人的财物。尽管他们受到了欢迎，在一些地方甚至有人现在还深切地怀念着他们，但他们的影响力却微乎其微。一个更具潜力的领导人是 R. N. 凯德沃德，他是肯特郡的一位小地主兼卫理公会牧师。他对什一税的敌意不仅基于他的宗教信仰，也基于对农业的关注以及他自己坚定的自由主义政治立场。在 1936 年 6 月一场声势浩大的反什一税示威中，凯德沃德选择与斯塔福德·克里普斯共同站在演讲台上，而不是和奥斯瓦尔德·莫斯里一起并肩作战。[75] 尽管《什一税法案》受到了全国什一税纳税人协会的反对，但在第二次世界大战期间，直至 20 世纪 40 年代末，因拒交什一税而导致的财物扣押仍在继续，反什一税的斗争夭折了。全国农民联盟虽然有所不满，但还是接受了该法案，因为他们认为这是当时能够争取到的最好结果。大多数农民也开始感受到保护带来的好处，并以退出运动的方式表明了他们的立场。[76]

　　1934 年出版的《农民周刊》也许是许许多多农民自信心的象征。与以前的农民报纸形成鲜明对比的是，《农民周刊》展示了一种自信的公众形象。它主要面向辛勤耕耘的农民及其家庭，同时辐射整个乡村地区。《农民周刊》不仅涵盖了广泛的乡村生活议题，还在农业政策上发出了更为统一的声音。到 1939 年，它已成为农民"事业"的有力推动者。虽然该杂志刻意保持"非政治性"的姿态，但往往还是传达了全国农民联盟的观点，甚至在战前还代表了联盟中某一特殊群体——大佃农的利益。例如，《农民周刊》对小农场计划和土地安置鲜有关注，而是倾向于支持"大即是好"的观点。然而，《农民周刊》通过其"成功农场"的系列报道确实为推广实验经验提供了平台，而它对非农业领域的报道则拓宽了农民家庭的世界视野。自创刊起，除了提供实用的建议外，《农民周刊》还积极倡导一种怀旧的乡村主义，并刊登大量强调英国乡村生活连续性的图片和文章。这种多元化的内容贯穿了整个战争期间，直到 20 世纪 40 年代才开始消退。

回顾战间期以及整个农业的发展历程，可以说是喜忧参半，但其成功之处远比记述的多得多。为什么当时的记述，甚至回忆录，都描绘了一幅愁云惨淡的画面呢？其中最重要的原因是一系列书籍和文章将"农业萧条"塑造为一种文化现象，在有关谷物种植业"崩溃"的记述中尤为如此。尽管谷物生产只是农业的一小部分，而且其占比在不断缩减，但东英吉利农业对整个农业文化的影响是至关重要的。20 世纪二三十年代出版的阿德里安·贝尔的《农业三部曲》（1936 年出版了该书的单行本）等书籍描绘了一种体面的农村生活方式因政府的无所作为和城市的忽视而凋敝的场景。就连 A. G. 斯特里特在《农民的荣耀》这本对小麦种植持批评态度的书中也支持这一观点。虽然像本苏珊的《近代英格兰乡村》这样更具"学术性"的研究确实呈现出了更复杂的图景，但书中"荒废的土地"等章节所传达的主导形象，在很大程度上支持了这种悲观的观点。20 世纪 30 年代，左派图书俱乐部出版了艾迪生勋爵 1938 年创作的《英国农业政策》；同年，右派图书俱乐部出版了利明顿子爵的《英格兰的饥荒》。从政治上讲，左派和右派都支持了这种悲观的观点。虽然很少有作家对这一观点提出质疑，但 J. A. 维恩在其 1933 年出版的《农业经济学基础》一书中指出，某些生产领域相对成功，并过分迷恋谷物生产可能带来的严重后果。

然而，J. A. 维恩的这本书却鲜有人问津。到 20 世纪 30 年代中期，农业媒体已经构建了一部近代史，这种历史观开始在公众思维和许多历史记载中占据主导地位。1934 年 8 月，《农民周刊》以《英国是如此健忘吗？》为题，从 1914 年至 1918 年如何牺牲了农业（几乎没有提到利润）开始，带领读者回顾了"大背叛"和荒废的耕地，并且展望"只有一场欧洲战争才能提醒我们的人民，农业在得到公平对待的情况下可以做出多么伟大的贡献"[77]。这篇文章所传达的信息很明确，英国的主食是面包；面包可以而且应该用英国小麦生产，在战争爆发时必须如此。在情感上和政治上，谷物生产与国家需要紧密相连，间接地也与国家存在相关联。连绵不断的玉米地总是比鸡舍或甜菜地更有吸引力，而连绵不断的耕地就是东英吉利地区的象征。这不是第一次，也不是最后一次，英国农业某一部分的命运代表了整个农业的命运，而这一部分的成功或失败也代表了整个农业的成功或失败。

5

传统主义者：农场工人和家庭仆人

1921 年的人口普查结果显示，农村地区的"工人"中，人数最多的群体就是务农者。而他们的首要地位已经受到其他工人的挑战。他们是一群在他人土地上干活的人，我们的研究就从他们开始。1921 年，英格兰和威尔士有572000名男性和女性被描述为农业工人或农场仆工。[1]这是一个日渐式微的群体。从业人数在 19 世纪 50 年代达到顶峰，此后便持续下降。在战间期，该群体人数进一步下降。

尽管年度农业报表统计的战间期就业人数高于人口普查所得数据，我们仍然可以清楚地了解到这 20 年间农业就业人数的相对下滑情况。从 1921 年到 1930 年，也就是那段"最艰辛"的岁月开始之前，男女农场工人的数量已经下降了约 10%。1930 年至 1939 年，人数又下降了 18%。进一步仔细观察，我们就会发现，1919—1923 年，就业人数先经历了快速的下滑，随后有所回升并保持相对稳定状态，直到 1932 年再次下降，并持续快速下降至 1939 年。这些数据与上一章讨论的部分农业年表基本吻合，但也表明这些数据经过了一定的调整。至关重要的是，这些调整与地方农业和农耕系统的地域特点、耕作经验以及应对变化的方法有关。

决定农场工人如何度过战间期的一个关键因素，仍然是他们的雇佣性质——

他们是如何、何时以及在何种条件下被雇佣的。在这方面，第 1 章中讨论的地域
大趋势在整个 20 世纪二三十年代仍然十分重要，并在第二次世界大战期间产生了
持续的影响。让历史学家们感到惊讶的是，住在农场的仆工在北部许多郡和威尔
士仍占主导地位，而他们认为这种方式早在 18 世纪就已经消失。在那些地区，
"仆工"是按年雇佣并住在农场或农场附近。坎伯兰郡、韦斯特莫兰郡、北兰开夏
郡、诺森伯兰郡、达勒姆郡和约克郡均是如此。在许多其他地区，住在农场的仆
工也以某种形式存在。

同样，即使是战前，住场式仆工也不是一种单一形式。它至少包含三种主要
的雇佣方式。首先，最传统的形式是作为生活传承的一部分，即社会地位平等的
家庭中的儿子，有时也包括女儿，住到另一家农场，学习一门手艺。正如我们所
看到的，这种形式在 19 世纪末就已经衰落，在"二战"期间越来越少见，仅在某些
地区还有所保留。这些地区主要是小农场，要求彼此高度配合。威尔士西部和中
部的部分地区就是如此。与其他小型家庭农场地区一样，在这里，如果儿子不能
或不想在父母的农场工作，他们就会到附近的农场去挣钱，希望能自立门户，或
者在接管家庭农场时能带回一定积蓄。至少在理论上，这往往会模糊农场主和农
场工人之间的界限，尤其是在一个农场只雇佣一两个人的情况下。1944 年，阿什
比和埃文斯写道，"农场工人们住在农舍里、由雇主给他们提供食宿的情况仍然很
普遍。其住宿条件并不总是最好的，但他们通常与农场主家一起用餐。"[2]在威斯特
摩兰也发现了类似的情况，正如 1935 年《农民周刊》写道：[3]

> 农场的面积大多在 50 到 60 英亩。农场通常每半年从招聘集会招人，
> 其中男工被安排在农舍内居住，并和农场主家一起吃饭。在某些情况下，
> 男工每周领取少量津贴，并在工作期满时结清余额。但更常见的是，他们
> 在六个月结束时一次性领取全部工资。这些工人大多数是年轻的单身男
> 子，婚后要么拥有自己的小农场，要么在城里工作。

1930 年，威妮弗蕾德·弗利在威尔士中部的一个农场工作。农场由农场主、农场
主妻子、农场主侄子和弗利一块经营。她的晚餐是"干面包加奶酪或干面包加肉

汤"，偶尔还有苹果酒，正餐是土豆或甘蓝加培根。"日复一日，周日周末，总是一样的。"所有食物都是农场自产的，但"周二能拿到市场上去卖的东西，家里从来不吃。"[4]弗利的描述也提醒人们，女性的农场工作一直都是"隐形"的。虽然她们被雇佣为家庭仆人，职责是在家里照看婴儿，但她每天都要到奶牛场工作，并在收获季节帮助收割干草。

与"传统农场仆工"模式有所不同的是，约克郡东赖丁地区（以及林肯郡和中东部部分地区）采取了按年雇佣年轻单身男人的做法。这些男性雇工住在农舍，更常见的是住在工头家里。20 世纪 20 年代，林肯郡的科廷厄姆先生回忆起工头"经常让单身男工住在他家，并由他的妻子来照顾他们，有时还有一个刚从学校毕业的年轻女孩帮忙。"[5]与英格兰和威尔士的其他大多数谷物产区不同，这些农场里的年轻男子从 13 岁起就开始照看马匹，他们初次被雇佣时还是"男孩"，到 20 岁出头时便达到了行业巅峰。随着他们年龄的增长和所在农场的变更，他们的资历也随之增加。在严格的等级制度中，每个小伙子都有固定的地位。住在农场意味着要进行长时间的工作。[6]

> 我们每天从早上六点开始工作，一直工作到晚上六点，期间中午十二点到一点有一个小时的休息时间。我们会在早餐前喂马，晚上再喂一次，然后给它们梳毛。

收获季节的工作时间可能更长。[7]

> 在苜蓿或干草收获季节，我们把马梳洗干净，套上马具，准备好在凌晨 3 点和割草人一起出去割草，然后一直干到下午 1 点。之后，第二批人将接替他们从下午 1 点一直干到黄昏。

结婚后，他们通常会离开农场，或成为农场工人，但不住在农场，此时他们的工作合同期也会相应变短。不过，偶尔也有幸运者能够晋升为工头：[8]

     ……三四年来，我一直在追求一位客厅女佣。她住在老板娘家里并给她干活。和我住在一块的工头要被调到另一个农场，因此老板希望我能接替那工头的位置，在我原本工作的农场里当工头。和老板长谈了一次，我告诉他如果我心爱的姑娘同意结婚我就留下。她同意了，于是我就住到了与另一位工头共同居住过的农舍里。

    第三种形式的农场仆工是家庭雇佣。在英格兰和苏格兰的边境地区，这种形式最为常见，尤其是在诺森伯兰郡，这种形式高度正规化。肯特郡和多塞特郡也有这种形式。不过即使在 20 世纪，这种形式在多塞特郡也并不重要。在诺森伯兰郡的谷物产区，家庭雇佣形式一般为雇佣一名一家之主，通常是一名男性"仆工"——雇佣他一整年，并让他们住在农场的房子里。他的家庭成员充当农场的正式工人和临时工。1921 年，诺森伯兰郡格伦代尔地区卡塞尔希顿农场的劳动力就是以六个家庭为基础组成的，他们住在农场里，全年定期受雇。这些家庭由男性带领，每周领取工资，且大多数家庭中至少有一名正式的女工。[9]这其实是"女陪工"制的直接延续，即要求受雇的男性必须带上"一名优秀、能胜任工作的"女工。[10]

    在家庭雇佣中，支付给家庭成员的工资是单独记录的，但似乎，至少有时是支付给了户主。除了免租金的住房外，家庭成员还会收到实物工资。1921 年，卡塞尔希顿农场支付的实物工资包括燕麦、养牛的土地、煤炭、七头猪和两批羊肉。此外，农场还雇佣了一些临时工，有的来自雇佣的家庭团体内部，有的是从外面招收的，其中包括爱尔兰移民工人。

    在英格兰北部、西部和威尔士以外的地区，最主要的雇佣形式是按周、甚至按天计酬，尽管这些雇佣形式中常隐含长期合同。东英吉利、中部的大部分地区和东南部地区都主要采用这种雇佣方式。与使用农场仆工地区不同的是，在这些郡，男子居住在远离他们工作农场的地方。尽管在战间期租赁给雇工的房屋数量不断增加，但雇主对他们的居所通常没有正式的安排。同样，与北部和西部地区，特别是威尔士，（但不包括约克郡和林肯郡），形成鲜明对比的是，雇主和工人之间的关系非常疏离。这些地区的农场规模大，劳动力也多。威廉·沃马克·林格无疑是一个极端的例子，20 世纪 20 年代他在诺福克西北部耕种了约 7000 英亩的土地，拥有 200 多名劳动力。这些东部大农场的工人们几乎没有或根本没有机会自己成为农场主，至少从表面上看，他们几乎没有理由认同自己的雇主。

然而，无论是东部和东北部郡的大型谷物农场，还是中部的奶牛农场，农场劳动力并不是无差别的。技能的高低，抑或年龄的大小，都会将人与人区分开来。同样，不管是战间期还是 20 世纪初，地域性经验都至关重要。在谷物农场，养马人依然占据着核心地位。掌握技术，特别是犁地技术，使他们备受欢迎，不仅获得了更高的工资，还在同龄人中地位超群。战前，除了东英吉利一些大型的农场，他们的地位没有受到实质性的挑战。斯蒂芬·考恩斯注意到，在战间期的大部分时间里，东赖丁地区马匹数量的减少并不是因为拖拉机取代了马匹，从而导致养马人的角色和地位下降，而是因为农作物种植面积的减少。[11]在萨塞克斯郡，哈罗德·坎宁自 1917 年起就在农场里养马，直到 1935 年第一辆拖拉机出现为止。但在那时，冬季是不使用拖拉机的。"夏末，大约是 10 月份，拖拉机就被搁置起来过冬了。大多数农场都是如此，因为不想让拖拉机在湿漉漉的地面上行驶。我冬季时使用马匹继续工作。"[12]乔治·尤尔特·埃文斯关于东英吉利养马人的经典论著也证实了这一点，他认为东英吉利养马人的衰落出现在第二次世界大战以后。[13]

在乳制品生产地区，情况更为复杂。乳制品生产一直被视为"女性的工作"，同样地，许多农民也认为奶牛养殖"不是真正的农业"，因此许多农场工人似乎都反对接受"再培训"以从事乳制品生产工作。1921 年后，在考文垂附近索维河畔沃尔斯格拉夫（Walsgrave-on-Sowe）务农的 H. 格林先生在转行从事乳制品生产时，"除了一个年轻人外"，他"解雇了所有的人"，取而代之的是刚从学校毕业的男孩们。"这并非因为他们的工资较低，而是因为他们愿意并热衷于采用新的方法。"[14]然而，熟练的乳制品工人很快就要求得到和优秀的养马人一样高的工资和声望。特别是随着政府要求生产越来越多干净卫生的牛奶，牛奶生产成为了盈利的关键，因此在 20 世纪 30 年代初之后，即使在诺福克最适合耕作的农场，"乳制品工人"这个名称也取代了"奶牛饲养员"，这标志着人们勉强接受了牛奶和牛奶生产的新地位。[15]

而牧羊业这一更为传统的行业除了在体量上有所变化，几乎和以前没什么不同。在边境地区，似乎直到 20 世纪 30 年代，牧羊人几乎完全领取实物报酬，他们分得一部分羊群、房屋、煤炭和燕麦。与此相反，在英格兰南部，牧羊人则作为雇佣工人，每周领取工资，并可以根据羔羊的数量领取各种补贴。直到战间期，牧羊人还能通过剪羊毛赚取额外收入。剪羊毛是由一个有组织的团队负责实施的。该团队按件给牧羊人付酬。剪羊毛团队由一位"团长"领导，他在剪羊毛方面有很好的声誉，深得剪羊毛团队其他成员和雇用他们的农场主的信任。他们经常从一个农场转移到另一个农场干活，将就住在简陋的谷仓里。他们的工作时间很长，从黎明一直要干到深夜，甚至在烛光下剪羊毛，但工作报酬相对丰厚。剪羊毛结束后，他们在酒馆里碰头，团长会付给他们应得的报酬。[16]然而，这些人所处的是一个时代的末期。20 世纪 20 年代羊毛价格的下跌严重打击了丘陵地区。例如，到 20 年代，萨塞克斯郡罗廷迪恩地区的绵羊数量已降至战前水平的三分之一。在同一个村子里，最后一个大型丘陵牧场于 1928 年被出售并解散。丘陵地区的放牧活动逐渐停止，许多地方又重新变成了灌木丛。而从布莱顿和皮斯黑文开始，房屋建设的步伐不断加快。[17]

妇女在农业劳动力中的地位也因地域而异。按百分比计算，诺森伯兰郡的女性就业人数最多。1921 年，农场女工的人数是男工的 36.6%，而全国这一数字还不到 6%。[18]如前文所述，这一数据反映了家庭雇佣形式在该地区的延续。达勒姆的情况也是如此，该地区的这一数据为 33%。这些地区沿用的是"传统"女性就业模式，其历史可以追溯到至少 19 世纪初。尽管这种模式一直持续到 20 世纪 30 年代，但已经步入其最后的阶段。然而，即使在战争的最初几年，《农民周刊》依然继续报道了北方雇用妇女的情况。[19]就人数而言，另一种妇女就业形式开始占主导地位，尤其是在东部各郡。女性就业率最高的是伊利岛，其次是林肯郡的荷兰地区。在这里，妇女广泛受雇于相对较"新"的水果和蔬菜生产行业。同样，在伦敦周围的郡，尤其是米德尔塞克斯郡和肯特郡，市场园艺和水果生产为众多女性提供了工作岗位。

尽管这些工作大多是"临时性的"，但这些地区的报告显示，如果将所有临时性工作加在一起，这些女性中的许多人已经类似全职职工了。正如 20 世纪 30 年代在肯特郡农场长大的露丝·布罗克韦尔女士所写的那样：[20]

以前，除非天气非常糟糕，否则一直都有两个女人来帮忙管理果树——修剪树枝什么的。我们有一群来自滕特登的妇女，她们整个夏天都来采摘和包装水果，而且年复一年，总是同一群女人。

这些女人还在早春给草莓除草，然后在上面放上稻草，而在冬季的几个月里，她们要拔掉酸模草和蓟草。[21]

如果说这些女人实际上从事的是全职工作，那么另一群女性的工作，虽然对劳动家庭的收入来说至关重要，但显然是临时性的。在战间期的任何时候，农业生产都离不开女性的劳动，也离不开孩子们的帮忙。埃塞克斯郡的一位老人在 20 世纪 90 年代接受采访时勾勒出了女性一年四季工作的场景：[22]

> 孩子，你看，那时候，就这个村子里，女人们五月份就出去干活，开始种甜菜，疏甜菜苗……然后就是摘豌豆。约莫是六月一号就开始摘豌豆了。摘完豌豆后，她们就去采蚕豆；采完豆子后，她们可能会去挖土豆，明白吗？她们从五月开始，只要天气还好，就一直干到十月底。

这样的工作对于人口普查员，甚至对一般官员来说都是隐形的，因为大部分工作报酬都很低，而且是现金支付。孩子们的工作也是如此。在整个英格兰和威尔士，至少到 20 世纪 50 年代，学校的假期都是因地而异的，以适应不同地区的收获季节。北部和东部部分地区的假期是土豆收获期；东英吉利大部分地区的假期是谷物收获季；伦敦地区、肯特郡和萨塞克斯郡的假期是不定的。女人和孩子们的收入，特别是女人们的收入，是农村贫困人口社会经济的重要组成部分。20 世纪 20 年代，一位在萨塞克斯郡迪奇灵长大的女性（其父为兼职园丁、农场工人及小农场主）叙述了全家人共同挣钱多么重要。[23]

> 有了父亲赚的钱和自家菜地里的菜，我们的日子比以前好过多了。为了贴补父亲收入的不足，母亲制作果冻、果酱、泡菜和葡萄酒。它们的需求量很大。……糖是用一英担的大袋子送来的……我们这些孩子的任务是

　　采摘当季的野果……我们还得轮流搅拌大锅。罐子得洗干净……雷克斯写标签，我们做包装袋……村里的一些女士会买罐子，但大部分都装在木箱里，送货员卡特·帕特森会来收货，然后运送到村里年轻绅士们就读的各所大学。

令人诧异的是，或许是最为传统的女性职业——奶牛场工作，在战间期却悄然从女性手中流失了。这点在前面已经提到。这是一个漫长的过程，始于 19 世纪，与乳制品生产的商业化进程紧密相连。1921 年的人口普查数据揭示了这一变迁的幅度：尽管有逾万名女性被登记为"管理牛群"，但同职业中的男性数量却高达57000名。[24]但是，女性并未完全从奶牛场消失。艾米丽·欧文夫人在柴郡的一个农场长大，那里有 90 头奶牛。在 20 世纪 20 年代初，这些奶牛都是靠手工挤奶。"村里的大多数妇女理所当然都要参与挤奶工作，"她写道，"一方面是为了赚外快，另一方面也是因为她们是农场工人的妻子，人们期望她们那么做。"[25]随着机械化逐渐普及，女性被进一步挤出了乳制品行业的劳动力队伍，最终将挤奶机的控制权交给了全职男性工人。

　　男性和女性的工资和工作条件因地区和职业的不同而有所差异。从 1917 年到 1939 年，除 1921 年至 1924 年有短暂例外，工资、工作条件和工作时间都是由工资委员会制定。然而，这并不意味着工资是全国统一的，即使是按照最低工资标准进行实际支付的那些地区也是如此。19 世纪，英格兰北部曾是一个高工资地区。这在很大程度上归因于工业对劳动力的需求，从而形成的激烈竞争，也是因为这里人口稀少，因而可用的工人也很少，在"一战"后的那段时间也是如此。但在 1924 年重新设立工资委员会后，这些地区差异趋于消失。在全国范围内，工资在"一战"的最后几年均有所上涨，1920 年达到最高，为每周 45 至 50 先令，同时规定了工作时间——包括周六半天。

　　1921 年夏天，《农业法》被废除，第一届工资委员会随之解散，导致工资大幅下降。因此，即使在北方的高工资地区，也出现了零星的罢工行动，如 1920 年和 1922 年的东赖丁罢工。[26]诺福克的工资从 1921 年的每周 45 先令下降到 1922 年冬天的每周 30 先令。1923 年 3 月，有人提议进一步将工资削减至 24 先令 9 便士，这引发了该郡的一场激烈罢工。这场罢工在某种程度上算是该郡最有组织的农场主和最有组织的工人之间的斗争。罢工持续了一个月。在最激烈的时候，大约有7000人参加，他们主要来自该郡的北部地区。[27] 为了防止罢工中断，罢工者使用"自行车纠察队"在全郡范围内巡查，前往那些没有罢工而且不认识罢工纠察队的农场。600名警察被增派到诺福克郡，但据他们自己承认，他们仍然无法保护那些在偏远农场工作的人。正如前几个冬天失业者的示威一样，这次罢工还表明一部分农场工人的态度已经改变，他们不再像其父辈和祖父辈那样唯唯诺诺。例如，在拉夫拉姆(Rougham)，当一群罢工者到来时，埃里克·霍克利正在农场主 E. H. 林格先生的马队里干活，霍克利的父亲也是一名农场主，彼时他正在林格农场里当"学徒"。霍克利后来告诉地方法官：[28]

> 他们对我破口大骂，骂我们是工贼，说我们从他们嘴里抢面包吃。我准备解下马鞍，正弯下腰时，他们中的一个用棍子打在我后背上，另一个一拳头打在我耳朵上。

林格继续说道：

> 其中一人问霍克利："1914年你在哪里？"他回答说："我现在还不到18岁呢。"其中一名罢工者说："我们经历了五年的战争。你在战争中挣了大钱，现在该轮到我们了。"

罢工结束时，约有2000名工人仍在坚持，他们也因团结一致而被列入黑名单。这是20世纪最后一次大规模的农场工人罢工。1924年，工资委员会重新恢复，并随即恢复了全国工资制度。因此，这次罢工被许多参加罢工的人视为一次胜利。正如诺福克工人"比拉"·迪克森所说：[29]

> 那是事情的转折点，我们回去之后就提出要求，农场主们已经不堪重负，他们在罢工中受到严重打击，我们要求再增加5先令，我们成功了，

坚持了下来。后来更多的人加入了工会，工会坚持住了，并发展到今天。一切都是从那时开始，我们拿到了工资，我们不得不从零开始。

然而，农场工人的领导层却不这么认为。罢工之后，农场工人不能单打独斗的观点迅速成为共识。他们认为，农业工人需要与农场主站在一起，为"农业利益"而战。在这方面，埃德温·古奇起到了极为重要的作用，他在 1928 年担任工会主席后几乎重新制定了工会的政策。霍华德·纽比写道：[30]

> 在 20 世纪 30 年代，古奇使他的执行者们相信，农场工人的利益不一定与产业工人的利益相同。他还带领他的工会与工党决裂，勇敢地迈入了政治的荒漠。此后，古奇在农业政策问题上寻求与全国农民联盟达成共识。

但这并不意味着"普通农业工人"会一帆风顺。虽然 1923 年的罢工和工资委员会的恢复在短期内阻止了工资的下降，但 1930—1932 年的物价暴跌使整个英国的工资水平都有所下跌，一些郡的工资甚至降到了 1923 年的水平。此外，失业率急剧上升。由于农场工人在 1936 年之前一直被排除在国民保险计划之外，因此很难获得相关数据，但还是有一些地区性指标。在威尔士，根据阿什比和埃文斯的计算，1931 年的失业率约为劳动力总数的 10%。[31] 在诺福克，杜埃特写道："1929 年至 1931 年间，郡内劳动力减少了约 3000 人，几乎与 1931 年的户外救济人数完全相同，几乎所有失业人员都是农业工人。"[32]

由于没有失业救济金，农场工人像他们的父辈和祖辈一样，只能依赖令人憎恨的《济贫法》。一位失业的诺福克人在《农业工人报》（*The Land Worker*）上写道：[33]

> 我在这个农场工作了十四年……我们在圣诞节前两星期被解雇。整个圣诞节都没有工资。唯一的办法就是去找三英里外的救济官。……他给了我一张卡片，我得去找六个农场主签字……（然后）回到救济官那里，交上我们的卡片。……又过了一个星期，我们被告知去找修路工那里报到，然

后开始工作。

20 世纪 70 年代，一位诺福克农民对同一时期进行了回忆。"失业者被要求每周要在当地的砾石坑里干四天活，用镐和铲子挖碎石子，用来给当地筑路，他们每天能得到 3 先令的报酬。"[34]

不过，对许多人来说，永远离开土地比挖石头要好，年轻人尤其如此。在约克郡东赖丁，1921 年至 1938 年，在该郡农场工作的 21 岁以下的青年减少了41%。[35]全国上下都是如此，当时 21 岁以下的年轻人减少了 39%，而 21 岁以上的年轻人只减少了 18%。威尔士的数据略有不同。在威尔士，老年工人的下降幅度略高，但下降时间开始得更早。在威尔士，最引人注目的是女工人数的下降。仅在 1929 年至 1939 年期间，女工人数就下降了 50% 以上。正如阿什比和埃文斯所写的那样，"这种规模的运动只能被描述为雇佣劳动者确实在逃离土地"[36]。

图 7　农场工人。即使在 20 世纪 30 年代末，马匹和 19 世纪设计的机械仍然是英国大部分农业产区生产的主力。1938 年，在牛津郡伊普斯登附近收割燕麦。(经雷丁大学农村历史中心许可转载)。

1935 年后，随着农业发展向好，工资水平也开始回升；但在许多方面，农村地区的条件仍然不如城镇。1937 年，罗恩特里根据英国医学会规定的最低营养标准，对工人阶级家庭预算进行了调查，结果显示，在农村地区，一个有三个孩子的家庭每周至少需要 41 先令的工资才能维持生计。同年，工资委员会规定的普通工人的周平均工资是 35 先令 3 便士，养牛工人是 40 先令 10 便士，养马人是 38 先令 4 便士。[37] 约翰·博伊德·奥尔在 1936 年关于国民饮食的经典研究《食物、健康和收入》中也显示了农村生活水平过低的问题。[38] 博伊德·奥尔在儿童饮食方面的研究最引人注目的成果来自城市地区，但这些也表明，由于工资低，农村普遍存在营养不良问题。

当然，有些地区有"补贴"。1928 年，萨塞克斯郡的哈罗德·坎宁每周领取 36 先令，并得到了一间农舍和每年 100 捆柴草的补贴。[39] 在英格兰北部和威尔士，一部分工资是通过食宿支付的，但到 20 世纪 20 年代中期，这些地区住场工人的货币工资已降至每周不到 1 英镑。在那时及以前，农场工人的大部分工资实际上是以"免费"农舍的形式体现的，但是能提供的农舍数量有限，而且并非真的免租。即使免租或租金便宜，其居住条件也很糟糕。1928 年，哈罗德·坎宁的小屋没有煤气、电和自来水，但这还不是那里条件最差的。1925 年，一位妇女在描述牛津郡肯宁顿时回忆道：[40]

> "农舍"常让人联想起门前玫瑰环绕的乡村图景，但完全不是那么回事。……楼下有一个大房间，里面隔出来一个房间，我们把它叫作餐具室，其实就是间厨房。楼上有两个卧室，你必须穿过其中一间才能到达另一间。卧室很冷——非常冷。完全不是他们想的那种田园生活。

在某种程度上，由于政府向地方当局提供了补贴，工人阶级的住房条件在战间期略有改善，但这种改善很有限。萨塞克斯郡希斯菲尔德教区议会的会议记录中记述了一个大家耳熟能详的故事。1918 年 9 月，希斯菲尔德教区议会的上级机构黑尔舍姆农村区议会向其致函，询问按照《工人阶级住房法》(*Housing of the Working Classes Act*) 的规定，该教区住房有什么要求。教区议会回复说，"目前教区住房明面上已经达到了规定的标准(原文如此)，但最好考虑一下如何处理某些被认为不适合人类居住的农舍"[41]。1919 年，该教区建造了 4 栋房子，不久又增建了 8 栋。

然而，希斯菲尔德教区议会认为这还不够，于是提出了一项建造 22 栋房屋的计划，并得到了黑尔舍姆农村区议会的认可。但这个计划执行时间短暂；教区议会记录简短地写道："由于卫生部的干预，这项计划于 1923 年被取消。"[42]希斯菲尔德与成千上万的农村和城市教区一样，成为了"格迪斯之斧"①的受害者。公共支出的大幅削减甚至终结了人们对"适合英雄居住的土地"的梦想，也标志着在住房方面，已经从政府支持转向了"私营企业"投资。尽管如此，1927 年，根据 1924 年工党政府提出的"惠特利住宅计划"，希斯菲尔德还是建起了一些房屋，尽管没有达到要求的 22 栋，而且不到一年时间，教区的"等候名单"上就新增了六个家庭。[43]

另一个问题是现有住房状况恶化。特别是在一些地区，由于农业问题，房东和农场主不愿意或者没有能力修缮或改善住房。针对这些问题，1926 年的《农村工人住房法》，特别是 1933 年的《住房（金融）法》（*Housing（Financial Provisions）Act*）和 1935 年的《住房法》（*Housing Act*）提供了一定的帮助。这些法案使郡议会能够为改善现有房产提供补助金，并在必要时强制购买住宅或楼房，将其改建后出租给"农村工人"。至于这些措施在全国范围内得到了多大程度的应用，我们尚难以确定。剑桥郡工党在 1929 年抱怨说："根据保守党的《农村工人住房法》，1927 年，全郡只有**两栋**（原文如此）房屋得到了修缮，此后就几乎**没有**（原文如此）了。"[44]在萨塞克斯郡，1930 年法案虽然受到资金限制，但似乎都得到了妥善的利用，尤其是在改善现有住房方面。拨款多用于增加楼梯、窗户、通道和重新挖井。其使用标准通常很高，而且是强制性的。例如 1931 年 7 月，一位地主申请拨款改造农舍遭到了拒绝，除非他的改建包括增加一间卧室和一口新井。[45]一些萨塞克斯郡的地主似乎广泛利用这些法案来改善住宅条件。1939 年，费尔的盖奇爵士获得 139 英镑，用于将旧济贫院改建为公寓。同年，哈罗德·麦克米利安也获得了一笔补助金，用于改建一座供"农场工人居住的农舍"[46]。然而，即使获得了补助金，

---

① 译者注：1921 年，由于英国经济出现新的衰退，政府无法偿还战争债务，联合派大臣埃里克·格迪斯爵士（Sir Eric Geddes）等人提出一项全面削减公共开支的计划，削减上至国家防御，下至学校运营，甚至要下调警察和教师的工资，该计划被命名为"格迪斯之斧"（Geddes Axe）。

一些庄园的条件仍无法达到议会的标准。例如 1939 年，谢菲尔德帕克庄园申请
494 英镑用于翻修 12 栋农舍，但只获得了修缮两栋农舍的补助金，因为他们不愿
意将两栋农舍合二为一，以扩大农舍的面积，减少农舍的数量。[47]

对一些农场工人来说，"适合英雄居住的土地"似乎也就是这样了。追溯到
"一战"前夕，土地问题一直是英国政治领域中的大问题。其中，特别引发广泛讨
论的是"人民的土地"的问题，即通过小块土地实现土地的重新分配。在战前虽然
已经通过了一些有限的立法准许这样的土地重新分配，但在战争期间，作为重建
的一部分，要求政府采取行动的呼声日益高涨。这使退伍士兵拥有小块土地，并
最终成为农民。1918 年，塞尔伯恩委员会提出建议，除了规定最低工资和谷物最
低价格外，政府还应促进小农户之间的联盟，他们中大部分是退伍士兵。到 1919
年 12 月底，郡和自治市议会收到农业委员会的一份通知，指示他们"立即着手考
虑可以在贵郡购买哪些土地用于退伍军人安置"[48]。经委员会批准后，他们可以购
买土地，中央政府将弥补 1925 年之前的收支亏损。此后，"将重新考虑后续计划
的情况"[49]。

对农业委员会的通知，各地反应不一。在全国范围内，大约有 25 万英亩的土
地被购买，近 1.7 万名租户最终定居在大小不同的土地上，其中许多甚至根本没
有建筑物。在各地，郡议会的表现也各不相同，虽然没有对整个计划进行研究，
但土地的供给似乎更多是出于议会的意愿，而不是农场的真正需求。萨塞克斯郡
和剑桥郡截然不同的经历便是该计划成功与失败的典型案例。战前，这两个郡的
议会都拥有一定数量的小块土地，但剑桥郡有浓厚的市场园艺和水果蔬菜种植传
统，尽管这一传统相对较新。剑桥郡对战后的土地需求反应迅速，于 1918 年 5 月
启动了为退役军人购置土地的计划。[50]这个计划的资金主要依靠农民和土地所有者
在郡议会投票获得。到 1918 年 12 月，计划所面临的问题已经非常明显了。战时
农业执行委员会确认对土地的需求和计划的公正性后，决定"命令郡议会采取措
施，通过变更租约来获取安置计划所需的任何土地，而不是通过强制购买的方式，
以免扰乱正常的土地使用权保障"[51]。

尽管如此，剑桥郡郡议会仍继续购置土地以作安置之用，并强制从剑桥大学
凯斯学院购买了一个农场——谢尔福德波特姆农场，用于培训退役的伤残军人务

农。[52]到 1919 年 6 月，剑桥郡郡议会收到了来自 952 名申请人的约 15300 英亩土地的申请，其中半数以上为退役军人。[53]尽管进行了大量购买，一年后仍有 374 名通过审核的退役军人提出的 4000 多英亩的土地申请未被满足。[54]萨塞克斯郡的情况与剑桥郡类似，但居民热情不高，至少在初期申请者就少得多。1919 年 2 月，只有 144 名申请人申请 840 英亩土地，其中绝大多数是退伍军人。[55]

　　如果说战间期农村地区最大的工人群体是农业工人，那么第二大群体则是另一个"传统"群体，即家庭仆人。1921 年，英格兰和威尔士有 427798 名男女雇员从事"个人和家庭服务"。其中绝大多数是女性（369407 人）和室内家庭仆人（16663 名男性和 309337 名女性）。[56]在全国农村地区，11.9% 的就业女性从事个人服务，使这一行业成为了这些地区女性在战间期最重要的就业行业。从事个人服务的女性主要集中在东南部，其中又以东萨塞克斯郡和西萨塞克斯郡为最（分别为 20% 和 18.6%）。造成这种情况的原因显而易见。即使在战间期，这些郡也有大量的老年人和退休人员，从而产生了对仆佣的需求。这些地区也是度假区，这至少对酒店员工有季节性需求。同时，这些郡和东南部的许多其他郡一样，拥有许多传统士绅和贵族家庭，也产生了对仆佣的需求。此外，与其他地方一样，这里的郊区人口向农村扩散，通勤人口持续增长，为许多年轻女性提供了"用武之地"。萨里郡（16.8%）、白金汉郡（16%）和赫特福德郡（13.2%）的家庭仆人比例之高就说明了这一点。

　　与此截然不同的是，以工业为主的郡中家庭仆人比例较低。约克郡的西赖丁只有约 7% 的女性是家庭仆人，兰开夏郡和诺丁汉郡也是如此，而莱斯特郡的仆人比例最低。不过，还有一些郡的数据显示，女性工作呈现截然不同的状况。和一些北部郡一样，在威尔士的大多数郡，从事家政服务的女性比例非常高，例如诺森伯兰郡和威斯特摩兰郡。考虑到这些地区的社会结构，许多被称为"家庭仆人"的女性实际上可能是兼职或全职农场仆工。据玛丽·布奎特说，哈特兰的德文教区就是这样，20 世纪 20 年代在这里就业的年轻女性既承担包括清洁和烹饪在内的家务工作，又需负责挤奶、制作黄油、从田里把奶牛赶回来和清洁奶牛场等工作。[57]

　　要概括这些女性的工作状态几乎是不可能的，因为这在很大程度上取决于她们"职位"的确切性质。传统的职业发展道路非常清晰。乡村女孩离开学校后，首先在当地的农舍或附近的城镇干活。从理论上讲，她们在这些地方"学习技艺"，然后到更大更好的地方发展。同时，她们还可以通过复杂的家庭等级制度晋升，尽管只有少数未婚女性最终会成为大户人家的女管家。当然，实际上很少有人走这条路。大多数人都像威妮弗蕾德·弗利一样，主要在一个又一个"只有一名仆人"的中产阶级家庭中工作，唯一真正得到的就只有工资，而工资通常是根据年龄来计算的。这样的工作既辛苦，回报又少。20 世纪 20 年代末，威妮弗蕾德·弗利从切尔滕纳姆的一栋房子里开始她的女仆生涯，她这样描述那一家：[58]

> 他们需要一个年轻力壮的傻瓜——从六点到一点做打扫房间的女仆，然后做伺候用餐的客厅女仆，下午做照顾外出孩子的保姆，晚上做洗衣女工。他们需要的是不用给什么油水、不会质疑自己命运的家伙。而他们却雇了我。无论如何，我都是个傻瓜。

很难确定这种经历在战间期是否变得更加普遍，因为"大户人家"使用的仆人数量很可能减少了，而在只有一两个仆人的家庭干活的人数很可能增加了，尤其是在新郊区。当然，吉恩·比彻姆 1931 年为《工作的女人》所做的研究表明，只雇用了一个仆人的家庭的条件可能非常糟糕。[59]

> D. 承担了一个小家的所有工作，包括洗衣和熨烫衣服。她从早上 6 点 30 分一直干到晚上 9 点以后，每周休息半天，可供**选择**的时间(原文如此)只有周日下午。她睡在一间狭小的卧室里，夏天酷热，冬天严寒。她每周的工资是 14 先令，雇主提供给她的食物分量也极少。

鉴于贝多和罗伯茨所描述的这些情况，在战间期，人们对从事家政服务的抵制情绪越来越强烈，尤其是那些来自工业区和其他城市中心的女性。[60]如果是这样的话，1921 年至 1931 年间从事个人和家政服务的女性人数反而增加这一事实则意味着农村妇女填补了这个空缺，尽管有一些证据表明，年龄较大的城市妇女也加入了家政服务行列，尤其是作为非住家佣工。[61]造成这种情况的原因并不难猜。对于大多数从乡村地区学校毕业的工人阶级女孩来说，她们几乎没有机会从事其他工作。一位来自牛津郡的女性写道，"在戈林学校的最后一天，当地的绅士们来了，并提供了工作。我的第一份工作是做杂役女佣"[62]。另一位来自同一个郡的女性说，"60 年前（20 世纪 30 年代），家政服务是大多数乡村女孩能找到的工作，她们会去到最近的城镇，与别的家庭住在一起。我在牛津郊区的一个居民区就找到了一份这样的工作"[63]。

到 20 世纪 30 年代中期，人们察觉到这种情况已经开始发生变化。我们前面已经提到，随着经济的改善，威尔士农场雇用的妇女人数急剧下降，其中许多人可能既是农场工人，也是"家庭仆人"。另外，在 20 世纪 30 年代，"佣人不足的问题"在中产阶级中造成了新的恐慌，这也暗示着一种微妙的变化。E. M. 德拉菲尔德笔下虚构的"乡间夫人"日记首次出现于 1929 年，她一直担心仆人们跑了，正如艾莉森·莱特评论的那样，"在许多富裕女性的作品中，面对这种'遗弃'，一种压抑的愤怒开始悄然流露"[64]。这些情绪也不是毫无道理的。即使威妮弗蕾德·弗利从事了家政服务，那也是因为她别无选择，而不是因为喜欢这个工作。此外，作为一名"优秀"家庭仆人，经常有许多现任雇主的"朋友"来找她，让她离开原雇主为他们工作。这表明佣人短缺并不全是有钱有闲的人想象的。[65]

除了上面所说的情况，从事家政服务和在农场务工的人一样，他们仍保留着传统的恭顺，甚至还有田园诗般的质朴特征。但是，最残酷的是这两个群体对雇主的依赖程度是社会上其他群体所无法比拟的——这种依赖在最极端的情况下甚至关系到他们头上是否有屋顶遮雨，腹中是否有食物充饥。直到 20 世纪 30 年代末，因为不能参加国民保险计划，这两个群体仍被排除在福利体系"之外"，这使他们在失业时得不到任何保障。在这种情况下，工人们不得不依靠雇主与他们形成家长式的关系。人们经常用田园诗般的语气来描述这种关系。农场工人记忆中的"好"主人或者仆人们记忆中温柔体贴的女主人并不能简单地被视为黄金时代的虚构——它们往往代表了生活经历中非常真实的一部分。

这种经历是在一定的社会环境中获得的，至今仍保留着许多传统元素。其中最明显的是村庄，然而，正如我们已经看到的，不论是过去还是 20 世纪的大部分时间里,村庄绝不是英格兰唯一甚至不是占主导地位的农村居住模式。在英格兰北部和西部以及威尔士的大部分地区,男人女人们过去和现在都是生活在分散的农庄或小村子中。只有在南部和东部,"经典"村庄才占主导地位。[66]然而,在战间期,对许多人来说,尤其是在远离家乡的地区,无论农场、小村子抑或村落都是工作场所。农村发生的变化往往是微妙而隐蔽的。例如,农民的政治权力和地方话语权得到不断增强,反之,贵族的权力则相对衰落。除了切身感受之外,人们往往很难看到这些变化。大宅邸可能会关闭,在极端情况下,甚至可能会被拆除;郡议会里的农民多于绅士。但从一个社区的狭隘视角来看,这些变化很难量化。

无形的变化(其中一些将在下一章提及)或许拓宽了人们的世界观,尤其是年轻村民的世界观。广播深入到乡村地区,即使是相对贫困的农场工人,也很少有人不受它的影响。电影则不同。对大多数村民来说,"去看电影"意味着要乘坐公共汽车,甚至是运货车去最近的城镇。在英格兰和威尔士的农村地区,除了年轻人之外,很少有人能实现看电影的梦想。假期更是少之又少。在英格兰的农村地区,周六休息半天绝不是普遍现象,而由于农忙时节必须干农活,夏季的公共假日总是被忽视。20 世纪 30 年代,现代化影响很少触及农村工人阶级。

集镇的变化更大。19 世纪末,为社区提供商品和服务的乡村本土贸易似乎越来越少,例如鞋匠、裁缝,甚至一些食品店都衰落了。取而代之的是集镇,集镇对周边地区的影响越来越大。维多利亚晚期英格兰的社会和文化机构也是如此,宗教、政治和休闲组织越来越多地将乡镇视为中心。乡镇也孕育出他们自己的"工人阶级"和他们自己的精英阶层,后者主要由店主和商人构成。[67]

在战间期,这种情况开始有所改变,因为较小的乡镇开始被较大的乡镇甚至是"郡府"所取代。乡村公共汽车服务在这当中起到了关键作用,虽然到 20 世纪 30 年代公共汽车的数量都不多。以前他们的父辈们可能每年只有一次从牛津郡北部农村到牛津市的圣吉尔斯集市赶集,或到诺里奇的汤布兰德集市去赶集,现在他们可以每年去"购物"四五次。尤其是在 20 世纪 30 年代,他们被零售业革命初期的产品所吸引。奥尔德克罗夫特写道:

图 8　乡下人进城，城里人下乡。20 世纪 20 年代，一场准备离开赖丁 的"大游览车"郊游。（经雷丁大学乡村历史中心许可转载）

　　1920 年至 1938 年，实际零售额的增长率估计接近 38%，其中大部分业务增长流向了大零售商。大规模零售业的发展主要发生在 20 世纪。

在第一次世界大战之前，绝大多数商店都由当地人拥有和经营，大型连锁店零售额占比不到 20%。到 1939 年，这一比例已上升至近 35%，而在鞋类、女装、杂货和食品、乳制品和化工产品等一些领域，连锁店的市场份额超过 40%。[68]尤其是在 20 世纪 30 年代，连锁店从城市和郊区扩展到了郡府。甚至在第一次世界大战之前，英佰瑞就在诺里奇、伊普斯维奇、牛津、伊斯特本和福克斯通等郡府开设了分店。在战间期，尽管英佰瑞基本上仍然是在南部和东部开设分店，但在科尔切斯特、剑桥和切姆斯福德等小城镇也出现了分店。重要的是，按照当时的标准，这些商店都是大型商店，销售的商品都是贴有英佰瑞"商标"的品牌商品和标准化商品。到 1938 年，英佰瑞销售的杂货几乎都是自有品牌。[69]

　　并非所有人都喜欢看到乡村和集镇的这些变化。1929 年，泰恩赛德社会服务

委员会主任 H. A. 梅斯博士写道：[70]

> 乡村小镇不再沉浸在睡梦中。马达的轰鸣声把他们吵醒了。大型游览车停在市集上。多家商店也进驻了市集。……城镇之间的道路上车水马龙；通往城镇的入口是一排难看的广告牌，道路两旁是度假别墅和平房。

然而，与村庄的情况一样，这种变化是不均衡的且具有区域性的。在第二次世界大战之前，英佰瑞很少走出南部和东部，尽管还有其他地区性的连锁店品牌。但这些连锁店，尤其是在较小的城镇，都会与老牌家族商店并存多年。在牛津郡的比斯特，"国际商店"与主街上的一系列当地商店并立，其中包括至少两家"杂货店"。[71]然而，集镇上的这些变化，无论多么微小，都标志着一个新农村的开始和新农村人的到来。

6

新农村人：工人和旅游者

如今，对部分甚至是大部分工人阶级来说，战间期，尤其是 20 世纪 30 年代，并不是一个萧条和绝望的时期，而是日益繁荣的时期，现在这个观点在历史著作中已经是陈词滥调了。[1]但在当时，对于那些面朝黄土背朝天的人来说，这显然是不正确的。1937 年，他们的平均周薪是城市熟练工人工资的一半，甚至比一般的城市工人低 30%。然而，在农村地区，特别是东南部，一些新的工人群体正在从经济改善中受益。除此之外，还有一些人渴望过乡居生活，或至少想要在乡村度假。他们将 20 世纪 30 年代末的部分经济改善成果带到了农村。因此，战间期标志着农村变革已经缓慢开始，变革的成果在 20 世纪的最后几十年里显现出来，那时大多数农村居民不再与土地有任何联系，至少不再是在土地上劳作的农民。

其中最明显的例子就是"郊区城市化"——城市向其外围扩展的趋势，这不仅是人口增长和人们欲望变迁的结果，也是为了满足城市中心商业用地的需求。当然，郊区的发展在 20 世纪二三十年代并不是什么新鲜事。至少从 19 世纪 80 年代起，铁路、有轨电车以及伦敦地铁的逐步推广已使乡村向上班族开放。1881 年至 1901 年，伦敦外围地区以每十年 50% 以上的速度扩张。1905 年，亨丽埃塔·巴尼特写道："伦敦每年都在发展，向乡村伸出长长的、一般来说并不讨人喜欢的臂膀。"[2]不仅仅是伦敦，正如彼得·霍尔所指出的，默西塞德、布里斯托尔、中西部、大曼彻斯特和西赖丁在这一时期都显示出向郊区扩张的迹象。[3]事实上，很少有城市或者大城镇，会被排除在这样的名单之外。

图 9　环保主义者和其他人担心的"章鱼"正在扼杀英格兰乡村。1930 年左右，博勒姆伍德"花园村"的新建平房。对于居住在里面的人来说，它们有乡村田园诗的味道；而对于那些富有的批评者来说，它们则是伊甸园的终结。（经雷丁大学乡村历史中心许可转载）

然而在战间期，正是伦敦和东南部地区主导了人们对郊区城市化的看法。其原因显而易见：从最基本的层面来看，以重工业和制造业为基础的经济正逐步转向以轻工业和商业为基础的经济，这导致人口从工业革命地区向外迁移。随着伦敦内城区（至少是贫民窟以外地区）房地产价格的上涨，企业及其工人都向外迁移。1921 年人口普查显示，"除肯特郡外，伦敦周围各郡的房价涨幅都高于平均水平。"[4]到 1940 年，巴罗报告将这一趋势视为主要变化。[5]

工业人口向伦敦及其周边各郡的持续迁移造成的社会、经济和战略问题需要人们立即关注。

搬离城市的人们是为了追寻那乡村或至少是半乡村的英格兰风情。正如托马斯·夏普在 1932 年所写：[6]

> 人们在沉闷的街道上生活了太久。他们在肮脏的城镇里看到的树太少，草太少。他们也厌倦了肮脏的后院。他们想要有自己的后院和前院，房子和房子之间要有空地。

然而，正如贝斯特和罗杰斯所说，他们也想要靠近商店、学校和交通设施便利的现代化房屋。因此，小村落、小镇和村庄才是乡村生活的缩影。[7]

他们去到哪里，就在哪里建造乡村风格的房屋。巴雷特和菲利普斯在《郊区风格》一书中写道：

> （在战间期，）建筑界热衷于将新乔治亚和现代主义这两种风马牛不相及的风格相结合，正是人们对这种风格的抵制引发了最尖锐的批评。……用奥斯伯特·兰卡斯特的话说，建筑细节的胡乱组合——如假梁、格子窗、防风雨板、卵石墙面和花哨的砖砌——造成了"过往最乏味的建筑材料和建筑方法"的"糟糕透顶的混搭"，在这点上，建筑专业人士和社会评论家持有同样的观点。

"建筑风格混杂"①是中产阶级的发明，或者说是对乡村风格的重塑。"现代风格的"房屋，如莱恩斯珠宝公司(Laings)在战间期建造的那些房子，在数量上远远不如"传统"或"农舍"风格的房屋。今天仍有这方面的视觉证据，那就是在每个城市、城镇甚至许多村庄，我们都能看到"仿都铎"风格的房屋。

不过，在整个文化领域，人们通常认为，在战间期，乡村主义和英国特征

---

① 译者注："建筑风格混杂"（By-pass Variegated）是漫画家兼建筑历史学家奥斯伯特·兰卡斯特（Osbert Lancaster）在其 1938 年出版的《东拼西凑》（*Pillar to Post*）一书中创造的一个术语。它代表了 20 世纪二三十年代英国房屋的带状发展，建筑风格杂乱无章。在兰卡斯特看来，这种风格的房屋无论从实用角度还是从美学角度来看，都设计得很糟糕。

都被彻底击败。艺术、文学和音乐领域的现代主义运动几乎没有给"传统"留下任何空间。然而，这种简单判断会忽略很多方面。1923 年，也就是在战间期，通过创办《萨塞克斯杂志》等刊物，乡村生活理想在部分地区，尤其是在南部和东部地区得以实现。这份由伊斯特本的一名律师编辑的杂志，虽然在内容上是"乡村"的，但他的目标读者是城市群体或至少是郊区人群。该杂志刊登的文章涉及民俗、乡村手工艺、乡间别墅以及以"乡村"为背景的短篇小说。大多数郡都有类似的杂志。

在文学方面，战前作家或战前风格的作家，如希拉·凯·史密斯和玛丽·韦伯仍然非常受欢迎，实际上比大多数现代主义作家更受欢迎。后者的读者群仍然来自上流社会、波希米亚艺术圈和大都市，他们的现代主义运动作品中没有多少保守主义迹象。艾莉森·莱特在康普顿·伯内特、克里斯蒂或简·斯特拉瑟等人的作品中发现了保守主义迹象。弗朗西斯·布雷特·杨等其他作家，则继续以刚逝去的往昔为蓝本，重构并创造出一个"想象"的世界，并以此作为对当时英格兰社会崩溃现状的深刻批判。最重要的是，20 世纪 30 年代，A. E. 豪斯曼的《西罗普郡少年》比奥登或艾略特的所有诗歌的销量都要高。

战间期乡村主义的表现形式，以及将其与英国性的本质主义概念相联系的做法似乎是前文中论述过的"一战"前运动的延续，甚至是在"一战"前运动的基础上发展起来的。但令人震惊的是，与"一战"前相比，这些表现形式在很大程度上与前卫的高雅文化关系不大，而与"通俗的"中产阶级甚至工人阶级文化的关系更加紧密。我们在这里看到的是艾莉森·莱特称之为"用熟悉的转喻表达的英国性表征"，但却"以新的形式和现代复制的方式展示出来"[8]。但这并不能改变它们代表某种英国特征的事实。

在这些有关"英国式"乡村的文化观念背后，是一个新的经济现实。正如我们已经指出的那样，20 世纪 20 年代，尤其是 30 年代的经济增长是一种具有地区性和职业性的经济增长，其中 19 世纪"传统的"要求熟练体力劳动的产业和那些男性产业衰落了，而新型产业，尤其是商业(主要集中在东南部地区)变得繁荣起来。这种转变的影响是迅速的。甚至在 1921 年，白领工人还是农村地区第三大职业群体，仅次于农业工人和家庭仆人。如果把当年的商业、公共服务业和专业职业放在一起，我们会发现这些行业在农村地区雇佣了483656名男性和女性。[9]回到伦敦周边各郡，这些数字则更加引人注目。1921年，萨里郡的白领工人人数最多，约占这些地区人口的21.5%。其次是米德尔塞克斯郡（21%）和埃塞克斯郡（16%）。这意味着萨里郡和米德尔塞克斯郡的白领人数多于伦敦。这种地区性差异不仅仅发生在南方。柴郡（也许相当于曼彻斯特的萨里郡）有13.2%的人口从事白领职业，在北部没有其他任何一个地区能够比拟。关于这个数字，还有一点需要说明，那就是其中有大量女性。即使在乡村地区，女性白领也达到172721人，占白领总人数的36%。

即使在"一战"后的初期，这种转变也是惊人的，这一点可以通过一个简单的比较来说明。在19世纪的大部分时间里，农村地区第三大工人群体（仅次于农业工人和家庭仆人）是煤矿工人，1921年的就业人数为297968人（所有数字均为男女工人的总和）。事实上，生活在农村地区的煤矿工人人数是农场工人人数的一半以上。如果加上其他采矿业的就业人数，这些行业的就业人数为336485人，占农业就业人数的三分之一以上。其次是运输和通信工人（177521人），这个群体的重要性也在不断提高。到1921年，其中大多数人已经转向公路运输部门工作，尽管铁路工人也是一个重要的同性质群体。紧随运输工人之后的是冶金工人（168798人）。这是一个有趣的群体，既有"传统"的元素，也有现代化的元素。例如，他们中有28860名铁匠和熟练的锻造工人，这是一个牢固的传统群体。然而，在未来的快车道上，他们已经被59637名在汽车贸易和机械工程部门工作的工人超越。另一个在农村地区的雇用人数超过10万人的行业是建筑行业（135218人）。

在英格兰南部地区，许多新"农村"工人都是上班族，他们每天从农村地区乘坐火车前往伦敦。南方铁路公司不遗余力地宣传肯特郡、萨塞克斯郡，尤其是萨里郡，并在海报上打出"住在萨里，忧虑远离"和"家住肯特，满意快乐"等标语。20世纪30年代初，一本名为《伦敦城外的乡村家园》的指南出版。该指南认为电气化的实现使得伦敦附近的很多地方变得触手可及，让人们可以"住在真实、美丽的乡村中，或被其环绕"，"伦敦的日常工作者可以在那里度过闲暇时光，在纯净的空气和美丽的乡村中安然入睡，而这在以前几乎是无法企及的"。该指南还详细介绍了住房、照明、土壤和学校，甚至还就如何借钱买房或建房提供了建议。[10]郊区的发展紧随着铁路的发展，有时甚至与之齐头并进。埃普索姆和尤厄尔的人口从 1921 年的22953人增加到 1931 年的35228人，到 1939 年中期达到62960人；莱瑟黑德的人口从 1921 年的 11233 人增加到 1938 年中期的21170 人；同期，卡特汉姆和沃林汉姆的人口从 17108 人增加到27100 人。[11]位于萨里郡的斯通莱火车站的发展更为迅猛。1930 年，这座车站还不存在，当时还是两个农场，被卖给了开发商，它们占了新车站一半的成本。火车站于 1932 年 7 月开始运营。到 1935 年，每年有313647人从斯通莱出发，其中绝大多数人前往伦敦。[12]

并不是所有的新乡村男人和女人都是一样的。其中的一个极端是约翰·贝杰曼的诗作《斯劳城》(Slough) 中描述的令人憎恨的暴发户。[13]

> 这不是他们的错，他们不知道
> 收音机里的是鸟鸣。
> 不是他们的错，他们常去到
> 梅登黑德。
> 泡在各式仿都铎风格的酒吧
> 谈论着运动和汽车品牌。
> 不敢抬头仰望星空，
> 只能埋头打着酒嗝。

这些可能就是斯通莱居民的典型写照。那里有经典且朴实无华的"半独栋住宅"，车站旁有宏伟的路边餐馆或酒吧，到1938 年，还建成了一个拥有 1462 个座位的伦勃朗电影院。这些也可能是奥克斯特德居民的典型形象，这座城镇在 20 世纪二三十年代蓬勃发展。在这里，车站附近涌现很多"都铎贝桑风格的购物街"，以及同样风格的电影院，即"新影院"。[14]

在英格兰郊区的其他地方，甚至在萨里拥挤的土地上，生活着更富裕的人，而且从贝杰曼有关郊区的其他诗歌中可以推测，他们是更为人们所接受的上班族。从20 世纪 20 年代末开始，韦布里奇附近的圣乔治山已经成为萨里郡最高档的住宅区。

1649 年，掘地者们①曾经在这里进行了他们英勇的但又注定失败的公有制实验。在这里，与小职员简陋的"半独栋住宅"形成对比的是开发商沃尔特·G. 塔兰特建造的占地面积不少于一英亩的豪宅。住宅区拥有两个 18 洞高尔夫球场、私人网球场和槌球俱乐部。[15]更重要的是，这些房子是杰克逊所说的"高质量散布住宅"的组成部分。[16]在萨里郡利斯山周围的地区，F. E. 格林在 1914 年写道，"我可以向你指出那些通过船只、法律、茶叶、陶器、墨水、银行和'承包'积累财富的人的住宅"[17]。

尽管这种现象在英格兰南部和东部最为明显，但它不仅仅是南部的独有现象。在英格兰中部地区，对汽车、自行车、家居用品和电器产品的需求使得所有这些行业的规模都在扩大。与南部和东部一样，这也导致了一大批中产阶级从工业革命时期发展起来的城市向周边乡村迁移。在伯明翰和伍尔弗汉普顿周围，郊区发展蔓延到了农村地区，这与南部和东部的常见现象如出一辙。到 20 世纪 30 年代中期，斯塔福德郡和沃里克郡农村人口持续减少的趋势得到扭转，而特伦特河畔斯托克城（Stoke-on-Trent）的人口则出现下降，因为周边地区"开始吸引在斯塔福德或黑乡②工作的年轻夫妇，他们每天乘坐公共汽车、火车或小汽车去上班"。[18]20 世纪 30 年代，在威勒尔的前工业村奈斯顿，也发生了类似的变化。在这里，"建筑业……是为数不多的稳定职业之一"。[19]

> 20 世纪 30 年代，整个地区正经历着缓慢但稳定的变化，其中一些地区已经发生了变化，并不可逆转地变成了城市绅士的郊外住宅区……而普通民众也不得不跟着改变。城里有新工作，需要新员工，从经理到勤杂工，从女经理到打字员。……他们每天乘坐火车和拥挤的公共汽车进城。

即使是在东北部这种受大萧条影响最严重的地区，英格兰乡村保护委员会仍然对

---

① 译者注：掘地者（Digger），1649—1650 年兴起于英格兰的一批农业共产主义者，由杰拉德·温斯坦利（Gerrard Winstanley，同上）和威廉·埃弗拉德（William Everard）领导。1649 年 4 月，约 20 名穷人聚集在萨里郡的圣乔治山，开始耕种公有土地。"掘地派"代表城乡贫民阶层的利益，他们要求消灭土地私有制，宣传原始的平均共产主义思想，并企图用集体开垦公有土地的办法来实现这种思想。

② 译者注：黑乡（the Black Country）指英格兰中西部重工业区。

纽卡斯尔的杰斯蒙德地区的发展感到遗憾。"人们急于在绿色环境中建造住宅，但由于缺乏早期规划，这些绿色环境反而被破坏掉了，这真是悲哀。"[20]

这些新农村人的共同点是，尽管他们在乡下，但并不是乡下人，至少不是传统意义上的乡下人。这些家庭中的男子和大部分未婚女子每天都要到城里工作，晚上和周末才返回家里，新郊区和郊区化村镇里的妇女和孩子则留在家中，所以许多历史学家将这些地方视为"文化沙漠"，这里的"生活也极端单调"，尤其是对妇女而言：[21]

> 这些住宅体现了一种分散且个性化的生活方式，这种生活方式缺乏社会凝聚力，只有被动的、绵羊群似的多样性，在个人、家庭与国家之间没有形成任何联系或亲密关系。

然而，这似乎与安迪·梅德赫斯特所说的"文化工作者和评论家不得不对郊区进行尖酸刻薄的抨击"[22]有关，而不是与历史现实有关。似乎为数不多的关于郊区的回忆都在谈论那不计其数的俱乐部和协会，从随处可见的业余歌剧协会到漫游和骑行俱乐部。事实上，正如梅德赫斯特所写，"俱乐部和协会"在某种程度上是郊区的决定性特征。[23]圣乔治山的精英们拥有网球、高尔夫甚至槌球俱乐部。另外，任何新郊区都少不了一两家"都铎酒吧"，就连左翼图书俱乐部，也如乔治·奥威尔提醒我们的那样，在"流浪动物收养中心"找到了一个舒适的位置。[24]1927 年至 1935年，随着郊区的发展，埃普索姆唐斯赛马场售出的普通车票从 329778 张增加到859794 张，大部分男性上班族的妻子和孩子都"进城"玩过一天。[25]

在战间期的英格兰和威尔士，成为新乡下人的白领们并不是唯一提倡现代化的群体。在许多方面，尤其是在偏远地区，运输工人是最明显的实现现代化的人。他们为农村地区带来了新技能，带来了与当地人不同的传统和期望，甚至带来了不同的生活方式。在这些"新工人"中，历史最悠久的是铁路工人。他们在农村社区中扮演着一种复杂的角色，尤其是在"一战"之前，他们既有现代化的一面，也有传统主义的一面。弗兰克·麦肯纳在其关于维多利亚时代铁路工人的著作中强调了铁路工作的特点——服从性、家长式和半军事化。[26]

从一开始，铁路公司就在寻求一种新型的忠实拥护者，一种典型，一种"有组织"的人。他们取得了卓越的成就，一个多世纪以来，铁路工人们对新建立的传统和工作方法表现出的忠诚在英国工业史上是独一无二的。

然而，正如我们在第 1 章中简述的那样，这只是他们的一个方面。至少从 20 世纪初开始，铁路工人就加入了工会，站在工会斗争的最前线。虽然他们往往是农村工人的后代，但他们也是流动工人，公司派他们去哪里，他们就去哪里。这种派遣把城市工人及其后代带到了乡村地区。他们带来了不同的思想和传统。

雷蒙德·威廉斯在威尔士边境的潘迪长大，他是一名铁路信号员的儿子，其父亲则是一名被解雇并被赶出农舍的农场工人的儿子。威廉斯的父亲最初也是一名农场工人，后来转入铁路工作。他先是在南威尔士山谷工作，20 世纪 20 年代初又回到了他出生的地方。威廉斯敏锐地感受到了铁路工人的不寻常之处：[27]

> 我是在一个非常特殊的环境中长大的——一种明显由小农场构成的农村模式，与铁路工人所属的另一种社会结构交织在一起。他们是加入工会的雇佣工人，认识到自己所居住的村庄之外还有更广阔的社会体系。但与此同时，他们又与周围环境，与当地的家庭农场紧密相连。

在这种情况下，铁路工人不再是麦肯纳笔下唯唯诺诺的工人，而是真正的变革力量，尤其是政治变革力量。[28]

> 有趣的是，村里的政治领袖往往都是铁路工人。在我父亲工作的信号亭里有三个信号员，一个成为了教区议会的书记员，一个成为了区议员，而我父亲则是教区议会的成员。他们比村里其他人都要活跃得多。所有的铁路工人都投了工党的票。与此相反，大多数农民都投了自由党的票。在村子里，两者之间会有地方利益分歧——通常是在支出上。铁路工人提倡现代化，他们希望引进自来水和其他设施。

正如克莱尔·格里菲斯在其关于工党在农村的论著中所指出的，这种情况在英格兰和威尔士的大部分农村地区都反复发生。[29]

> （工党内）普遍认为，铁路工人是组织农村政党的首选，比如信号工哈里·艾伦，他是工党诺福克支部的创始人和首任名誉领袖。克莱克罗斯议员乔治·雷德利认为，如果不是全国铁路工人工会作出的巨大贡献，20 世纪 30 年代一半的农村政党都不可能存在。

其他明显代表更新的、"现代"世界的事物则是从已有社区及其原有经济结构中"生长"出来的。例如，战间期，在村庄到集镇之间往返运送货物和乘客的运输马车几乎无一例外地被汽车所取代。1900 年，林肯郡的宾布鲁克有七家运输公司，全部使用马车。到 1937 年只剩下了三家，而且全部使用的是汽车或卡车。和其他地方一样，在宾布鲁克，这些车辆通常是 1919 年至 1920 年购买的前军用卡车，并通过增加座位进行"改装"。然而，这样简单直白的陈述掩盖了这种变化中惊人的延续性。1937 年经营公共汽车的三个家族在 1900 年都曾经营运输，并且都保留了小规模的农业生意。其中一个家族，即斯塔克家族，继续从事小规模的买卖交易，这是 19 世纪运输业的特点，与由现代化的长途客车和主干路线构成的运输业相去甚远。[30]

> 罗伯特·斯塔克曾经也是一名总经销商，主要经营鸡蛋和黄油等商品。他周二在拉森市场购买这些商品，周五在格里姆斯比出售。他还是个马贩子和经纪人。……此外，他们家于 1926 年买下了水磨坊和周围的土地，并在那里放牧和耕种。……与此同时，罗伯特的妻子罗斯经营着一家商店，出售陶器和食物，包括花生和香蕉。

20 世纪二三十年代，这种情况在英格兰和威尔士的农村地区一再重演。然而，与家庭和社会状况的延续性相对应的是实实在在的变化。斯塔克的公共汽车每周六晚 10 点从劳斯返回宾布鲁克，这让那些"住在"宾布鲁克荒原农场的年轻人每周至少有一晚可以逃离工作场所。

至少在"一战"前，私人汽车的出现对那些在土地上劳作的人没有什么直接影响。然而，它的间接影响却是巨大的。农村地区的许多(既使不是大多数)汽车修理厂都是从铁匠铺起家的——大多数村庄中，村里的铁匠是唯一真正有机械修理经验的人。

更令人瞩目的是汽车工业本身的发展，尽管它的乡村特色并不那么明显。这些企业绝大多数位于南部和中部，通常在新郊区，甚至像卢顿或牛津市那样，选址于还保留了一部分农村特征或者处于内陆的城镇。R. C. 怀廷指出，莫里斯汽车公司的考利工厂就是这些举措的典型代表。他认为，在 1914 年之前，农村人口与牛津市关系不大。但是，[31]

> 1920 年后，农村与城市的相互渗透更为明显。在某些方面，一旦农村交通得到改善，像牛津这样的一个主要位于农村地区且作为社会活动中心的城镇，必然会产生一定的吸引力。因此，当时发生的一些普遍变化，使农村和城市世界更加紧密地联系在一起；而位于偏远村庄内的考利工厂所产生的影响则更具体地体现在经济上。

莫里斯工厂及其相关供应公司的主要经济效应是增加了就业机会。亚瑟·埃克塞尔曾在奥斯伯顿散热器公司工作过，这家公司是莫里斯的供应商之一，他在回忆起 20 年代末的劳动力情况时这样说道。[32]

> 在散热器公司工作的虽然也有几个伦敦佬，但大多是本地人。我们曾经有很多人做过农场工人，有些曾在(牛津)大学工作过。但他们都很感激这份工作，因为工资更高。

就业机会的增加反映在牛津郡农场工人数量的减少上。1921 年至 1931 年间，英格兰和威尔士的男女农场工人数量下降了约 10%。牛津郡的人数下降了 32%。据怀

廷估计，到 1936 年，在总数约为 5000 人的劳动力中，约有 3000 名前农场工人在
考利上班。[33]

汽车带来的间接影响更引人注目。1922 年，英国有 30 多万辆私家车；到第二
次世界大战爆发时，汽车保有量已接近 200 万辆。这一增长主要发生在 20 世纪 20
年代末和 30 年代初，当时汽车实际价格下降了 50%，这促使莫里斯、奥斯汀和福
特为中产阶级生产小型廉价汽车。1930 年，花大约 100 英镑就能买到一辆 10 ~ 15
马力的新车。在分期付款的帮助下，那些受益于相对繁荣商业领域的白领工人，
尤其是英格兰东南部的白领工人，都有能力购买一辆新车。买车意味着进入了一
个新世界。正如约翰·洛厄森所写，各"自有品牌"杂志越来越多地转向介绍汽车
的休闲用途，为人们提供了拥有一辆名牌汽车的自豪感。[34]在整个 20 世纪 20 年代
末和 30 年代，《莫里斯车主》不仅每月一次向自豪的新莫里斯小型车车主们介绍如
何在无人的道路上修理化油器，而且还要先告诉他们如何找到那条无人的路。正
如 1926 年的《莫里斯车主道路手册》所说，买车就是买了一张"现代魔毯"。使用
它，驾车者来到"美丽的村庄、古老的农舍，以及在古老城镇中发现的无数古色古
香的特色风光，这些城镇带我们回到那已经消逝的时光，以其岁月静好的回忆吸
引着我们"[35]。

然而，来到乡村的不仅仅是，或不主要是汽车车主，还有那些乘坐火车、公
共汽车和骑自行车来的人。他们来这里寻找莫里斯、奥斯汀或福特汽车车主们所
追寻的东西——往往是被理想化了的英国乡村。1920 年，《自行车旅行俱乐部公
报》曾这样描述萨塞克斯郡的阿什当森林地区：[36]

> 你每天都会看到十几种不同类型的风景：林地景观……覆盖着美丽森
> 林的群山和山谷……古色古香的乡村城市……繁花覆盖的小村庄……这里
> 有这个国家最丰富的野生资源……你可以立即远离人群和汽车。

漫步者协会成立于 1935 年，其前身组织了乡村漫游活动，为徒步者争取低廉的铁
路票价，尤其是周日的票价，并为他们提供特别的游览列车。到 20 世纪 30 年代
末，许多地方的漫步者协会联盟都商议出了特殊的点对点的"徒步旅行门票"，使

徒步者能够在一个车站下车，然后从另一个车站返回。例如，1938 年 8 月，一个来自伦敦南部的团体购买了从滑铁卢到法纳姆的一日票，然后从哈斯勒梅尔返回。他们带着野炊的午餐，在欣德黑德买了茶，步行 12 英里，共花费 5 先令 6 便士。更大规模的是，1938 年 4 月，两列专列将徒步旅行者带到萨塞克斯的哈特菲尔德，让他们在萨塞克斯荒原上徒步旅行。[37]

图 10　新乡村女人还是可怕的城市入侵者？我的母亲莉莲·豪金斯（原姓洛维），1935 年左右于科茨沃尔德。和许多城市工人阶级的年轻人一样，我的父母在 20 世纪 30 年代的大部分周末和所有节假日都在双人自行车上寻找英格兰的乡村风情（作者拍摄）。

这些人，尤其是城市工人阶级的大量涌入乡村，带来了不可避免的冲突，就像住房问题和城市郊区化一样，预示着第二次世界大战后的许多争斗。C. E. M. 乔德是一位哲学家，出生于城市而又回归乡土，尽管他以激进分子著称，但却恰恰与贝杰曼的暴躁和势利相呼应：[38]

有成群结队的徒步旅行者在树林里疯狂地咯咯笑，或者在午夜时分手挽手走在宁静的乡村街道上，唱着喧闹的歌曲……草地上有帐篷，穿着睡衣的女孩在帐篷旁随着留声机的旋律翩翩起舞……有穿着短裤的胖女孩，有打着华丽领带穿着灯笼裤的年轻人，每个角落都有路边小屋，每个山顶都有咖啡馆供他们住宿。

在英格兰南部的许多地区，乔德对"没有受过教育"的城镇男女的看法得到了众多组织的回应，如萨里郡反垃圾联盟，该组织向警方举报那些乱扔垃圾的人，有时还提起私人诉讼，并(成功地)开展运动促使萨里郡议会修订关于乱扔垃圾的附则。他们还发起运动，反对有碍观瞻的广告。1933 年，该联盟的年度报告自豪地指出，其他七个郡也有类似的协会。[39]

冲突可以而且确实变得更加严重。在战间期，许多乡村地区的教区和区议会会议记录里都充斥着小纠纷，尤其是关于路权和通行权的。例如，那些年萨塞克斯郡希斯菲尔德教区议会处理的事务中，约有 50% 涉及关闭人行道、通行权以及维护人行道和小径的责任等问题。[40]1938 年至 1939 年，在萨塞克斯郡与肯特郡交界处的威瑟姆，为了说服教区议会采取行动重新开放一条被非法关闭但影响了村庄大部分地区的人行道，纠纷双方进行了长达一年的斗争。[41]

这些争端大多是当地人在当地的争斗，而大多数的起因是为了休闲而非传统的经济或工作。有时全国性组织也参与其中，争论的问题也不单纯是地方性的，而是更多地集中在娱乐方面。英格兰乡村保护委员会成立于 1926 年，围绕如何更好地"保护"英格兰乡村这一问题，它将各种学术团体和志愿机构聚集在一起。戴维·马特莱斯认为，该协会最初将自己视为一个"汇集专家意见"的精英咨询机构，而不是一个压力团体。[42]然而，一旦该组织允许个人会员(主要是提供资金支持)的加入，它的角色似乎就开始发生变化，尤其是在地方一级，就演变成了一个干预性更强的机构。约翰·谢伊尔指出，到 1929 年，泰晤士河谷分会已经撰写了一份关于从克里克莱德到斯泰恩斯沿线泰晤士河谷的详细报告，其中包括保护"该地区更具吸引力的部分"的建议，以及对带状开发和巴布洛克—海斯地块安置的抨击。[43]从 20 世纪 30 年代末开始，怀特岛分部就大力反对在岛上建造度假营地，尽管该分部对露营活动表示"普遍赞同"，但他们认为"永久性度假营地不应建在高档住宅区或附近，也不应建在自然风景优美的地区"。[44]这不仅仅是南方才有的现象。如上所述，诺森伯兰和纽卡斯尔地区反对带状开发以及对集镇和村庄的"破坏"。[45]在战间期，还有一些其他组织"坚持"某种特定的乡村观，这也引发了一些问题。整个 20 世纪 20 年代，下议院、公共空间和人行道保护协会一直在为阻止公共土地和绿地的出售而斗争，并与地方当局、陆军部以及投机建筑商展开较量。漫步者协会对被封闭或被耕种的乡间小路进行观察记录，并向地方议会施压，要求其为所在地区绘制"通行权"地图。46

所有的斗争中最壮观的、迄今为止最著名的一场是 20 世纪 30 年代初，在本宁山发生的"大规模非法入侵"事件，它揭开了整个城乡关系问题的序幕。在这里，有组织的城市工人阶级漫游协会，包括由英国工人体育联合会领导的共产党，主张人们有权在私人的、主要用于松鸡狩猎的开放荒原上漫步。1932 年 4 月 24 日，在英国工人体育联合会活动家本尼·罗斯曼的带领下，数百名漫步者从海菲尔德村步行进入金德斯考特荒原。在金德山顶，他们遇到了一群猎场看守人和临时管理员。"在随后的推搡中出现了几次正面打斗，然后他们就离开了。"47返回海菲尔德后，五名"头目"被捕，随后被监禁 2 至 6 个月。不过，这场斗争并未停止，在山顶区的其他地方还发生了示威和非法入侵事件。

对农村工人阶级，甚至对许多农民而言，这些"旅行者"最坏不过是给他们带来轻微的烦恼或是使他们嫉妒，而最好的影响则是给他们带来了诚实赚钱的机会。只要有需求，咖啡馆和茶馆就会如雨后春笋般涌现。1930 年 9 月，英格兰乡村保护委员会致函设计与工业协会：48

> 我们认为，这些[茶水]铺的数量正在迅速增加，它们的脏乱程度几乎可以与一般的车库相媲美，甚至更糟。店主都是些卑鄙小人，急于吸引眼球。他们既没有经济能力也没有受过良好的教育，无法建造任何像样的东西。

"小人"往往是用词不当。许多 20 世纪 30 年代在奔宁山脉和峡谷骑行的人都记得，在丘陵农场往往可以"大吃"一顿农场主的妻子或女儿用农家食材制作的美味。如果顾客负担不起，只需花几便士就能找到一个干爽的地方坐下，并且可以用自带的一卷报纸包裹的茶叶来"冲泡"茶水，同时还能得到热水供应。在 20 世纪 20 年代末的艰苦岁月里，咖啡馆或茶室的开设成本相对较低，是许多农民家庭的救命稻草。至少在某些地区，"住宿加早餐"的发展模式也是如此。在战间期，特别是在威尔士、英格兰西南部和东南部、北部高地以及所有沿海地区，为城市工人和中产阶级提供廉价住宿的做法变得十分普遍。在许多地方，就像"农家茶馆"一样，即便是隐性收入，住宿加早餐也成为了农业和劳动家庭收入的重要组成部分。[49]

正如前文所述，郊区城市化和"外来者"缓慢但又稳定地涌入乡村地区，给农田带来了压力。在"二战"前的许多地区，这似乎无关紧要。至少从农业角度来看是这样，因为这种压力在地域分布上是不均衡的，主要集中在东南部。然而，就是在这些地区，对以前的农田进行建设的压力越来越大。在某种程度上，这并不重要。农业正在衰退，即使是在离首都很远的地方，许多农村土地拥有者都乐于出售土地进行开发。1923 年，瓦文尼的主人出售了位于哈塞尔米尔附近的土地。该土地经当地建筑师哈罗德·福克纳设计，被开发成了 720 块建筑地块。乔治·斯图尔特尽管与福克纳有着长期的友谊，但还是非常愤怒，称他为"破坏乡村的邪恶天才"。[50]

> 昨天的路，确实很孤独，但却能让我们想起那古老而甜蜜的乡间小道，被毁坏了的、我们无法再踏足的小道。半数的别墅都是他设计的，花园的尽头也都是他设计的房子，维卡拉奇山上，曾经美丽的山坡——树木环绕，开满了金雀花——也被他用毫无品位的花圃所替代。

到 20 世纪 20 年代末，又有许多声音加入了斯特的队伍，他们似乎得到了以城市"保护"为主的游说团体越来越多的支持。这些游说团体认为，无节制、无控制的城市开发正在破坏英国的大部分地区，尤其是英格兰南部的乡村地区。其中有些观点已经介绍过了，例如英格兰乡村保护委员会的观点。但是建筑师克劳夫·威廉姆斯·埃利斯编辑的两本散文集赋予了这些声音新的力量，甚至是愤怒的情绪：1928 年的《英格兰与章鱼》和 1937 年更具影响力的《英国与野兽》。[51]后一本书影响深远，受到乔治·兰茨伯里、J. B. 普里斯特利、朱利安·赫胥黎和巴登·鲍威尔等众多人物的广泛评论和"欢迎"。1938 年，该书被读者联盟选为二月书目并再版。

　　虽然这些乡村保护者所担忧的问题普遍存在，而且在许多情况下完全值得称赞，但他们所关注的重点是郊区和城市的"无计划扩张"。他们的主要敌对对象是从农业中夺走土地并建造房屋的郊区居民和投机建筑商。他们最痛恨的是伦敦城外主干道沿线上，由带状开发区、棚屋和旧火车车厢构成的无产阶级地块小区，尤其是布莱顿附近皮斯黑文的"平房镇"。这些人是以城市和中产阶级为主的评论家，他们的灵感来源于我们熟知的乡村主义和英国风情。令人震惊的是，《英国与野兽》中的第一张照片是一张猎狐照片，标题是"唯一不是复兴的乡村盛会"[52]。其余大部分"正面"插图都是英格兰乡村(主要是南部)的传统形象，与主干道、平房和市政委员会开发项目构成的"恐怖"照片形成鲜明对比。

图 11　"每座山上都有咖啡馆……"保护主义者的眼中钉：1930 年左右，约克郡斯卡伯勒的一间由一节火车车厢改成的茶馆。(经雷丁大学乡村历史中心许可转载)

　　毫无疑问，在这些书中有时近乎歇斯底里的笔调背后，隐藏着许多理智的观点和真实的担忧。不受控制和监督的住房开发正在大片荒芜的土地上蔓延。例如，在 20 世纪 20 年代末和 30 年代，伊斯特本周围，尤其是其西北侧的卫星村周围，大片土地因投机开发而被占用。在布莱顿附近，自 20 世纪 20 年代末起，作为最后一个未开发的、穿过丘陵地带通向大海的山谷，库克米尔山谷一直面临被开发的威胁。[53]在全国范围内，农业用地的损失数据凸显了这一威胁的严重性。[54]

正是在这一时期，由于缺乏真正有效的土地利用规划控制，农业陷入严重萧条状态，并且空地购买价格低廉，因此农田因城市发展而流失的情况达到了顶峰。20 世纪 30 年代，每年有超过 6000 英亩的农田被征用，如果再加上林地和其他非农业用地的损失，总面积将达到约 8 万英亩。

1932 年，为了应对农村地区日益增长的建筑压力，国民联合政府通过了《城乡规划法》(*Town and Country Planning Act*)，并于 1933 年 4 月开始执行。1942 年《斯科特报告》对 1932 年法案的评判经受住了时间的考验。[55]

1932 年法案先是让人满怀希望，但随后却令人失望。随着该法案在议会获得通过，许多确保政府意图付诸实施所必需的权力被削减……尽管最终的法案被称为《城乡规划法》，但实践经验很快证明，它完全不足以制订乡村规划。

尽管这一判断基本上是正确的，并得到了许多历史学家的支持，[56]但还是有一些变化。这主要涉及所谓的第 34 条命令的使用，该命令使地方议会能够通过支付补偿金将某个区域保留为"永久私人开放空间"。在萨塞克斯郡，该命令被广泛用于保护丘陵地区。尽管在规划上遇到了一些困难，特别是 1934 年东萨塞克斯郡议会未能在丘陵地区建立一个"国家公园"，但到"二战"爆发时，85% 的南部丘陵已受到第 34 条命令的"保护"，这些土地由地方当局或私人信托基金购买，免于被开发。[57]

有关战前规划的斗争和讨论揭示了乡村发生了多么大的变化，关于乡村的争论也初现端倪，这些争论将在 20 世纪下半叶占据主导地位。农民兼作家 A. G. 斯特里特在其对《英国与野兽》的评论中清楚地看到了这一点，这也是唯一一篇来自"传统"乡村世界的乡下人撰写的评论文章。[58]

毫无疑问，这个岛上的大多数人不需要乡村。……那些把乡村视为免费游乐场的人认为它的娱乐用途远比农业重要。……事实上，我怀疑当今英格兰是否有一千个人，无论是乡下人还是城里人，会为了乡村本身而珍视它。一般来说，前者将其作为商业场所，后者将其作为免费游乐场。

这并非斯特里特在书里最有趣的几章中所表达出来的全部意思，但它确实在农村地区的未来这个问题上有先见之明——人们第一次提出了这样的问题：乡村是用来做什么的？

然而，在关于战间期这一部分结尾时，我们需要谨慎，避免言过其实。英格兰和威尔士仍有大片地区没有受到郊区生活或"本地旅行者"的影响。这里的"游客"仍然没有威胁性，当她或他来到一个村庄或农场时，带来的甚至是收益。在英格兰北部和西部以及威尔士大部分地区，与 19 世纪末相比，那些与世隔绝的农场几乎没有变化；而即使在南部和东部，除了伦敦周边各郡，一个长寿的农民或农场工人会认出许多与 19 世纪 70 年代相似的地方。即使在伦敦周边各郡，尤其是中南部地区，尽管城市在发展，但仍有大片土地实际上仍以单一职业、农业和乡村社区为主。尽管贵族对土地普遍缺乏兴趣，但仍有一些封闭的村庄和大多数集镇保留着基本属于当地的社会和经济结构。最重要的是，也许是因为在战间期的大部分时间里农业萧条，农场自然景观几乎没有什么变化。诚然，有的谷仓屋顶破损，有的田地长满了杂草，但在耕地上，马匹依然发挥着重要的作用。南部的景观仍然被划分为一块块田地，这些田地的边界至少都有 200 年的历史了。尽管有人对当时小型的"有机农业运动"提出了批评，但也很少使用人工肥料，且几乎没有使用化学杀虫剂或除草剂。从很多方面来说，乡村的真正吸引力在于，漫游者、骑行者、驾车者，甚至是那些在"哈索克斯村"（位于迪奇灵村附近丘陵脚下的一个精选开发项目）买房的人，都回到了一个看似不变的景观中。

第三部分

———— • ◆ • ————

第二次农业革命：
1937—1990 年

7

战争与国家农业，1937—1945 年

20 世纪 20 年代至 30 年代初，历届政府都拒绝以战时英国粮食供应受到威胁为理由提供农业补贴。正如默里所言[1]：

> 早在 1924 年 6 月，帝国防务委员会（the Committee of Imperial Defence）就已决定，在制定农业政策时不再考虑战争的爆发。1926 年，政府宣布其决定，即没有任何国防理由可以证明政府需要进行额外支出以鼓励农民在和平时期生产不在其经济考虑内的粮食。

直到 1938 年 7 月，张伯伦在凯特林的一次面向农民的演讲中，强调了上述观点，他表示"不需要鼓励国内农民最大限度地生产粮食"，因为一旦战争爆发，海外将继续提供充足的粮食[2]。他的这一观点在一定程度上得到了对政府政策持激进态度的批评者的支持。同年，艾迪生勋爵写道，"我们不能根据战争中可能出现的紧急情况来规划农业的发展，而应该根据国家的日常生活来发展农业"[3]。

然而，早在 1933 年，政府就已经秘密制订了应急计划，"当时帝国防务委员会下属的一批官员正盘算着,一旦大战开始,就严格控制价格、薪资和利润"[4]。
1935 年,农业部和苏格兰以及北爱尔兰的相应机构成立了一个平行委员会,负责
制定战时农业政策纲领。随后,该委员会于 1936 年 5 月向帝国防务委员会新成立
的分支机构食品供应分委会(the Food Supply Sub-Committee)提交了一份报告,其中
规定了 1939 年战争爆发时将要执行的政府政策的要点。[5]委员会基于 1914 至 1918
年的经验,尤其是 1916 年后国家大力干预时期的经验,提出其核心主张。其主
张为[6]:

> 第一,在和平时期,采用的政策是维持畜牧生产,以实现土壤高肥力;
> 第二,战争一旦爆发,则立即执行翻耕草地以增加粮食和饲料产量的计划,
> 并且根据战时需要,有计划地减少牲畜的数量。

此外,以第一次世界大战为依据,委员会提议每个郡都成立战时农业应急委员会
(the War Agricultural Emergency Committees),监管战时需求和负责计划制订。事实
上,委员会的主席、官员和秘书都已经选定,即使担任这些职位的人并不知情。[7]

1939 年 9 月之前,切实可行且公开的战时农业计划有两种主要形式。一是
1937 年的《农业法》,该法案旨在完成 1936 年委员会提出的第一个主张,即保持土
壤高肥力,为战争作好准备。其主要措施是为修建排水系统拨款和发放化肥补贴。
此外,第三章末讨论的小麦补贴范围扩大到燕麦和大麦,以鼓励国内粮食生产。
第二个重要法律是 1939 年的《农业发展法》(Agricultural Development Act)。该法案
规定,农业部可以购买和储存化肥,购买拖拉机和相关机械,增加修建排水系统
的拨款。更重要的是,在 1939 年 5 月至 9 月期间,人们每开垦一英亩的永久草地,
就可以获得农业部两英镑的补偿。[8]

战争爆发时,农业管理体制已经形成[9],还为农业生产和劳动制定了目标。
1936 年,有人提议,在战争爆发的第一年,应将 10% 的永久草地投入耕种。这意
味着到 1939 年,耕地总量将会达到约 200 万英亩。战时农业执行委员会(the War
Agricultural Executive Committees)有权下达翻耕命令,同时也有权决定耕作标准和
种植的作物,还可以采用保留重要职业以及招募和训练妇女土地军的方式保护劳

动力。在这些方面，英国农业准备得比较充分，肯定比 1914 年更好。

但是，这一时期也存在一些问题。政府不允许囤积食品和肥料，更不用说粮食了。尤其是肥料，在此后还引发了一些问题，尤其是针对小农场主和种植者的问题。1940 年 7 月，伍斯特郡的一名果农告诉大众观察组织①的一名工作人员，"我们在获取钾肥方面遇到了一点麻烦。钾肥几乎都是来自法国和德国……还有南美的鸟粪"[10]。最为严重的是农业的整体状况。正如我们先前所看到的，战间期最严重的经济萧条已经开始得到缓解，但对于大多数农民来说，问题仍然很大。尽管政府采取了干预措施，一些地区也有复苏的迹象[11]，但很多土地的状态仍然不佳，尤其是那些已经退耕还牧的土地。树篱和沟渠杂草丛生，排水系统堵塞、损坏，农场资金也不足，农场建筑和设备陈旧、缺乏正常维修。正如默里所言[12]：

> 我国许多地方都不具备在本国土地上扩大粮食生产的完备设施，但国内粮食生产增加是减少进口食品和饲料供应的必要条件。由于缺乏对这种状态的认识，因而需要更多的资金将农业从和平时期的经济转变为战争时期的支柱，这是战前规划最大的缺陷之一。

接受失败不仅是为了改善战时农业政策，也是为了塑造战后的世界。

然而，战争的爆发不仅仅事关战时生产计划，更重要的是乡村地区的人们对待战争爆发的态度。与 1914 年不同的是，现在即使是普通人也几乎不会对战争爆发感到惊讶，因为"战争爆发"的先兆很久以前就出现了。首先，与城市地区不同的是，乡村地区的居民是否为战争作好了准备首先取决于他们是谁、居住在何处。在乡镇，尤其是较大的城镇，人们对轰炸的恐惧与其他城市地区的居民如出一辙。1939 年 8 月 24 日，在切姆斯福德，一位年轻的实习记者写道，他度过了"最紧张

---

① 译者注：英国大众观察组织于 1937 年创立，致力于从事英国文化与社会学，哲学与人类学方面的深入研究与探索。聚焦 20 世纪英国的历史与文化，其资料日期范围集中于 1937—1967 年，内容涵盖"二战"期间及后期的英国社会、人民生活热点问题的调查报告、工人阶级状况等。文献类型包括个人手稿、报告、问卷、公文、原始材料、照片及地图等，内容丰富。

不安的一天，感觉战争就在眼前"[13]。不到一周，事态进一步发展，"镇里采取了明显的预防措施，包括在医院、警察局、所有演习厅和军事建筑周围堆积大量沙袋"[14]。在东海岸的乡村地区，尤其是度假区，危机开始于八月底，那时战争的迹象就开始显现了。8 月 31 日，埃塞克斯郡内兹岬附近沃尔顿①（Walton-on-the-Naze）的一名办公室工作人员写道，这里"刚刚开始从不景气的淡季恢复，如今又在快速清空游客"[15]。在一些乡村地区，人们因恐慌而购买和囤积物品。8 月 29 日，剑桥附近的小威尔布拉罕的一位年轻的已婚妇女写道，"杂货店的货车到村里时，糖已经卖光了。村里小店的商品也售罄了"[16]。在诺福克郡北部地区，人们因担心实施定量配给而抢购汽油。一位在修车厂工作的年轻女性写道："所有的顾客都在加油，销量比平时大多了（原文如此）。"[17]

但对大多数人来说，战争带来的第一个影响是城市难民的到来。早在 1939 年 9 月 1 日学童从危险地区大规模撤离之前，就有一些（或许是很多）城市居民已经撤离到了乡村地区。1938 年秋季慕尼黑危机发生时，情况也是如此。当时大众观察的一名工作人员报告说，她遇到了自己的一个朋友和她的丈夫，"他们开着车……冒着倾盆大雨在乡下寻找住处。但所有地方都住满了人。钱已经完全不在考虑范围内了，但他们得到的也只是有些许希望可以和另外两个家庭合住在一个两居室的小农舍中"[18]。1939 年 8 月，诺福克郡的一名日记作者注意到她所在地区也出现了类似情况，她注意到一些家庭"为了安全起见，带着孩子去了海滩平房"[19]。两天前，"邻居妻子的母亲、父亲和妹妹带着许多行李从伦敦过来，他们惊恐万分，因为他们的宠物被杀死了"[20]。

战争初期的那几个月里，几位在战争期间为大众观察组织写日记的人遇到的都是这种情况，尽管恐慌的迹象没有那么明显。战争爆发时，一位来自萨里郡乡村地区塔德沃思的日记作者正在康沃尔郡艾萨克港度假，但他"认为最好还是留在这，这里几乎没有战争的迹象，能让孩子尽可能少受战争的干扰，继续自己的生活"[21]。其他人则去投奔他们的家人，就像麦克唐纳夫人。[22]1939 年 8 月，她带着孩子从克里登去了剑桥附近的大威尔布拉罕，她母亲的老房子在那儿，她的姨妈和

---

① 译者注：内兹岬附近沃尔顿是英国东南部埃塞克斯郡最受欢迎的海滨城镇之一，以美丽的海滩和壮观的自然景观而闻名。

姨父仍住在老房子里。9 月，"我姨父的长兄还会带着他的两个女儿"[23]从伦敦到那里加入他们。这两位女士都是中产阶级，但并不是所有人都是中产阶级。例如，一位来自伦敦南部的年轻已婚妇女带着她的孩子去了萨塞克斯郡的哈索克斯，在那租房子住，并开始做清洁工。[24]

　　由于战争不可避免，再加上对城市遭到轰炸的担忧，政府于 1939 年 9 月 1 日开始实行一项长期计划——将儿童疏散到安全地区。[25]撤离是自愿行为，学龄儿童随学校撤离，学龄前儿童由一名家长陪同撤离。他们将被安置在私人住所，而不是军营或集中生活营。9 月 1 日清晨，第一批撤离者离开城市，于当天下午和晚上陆续抵达乡村地区。尽管撤离的过程并不总是愉快的，也有很多困难，但这项工作在很大程度上是成功的，因为大多数儿童在 48 小时内被安顿了下来。乡村人家真诚的同情心和地政府官员不辞辛劳的付出是此次工作能够顺利完成的主要原因。话虽如此，即使只有少数人受到了影响，但问题也的确真实存在，而且愈发严重。正如一位撤离到布莱顿的伦敦教师所说："我们知道 90% 的孩子都很乖，很快乐。但唯一让我感到开心（原文如此）的是关于伦敦野孩子有多淘气的故事。"[26]但是，正如萨塞克斯郡的教师艾米丽·贝克所看到的，撤离也有积极的一面。乡村生活极大地改善了孩子们的健康情况，很多人显然喜欢这种变化，比如一位来自格林威治的 10 岁小女孩，在撤离一周后，就"帮着赶牛，她赶奶牛的样子好像她生来就会一样"[27]。

　　更重要的是，一系列关于疏散人员的"传说"开始出现并扩散：一方面是城市儿童及其家人的肮脏和无礼，另一方面是乡村人的贪婪和势利。这两种版本的传说都有现实依据，但比起故事里描述的对方形象和自我形象，现实就显得不那么有趣了。正如 1940 年大众观察组织所说，这些传说揭示了城乡之间的巨大差异，无论是真实的还是想象的。[28]而且这种差异贯穿整个战争期间。撤离者（或者更准确地说是撤离儿童的父母）主要抱怨乡下的"落后"——这种抱怨一直都存在，和城市生活本身一样久远。1939 年 10 月，诺福克郡的一位日记作者写道，撤离者说："他们觉得乡村太安静了，很无聊。一位女性说：'我宁愿在自己家门口被炸死，也不愿意待在这闷死。'"[29]同样，乡村人发现撤离者行为粗鲁、穿着过于讲究、"生活节奏快"。这两种说法都有不实之处，1940 年萨塞克斯郡一位思维敏锐的日记作者曾写道，"我渐渐发现，除了一些特定情况，那些家里没有疏散人员的比有疏散人员的抱怨得更多"[30]。这些观点中隐藏着一个核心真相。正如我们所看到的，战前的农村经济遭受重创，并且明显没有受到 20 世纪 30 年代流行文化变革的影响。人们真切地感受到了乡村地区的落后，或者至少感受到了乡村的不同。1940 年 9 月，伍斯特的一名观察员清楚地阐明了这一点。[31]

> 过去的两个星期内，大量难民从伦敦涌入伍斯特，人们在街上很容易就能认出他们。之所以能够很快认出他们，与其说是因为他们经历的磨难（原文如此）在他们脸上留下了痕迹……倒不如说是因为他们的衣着、风格和行为举止通常与伍斯特的普通市民有很大的不同。

随着战争的推进，这种差异在一定程度上加剧了，并且有了微妙的改变，因为人们日益相信在城市和乡村，他们遭受的"苦难"不同，而且觉得乡村地区在战时"过得还不错"，这种观念随着战争的推进不断强化。这些感觉可以看作是战时疏散将人们拖入了一场"虚假的战争"。1939 年 9 月，许多人带着恐惧甚至是惊慌来到乡村，月底，他们带着刚刚出炉的城市版传说——乡里人的贪婪、落后和冷漠——又漂回城里。同样，在乡村地区，他们的离开也留下了类似的怨恨——城里人富裕、忘恩负义，他们需要的时候就来剥削乡下人。这两种说法都融入了战时那代人的传说里，否定了"人民战争"的统一思想。[32]

对乡村地区的大多数人来说，真正的宣战异乎寻常地安静而隐秘，也许比城里人的感受更甚。1914 年的场景不再重演，既无拥挤的街道，也无"争相入伍的人群"。后者毫无意义，因为征兵已经到位；而鉴于战争爆发的必然性，前者描述的行为完全不合时宜。人们通常是私下和家人或是和几个朋友聚在一起，用收音机收听消息。9 月 3 日，艾萨克港的一位"难民"（她是一位年轻的已婚女性）写道："今天早上，除了三个孩子，每个人都待在家里听 10 点钟的新闻简报。"[33]广播结束后，来自萨塞克斯郡的艾米丽·贝克写道："很感谢他们没有喋喋不休地大讲爱国主义，回想起 1914 年，我还记得那种异常的兴奋和迸发的理想。（当时我是一个 14 岁的青少年，很容易受到影响）"[34]另一位来自诺森伯兰郡乡村的教师写道，"尽管很疯狂，但这似乎是唯一的出路"[35]。

虽然战争爆发是不可避免的，但很多人，或许是大多数人，仍然对此感到震惊。在诺福克郡，一位顾客告诉在修车厂工作的穆里尔·格林，英国已经宣战了，战争总给人"绝望的感觉"[36]。来自剑桥郡的麦克唐纳夫人写道："战争来了！我感觉这就是一场可怕的噩梦，我随时就会从中醒来。"[37]但战争已经对很多人产生了影响，尤其是在安置疏散群众的地区和已经开始征兵的地区。我的父亲自 1933 年以来就在补充后备役名单中，9 月 3 日，他离开了牛津郡的乡村，前往卡特里克。到 9 月 20 日，他已随英国远征军(the British Expeditionary Forces，BEF)前往法国。[38]

但是，一些农村工人就算在后备役名单中也没有被紧急征兵。因为担心粮食收成，同时考虑到翻耕运动对劳动力的需求，征兵被推迟，很多重要劳动力从本土防卫自卫队(the Territorial Army)①离开，回到土地上。此外，士兵也可以参与庄稼收割，这在整个战争期间都很普遍。由于采取了以上措施，1939 年庄稼的收割和翻耕运动初期取得的成果令人满意，但事实上，1939 至 1940 年冬天出现恶劣天气时，据估计有 5 万名农业工人失业。[39]

其实，失业问题是短期的。据农业部估计，到 1940 年 3 月，已经有约 5 万人离开农业领域，其中约 2 万人利用战时对劳动力的需求，离开农场，到其他地方寻找报酬更高、条件更好的工作，特别是参与军事设施的建设。但事实上，情况比估计的还要糟糕。翻耕运动想要增加的耕地面积，需要在 1938 年至 1939 年的基础上再增加约 6 万名全职工人和 2.22 万名临时工。短期的解决办法是尝试使用替代工人，如城市失业者、出于道义拒服兵役者、难民、学生和修路工人，但这些人根本不够。因此，长期的解决办法是通过增加薪资鼓励男性留在农场，或者政府制定政策限制男性流动。这两种方法都采用了。首先，工资上调。到 1940 年 3 月，全国 47 个郡的工资委员会都上调了工资，全国平均工资已经上调到 37 先令 10 便士。这一措施一直持续到战争结束(见表 7.1)。正如阿姆斯特朗所写，"显而易见，与 19 世纪末和战间期相比，在这段战争时期，物价上涨的同时，工资也有了实际增长"[40]。

---

① 译者注：本土防卫自卫队是英国业余时间接受军事训练的后备役部队。

表 7.1　1937—1946 年最低工资和生活成本变化指数[41]

	基本工时的平均最低工资	生活成本指数	
1937—1938	34 先令 2 便士	100	100
1938—1939	34 先令 8 便士	101	103
1939—1940	39 先令 5.5 便士	115	116
1940—1941	48 先令 5 便士	142	129
1941—1942	57 先令 10 便士	169	137
1942—1943	60 先令 0 便士	176	142
1943—1944	63 先令 1.5 便士	187	145
1944—1945	67 先令 10.5 便士	199	148
1945—1946	72 先令 2 便士	211	154

　　除了工资上调之外，1940 年和 1941 年政府还颁布了限制农业劳动力从本行业流出的命令。表 7.2 中的数字显示，这些措施取得了一些积极进展。

　　这些数字还说明了解决战时劳动力供应问题的其他关键因素：首先，在农业领域从事全职和兼职工作的女性大幅增加。到 1943 年，妇女土地军的全职工人有 8.7 万人，这相当于 1939 年以来农业领域增加的全职女性的总人数。而且除了正式的妇女土地军之外，约有 6.6 万名女性从事临时农业工作，这意味着在 1943 年，女性在农业劳动力中的占比超过三分之一。

　　第二个劳动力来源是战俘。1941 年 1 月，政府同意将意大利战俘用于农场，每年的丰收时节，大约有 2500 人被雇用。起初，他们被分批雇用，从事排水工程和收割工作。1942 年 2 月以后，战俘被安排住在单独的农场，干一些普通的农活。然而，到 1942 年中期，2 万名受雇的战俘中绝大多数都住在"安全的"宿舍和营地。到战争结束时，约有 5 万名战俘被雇用。[43] 劳动力的第三个来源是各种不同的群体，包括出于道义拒服兵役者、有组织的政府"帮派"和农场营地的学童。

表 7.2　1939—1944 年农业工人人数（英国）（单位：千人）[42]

	正式工人 *			临时工人			总计		
	男性	女性	总数	男性	女性	总数	男性	女性	总数
1939	592	71	663	90	50	140	682	121	803
1940	578	78	656	91	59	150	669	137	806
1941	578	89	667	106	77	183	684	166	850
1942	578	130	708	115	92	207	693	222	915
1943	567	157	724	123	108	231	690	265	955
1944	597	173	770	120	85	205	717	258	975

注：* 包括妇女土地军和战俘

解决战时劳动力问题的最后一个方法是大量使用机械。正如我们所见，战前，英国农业在机械使用方面进展缓慢，甚至连拖拉机的使用也是如此，而早在 20 世纪 30 年代拖拉机的可靠性就已被证明。1939 年，政府购买的拖拉机满足了战时农业委员会的基本需求，但更重要的是，此举鼓励了制造商大规模生产拖拉机。因此，在战争期间，作为英国农场的动力来源，马匹和拖拉机的相对地位发生了逆转，农场可用动力增加了两倍多（见表 7.3）。

表 7.3　1939—1946 年英国农场动力供应变化[44]

	固定功率	机动拖拉机		马匹		总功率	指数
	马力（千）	数量（千）	马力（千）	数量（千）	马力（千）	马力（千）	
1939	854	56.2	1075	649	649	1724	100
1942	871	116.8	2293	642	642	2935	170
1944	847	173.4	3388	577	577	3965	230
1946	911	203.4	3935	520	520	4455	258

但在这个问题上我们仍需谨慎。布莱恩·肖特对 1943 年农场调查的研究表明，当年只有 21% 的农场拥有一台或多台拖拉机，而且无论是从占地面积还是从

雇用的工人人数来看，这些农场往往都是规模较大、租金较高的——这表明农场土地质量更好。[45]为了解决这一问题，战时农业委员会建立了"机械备用库"，为完成关键任务出借拖拉机和其他机械设备，因此许多小农场和农民得以使用这些机械设备。

然而，战争开始的头几个月里，这些变化大多还是遥遥无期。事实上，对于乡村地区的许多人来说，战争本身似乎很遥远，甚至没有人们预想的那般激烈。1939 年 11 月，埃塞克斯郡内兹岬附近沃尔顿的一名年轻的办公室工作人员写道[46]：

> 战争爆发近三个月后，人们似乎一致认为"这是一场奇怪的战争"。造成这种看法的原因毫无疑问是现实与他们的预期形成了巨大的反差：人们预想灾难会在毫无预兆的情况下迅速到来，而他们的日子却很无聊，几乎毫无波澜。

事实上，那些留在乡村地区的人们几乎没有感受到战争到来的迹象。即使在东海岸地区，无休止的谣言让人们开始担心轰炸和入侵，但一切仍然"正常"。1940 年春，萨福克郡伍德布里奇附近的霍尔斯利村，一名大众观察的工作人员理查德·皮克顿在一系列报道中说："战争似乎不像人们预计的那样影响到这一带乡村人们的生活。农业活动和园艺活动日益增多。周六的时候，甚至可以看到丰满的家庭主妇们在菜地忙着挖菜。"[47]诺福克郡北海岸的穆里尔·格林写道："乡下似乎没有发生什么值得向大众观察报道的事情。我们没有收到空袭警报，如果没有收音机、报纸和人们的议论，我们根本感受不到(原文为 no no)战争已经爆发。"[48]

在一些地区，驻扎的士兵为人们带来了一些消遣，但他们并不总是受到欢迎。和疏散行动一样，士兵的到来似乎并没有平息城乡之间的敌意，反而加剧了这种敌意。1940 年 7 月，在萨福克郡，军队占领了海岸附近的土地，造成了一些问题。当时一位农民告诉皮克顿："几天前，一个傲慢的小中士，身价不过一先令，走到我跟前，问我在做什么。我可是在自己的地盘上，当时我就告诉了那个小浑蛋我对他的看法。"[49]一年后，在同一地区，人们对士兵在当地驻扎的不满持续发酵，愈演愈烈。[50]

但乡村地区的年轻女性通常欢迎士兵们的到来，这丰富了她们的社交生活。霍尔斯利村的一个农村姑娘告诉皮克顿："前几天晚上，我们在鲍德西和军官们举行了一场非常愉快的聚会。直到凌晨四点，我才睡觉，喝得太多了。"[51]苏格兰和利物浦的应征士兵来到萨福克郡，活跃了乡村舞会，虽然没有像两年后美国人那样引起道德恐慌，但老一辈仍有疑虑。皮克顿写道，"这些士兵受到了商店店主们的欢迎，但除了女孩们，其他人大多都忽视了他们的存在"[52]。

在什罗普郡，英国皇家空军征用农田和农业建筑的行为对农业构成了实际的威胁。据大众观察的一位作家报道，英国皇家空军接管了她表兄的农场，"那些漂亮的农场建筑和房屋……将被夷为平地。如今，家里人都麻木了。我们觉得德国人再坏也不过如此了"[53]。剑桥郡也出现了同样的问题。[54]

> 我叔叔告诉我，雇用他的农场主不得不将自己最好的 150 英亩土地让给空军部，因为他们要在此处建一个紧急降落场。当一个农民被催促翻耕草地种植玉米（第一年无论如何都不会这么做）时，另一个农民却不得不放弃他最好的小麦地，而且地里已种上了来年的庄稼，麦苗都已破土而出，这似乎很不合常理。

然而，与战争期间发生的事情相比，这是一个小问题。到 1944 年，1154.7 万英亩土地（约占英格兰和威尔士土地面积的 20%）受军事控制。其中大部分的土地，约有 976.9 万英亩土地用于作战训练，约 39.1 万英亩土地"完全被军队占领，平民已经搬离了。[55]英国各地都是如此，包括南部丘陵、诺福克郡、约克郡以及林肯郡的部分地区，最著名的是多塞特郡泰纳汉姆村的周边地区，该地区至今仍被军队"占有"，以及德文郡的斯拉普顿沙滩地区，该地区占地 12 万英亩，是最大的一片完全受军队控制的地区。

1939 年的冬天逐渐结束，1940 年的冬天和春天来临，大众观察的许多乡村日记作者提到了翻耕命令，以及第一次战时饲料短缺的问题。翻耕不像看起来那么简单。正如萨塞克斯郡的艾米丽·贝克所言，由于该地区在战前主要经营乳制品，一些农民实际上根本没有犁，而且也没有工人会耕地。因此，该地区不得不雇用工人和借用工具来耕种土地。[56]到 1940 年 3 月，事情已经进展得十分迅速，她写道："最近翻耕了很多土地。以前，我们只能看到 2 块耕地，现在有 7 块……"[57]对奇尔特恩地区的托尼·哈曼来说，翻耕是扩大其耕作范围的手段，他可以将作物种植到以前不允许耕作的土地上。[58]

> 1940 年春末，我们奉命翻耕了"牧羊人农场"中大约 66 英亩的土地，这个农场我们租了好几年了，用作初级放牧 ……之前，农场主拒绝让我们翻耕，但战时农业委员会驳回了他们的反对意见，我们很是高兴。我记得是我自己耕的地……当时天气又湿又冷，已经是暮春了，种什么都太晚了，所以我必须尽快耕完地，这样还来得及种点什么。

托尼·哈曼及其工人们取得的成就令人钦佩。1939 年，生产力有所提高时，英国有 830 万英亩的耕地。到 1945 年，耕地数量已经达到了 1300 万英亩[59]。就粮食生产而言，到 1944 年，小麦产量增加了 90%，土豆产量增加了 87%，蔬菜产量增加了 45%，甜菜产量增加了 19%。粮食产量的增长大部分都要归功于翻耕，翻耕开垦了更多的耕地。正如马丁所指出的，"小麦产量增加 90% 的同时，其种植面积也增加了 92%。同样，土豆产量增加 87%，这是土豆种植面积增加 96% 的直接结果"[60]。在这种情况下，尤其是战争初期，机器仍然起着相对较小的作用，这意味着，和早期的农业革命一样，大部分的增产是因为增加了劳动力。

每英亩土地的产量也有小幅增长。然而，随着战争的推进，产量有下降的趋势，原来的土地因被草覆盖而相对肥沃，如今因耕作而失去了肥力。尽管效果有限，但增加使用的人工肥料在一定程度上抵消了这种下降。在 1939 年至 1945 年期间，钾肥和磷肥的施用量大约翻了一番，而同期，硫酸铵形式的氮肥从 6 万吨增加到 17.2 万吨[61]。尽管如此，农业仍然遭受了损失，因为翻耕只能以牺牲畜牧业为代价。所以，在战争期间，牛肉和小牛肉的产量下降了约 8%，羊肉和羔羊肉的产量下降了 28%，猪肉的产量下降了 65%。而牛奶的产量仍然保持在接近战前的水平，但这也是有代价的，因为当时小农场主的粮食匮乏，所以他们转而生产奶制品。例如，1940 年初，艾米丽·贝克采访了一位 60 岁的老妇人，她有"一家微型养猪场"，但她发现几乎买不到喂养猪和家禽的饲料。[62]

图 12　翻耕。从 1939 年到 1945 年，大约有 500 万英亩的土地用作粮食生产。这是一辆履带式拖拉机，它是新农业的象征，正在清理北安普敦郡一个古老鹿园的最后 16 英亩土地。（经雷丁大学乡村历史中心许可转载）

　　还有些不太明显的变化，但是这些变化对"替代农业"产生了直接作用。在战争期间，英格兰和威尔士的"替代农业"都取得了巨大成功。1939 年 3 月的《农民周刊》就注意到，浆果产业正在发生变化，像覆盆子、醋栗和鹅莓这些易制成果酱的水果被保留下来，而草莓地则被铲平改种了小麦。废弃的果园也被铲除了。东英吉利球茎类蔬菜的产量减少到战前水平的 20%，这已经是维持存量的最低要求了[63]。1939 年，伊夫舍姆谷芦笋的产量减少了 25%，到 1943 年，这一数字达到了50% 以上。1944 年，伊夫舍姆谷的芦笋种植者协会给农业部部长写信，请求在一长片紧挨着的土地上播种，因为芦笋的产量还不到战前水平的三分之一，而且芦笋要长上四年才能成熟。[64]

　　其他方面的变化很小。所有的乡村观察者都指出，即使在战争中期，农业的"命运"仍然是人们谈论的核心话题，而农业生产的季节性保证了人们日常生活几乎没有变化。例如，艾米丽·贝克注意到每年"啤酒花"采摘季的到来和结束。1942 年 10 月，她所在的学校开学较晚，"大多数采摘啤酒花的孩子（原文为 chd.）都回来了，但有些采摘进度落后的没回来。他们得采摘完才能和父母一起领工资"[65]。这些孩子的收入在乡村家庭预算中起着核心作用，一年后，她写道，"那些女孩中，有一个 13 岁的女孩，很活泼，她告诉我，自己在啤酒花园子里赚了 9 英镑。她都交给妈妈买衣服了"[66]。

然而，随着法国和低地国家①逐渐沦陷，战争蔓延到了乡村，至少是东部和南部各郡的乡村，人们再次陷入对入侵的恐惧当中。1940 年 6 月中旬，在诺福克北部，穆里尔·格林写道，一个谣言在村里传开了，大家都说所有沿海地区的人都要撤离，她和她的母亲、姐姐已经收拾好行李了。事实上，她和母亲都想离开。[67]萨福克郡的理查德·皮克顿在给汤姆·哈里森的信中说道[68]：

> 我感觉入侵可能下周就会发生。那时的潮汐正好，军方说从周二以后都有可能会有入侵。……我想你最好明天就把经费寄给我，因为我可能需要带上所有的钱来逃跑。

然而，尽管皮克顿和格林分别在 1940 年 8 月和 1941 年 5 月被征召入伍，但他们都没有在短期内离开。萨塞克斯郡，艾米丽·贝克在五月份收拾好行李准备逃离，但六月初，她决定至少应该让年迈的母亲搬离入侵区。（她们家距海岸大约 10 英里）"比利时公路上难民遇困的消息和我们可能在此处遭到入侵的种种暗示，让我决定试一试，让妈妈去探望什罗普郡的姨妈……我实在无法想象我的母亲成为逃亡的难民。"[69]6 月中旬，余下的伦敦郡议会疏散者"再次被疏散"到康沃尔和威尔士，其他人也纷纷撤离。艾米丽·贝克在日记中写道："没有疏散者的村庄多么空旷。"[70]

与此同时，人们还在担忧，尤其是担忧有伞兵空降，他们在入侵荷兰后，成为了近乎神话般的存在。[71]此外，空袭也开始波及乡村地区。同样地，还是东海岸

---

① 译者注：低地国家旧指荷兰、比利时和卢森堡。

地区受影响最大，虽然大多数在乡村小镇之外的人都没有什么真实的空袭经历。在远离海岸的地区，人们对战争的认知甚至更少。当霍尔斯利面临第一波炸弹袭击和令人恐惧的伞兵时，伍斯特郡的莫尔文城镇似乎是因为"离得太远了，以至于连观察员（原文为 obs）都很难意识到战争仍在进行。……人们日常的交流大部分都是关于水果、花园和天气的"[72]。

然而，随着对城市的轰炸越来越猛烈，新闻简报、新涌入的难民和各种谣言使人们更加恐惧，甚至那些远离袭击的地方也是如此。到了 8 月，伍斯特郡的人们开始担心被入侵，一些人还因为轰炸产生了抑郁情绪。1940 年 9 月，一名观察员记录了一名妇女对广播新闻的看法："真的不想再听了，太让我心烦了。我很紧张，不知道接下来会发生什么，我真的不知道。他们不能再这样下去了，否则就什么都没有了。"[73]在伦敦附近，来自赫特福德郡拉德利特的一名观察员报道，"那里很多人觉得伦敦已经被夷为平地了，一名服务员说：'（伦敦）被钉在了十字架上。'"[74]萨塞克斯郡的艾米丽·贝克的经历比大多数人都要多，因为伯沃什就位于直飞伦敦的航线上。从 8 月初开始，起初是白天，然后是晚上，几乎每天都有轰炸机飞过，而且不可避免地每天都有一些炸弹造成小规模的人员伤亡。到了 12 月，她几乎不再评论了，除了一些不同寻常的夜晚，如 12 月 14 日，"飞机源源不断地飞来——可怜的伦敦"[75]。

但是，对于大多数人而言，"假战争"①的结束和闪电战并不代表战争发生了巨大的变化，而是人们开始适应战争，无论是在乡村还是在城镇地区，许多人都意识到这是一个漫长的过程。战前农业社会和耕作方式的变化也许没有通俗历史和战时宣传所营造的那么明显。事实上，大部分的日常农活仍然依赖于马匹，但是马匹严重短缺。在战争初期，优质马匹的价格大幅上涨。[76]同样，联合收割机也很短缺。虽然可以用拖拉机牵引割捆机收割庄稼，但是堆积、装卸和搬运等大量的工作仍依靠人力。劳动生产率的巨大提高是因为劳动力增加、劳动强度变大，但工资却没有增加多少，这种情况在英国历史上并不是首例。就连开拖拉机也好

---

① 译者注：指在第二次世界大战初期，从 1939 年 9 月德军进攻波兰开始到 1940 年 5 月德国真正进攻法国之间，西线战场上几乎没有发生任何实际军事冲突。德军和英法联军在西线对峙，双方几乎没有发生战斗，德国称之为"静坐战"，而西方则称之为"假战争"。

不到哪里去，除非你开的时间更长。亨廷顿郡一位工人回忆道：[77]

我每天早上 5 点开始工作……一直干到天黑。我一直开着拖拉机耕地，直到我几乎看不见拖拉机的机头。晚上 8 点半之后，我还一直在耕地，有时停下来也只是为了加煤油、方便一下、喝茶或调整犁具。我边吃三明治边耕地，因此，在大约 14 个小时的耕地时间里，我用了 30 加仑煤油，耕了 10 英亩土地。日复一日地耕地，所以秋耕我只用了 3 周就耕了大约 200 英亩的地。

工资委员会（Wages Boards）所实行的国家调控显然也没有完全消除地区差异。例如，在 1943 年规定每周 60 先令的全国最低工资标准之前，威尔士（一直以来的低工资地区）工人的收入仍远远低于林肯郡工人的收入。此外，在以家庭劳动力为基础、劳动力较少，以及因地理条件而难以耕作的地区，人们的总收入（包括加班费和奖金）比规定的最低收入仍少很多。因此，威尔士的劳动力需求相对较小，工资也相对较低。1943 年，威尔士农场工人的平均周薪约为 68 先令 11 便士，而东英吉利的平均周薪为 73 先令 11 便士。[78]

在英格兰北部和威尔士部分地区，有些地方仍旧保持着传统的雇佣方式。整个战争期间，坎布里亚郡一年一度的雇佣大会和招聘会并未间断。1939 年圣马丁节招聘会期间，《农民周刊》报道说，工资大幅上涨，特别是 16—18 岁、免于服兵役的"小伙子"，他们的年薪要求是 28 英镑。[79]1942 年，卡莱尔的圣灵降临节招聘会期间，同一群体的年薪涨到了 55 英镑，尽管这次集会"男性很少，没有女性"[80]。但那时卡莱尔招聘会已经过时了。考恩斯指出，东赖丁大型招聘集会在 20 世纪 30 年代的萧条岁月中已经不再是工资谈判的场所。[81]理查德·安东尼认为，即使在苏格兰低地和边境地区，这种制度在战前就已经终结了。[82]对于找工作的大多数人而言，这场战争敲响了招聘集会的丧钟。

然而，农场劳动力产生了巨大变革。正如我们所见，其中最明显的变化是土地上再次出现女性的身影。妇女土地军成立于农业部 1938 年 4 月召开的一次会议上，当时会议决定成立一个妇女分部，由丹曼夫人担任负责人，她曾在第一次世界大战期间成立的类似委员会任职。尽管规划超前，但直到 1939 年 7 月，农业部才最终接受了丹曼的提议，将其位于萨塞克斯郡巴尔科姆的房子作为妇女土地军的全国总部。在整个战争期间，这个完全由女性员工管理的总部一直是妇女土地军的核心部门。[83]

丹曼最初的麻烦都源自农业部的偏见。但至少一开始，农场主和农场工人更加反对女性在地里干农活。虽然战争爆发时，有 1.7 万名女性加入妇女土地军，但到 1939 年 11 月只有 1000 人留下来，到 1940 年春仅招募到 6000 人——而且大多数都在南部各郡。[84]1939 年 12 月，一名来自利兹市的妇女土地军志愿者写道，她在约克郡找不到工作，并且"郡里我所在的这片区域，农场主似乎不太支持我们"[85]。农场工人也是如此。1939 年 7 月《农业工人报》的社论中写道，"尊敬的某夫人、某女士和别的什么女伯爵都准备大展拳脚。妇女土地军来了，她们都干回了原来的工作，即发号施令和确保农场主们找到解决劳动力短缺问题的方法，且不必支付更高的薪资"[86]。

到了农场，妇女土地军中的大部分城市女性发现，偏见不会轻易消失：[87]

> 我们被送到西布罗姆维奇附近的一个农场。在那里，我们碰到了真正出乎意料的事情，那些农场的老工人特别恨我们，千方百计给我们制造麻烦，还认为我们会在他们儿子不在的时候抢走他们的工作……

但最终，偏见消失了。被卷入这场战争的人比第一次世界大战时多得多，1942 年对女性的全面征召使得社会群体更认可女性的工作。更重要的是，到战争中期，人们已经清楚地认识到，女性的工作不仅对农业来说至关重要，而且大多数女性很擅长干农活。萨迪·沃德引用了伊利岛一位农民描述的"他的"土地女孩所做的工作：[88]

1. 赶粪车等。
2. 骑马跟在条播机后面耙地。
3. 将稻草装到垃圾车上。
4. 装玉米时撑着麻袋。

5. 切麦秸时，将秸秆推到送料机上。

6. 脱粒时将谷壳取走。

7. 种了很多甜菜，每英亩总能挣到 2 英镑，甚至略多一些。

8. 擅长种植饲料甜菜。

此外还有开拖拉机、犁地、植树、挤奶、放羊、养猪、养鸡、用茅草盖屋顶、修剪树篱和挖沟渠。战争结束时，农场里没有什么农活是妇女土地军没干过的，而且所有工作的工资都是男性的一半，外加食宿。

对于那些加入妇女土地军的人来说，该组织改变了她们的生活。1941 年 3 月，20 岁的穆里尔·格林认为她将会成为第一批应征入伍的女性，于是自愿加入了女子花园协会（the Women's Garden Association），该协会安排女工接替大宅邸和果蔬农场中应征入伍园丁的工作。她很快喜欢上了这份工作，早在 4 月份，她就在日记中写道："整天都在做园艺，我喜欢它，我简直不敢相信。"[89]尽管她对自己的园艺技能越来越感到自豪，但这不仅是一份工作，她还认识到了自己所做工作的重要性。"我必须要说，在这里做土地女孩真是太棒了。每个人，尤其是士兵，都把我们当成英雄。村民对我们除了敬佩还是敬佩，特别是在寒冷的天气里。"[90]

但这项工作并不简单。在写下这篇日记的几周后，她又写道："严寒。工作难以忍受。我还要坚持多少个冬天？"[91]在随后的一年里，她从早上七点到晚上六点都在挖地，这让她写道："我从未后悔离开家，但有时我后悔成为一名园丁……一想到还要再花几年时间挖土，夏季挖 52 小时，冬季挖 48 小时，拿着最低的农业工资，我就很沮丧。"[92]但总的来说，她得到了很好的回报。1942 年 6 月，她被指派负责"自己的"温室，在里面种植西红柿。1943 年初，她将自己当作一名园丁，并参加了妇女土地和花园协会（the Women's Land and Garden Association）的英格兰西部地区会议。在会议上，令她惊讶的是，她发现自己赞同一位发言者的观点，即"即使需要优先考虑从部队退伍的士兵的工作问题，但也不能排挤农场和园艺领域里的女性"[93]1943 年，她和姐姐在萨默塞特郡一家战时旅馆内建了个花园。花园非常成功，似乎还改变了她们的生活。1943 年 9 月，她在诺福克郡的家中度假时写道："我现在确信，无忧无虑的战前岁月一去不复返了。对我来说，家也不是原来的家了。……我想我再也不能像原来一样定居在这个村子里了。"一周后，她又说："我期待回去工作。我不能否认，我的工作和宿舍比我的家更有吸引力。"[94]

图 13　乡间的人民战争(People's War)。这张摆好姿势且迷人的照片拍摄于多塞特郡的诺尔教堂农场培训中心(the Church Knowle Farm Training Centre)，来自伦敦的妇女土地军成员正在学习挤奶。现实往往比这更艰难，如果没有女人们的工作，农业面临的劳动力短缺将是致命的。(经雷丁大学乡村历史中心许可转载)

　　由于战争需要，其他群体也加入了农业劳动力大军。和第一次世界大战时一样，学生们承担了重要的任务，尤其是在各种作物的收获上，但是这次参与的人数更多，组织得也更好。爱德华·麦克凯纳因身体不适合服役，在农场工作，1941 年，他在为大众观察组织所写的日记中记录道："我们本来要和沃尔弗顿中学的 16 个男孩一起去挖土豆，但是因为下雨就推迟了。"两天后，男孩们终于来了，但是，他写道："我觉得他们太小了，不适合做这种工作。他们大多数在 12 到 14 岁之间，只想着玩。"三天后，来自附近村庄的女人们和两名农场工人的妻子接替了男孩们的工作，工作才得以完成。[95]随着战争的推进，人们为学生和城镇工人建立了"农场营地"，为的是将乡村假期和有用的农活结合起来。到 1943 年，全英国有超过 1335 个营地，6.3 万名儿童参与其中。"帮帮忙种地"(Lend a Hand on the Land)计划从非农业领域和城市地区招募成年人。到 1943 年，这个带薪休假计划吸引了 2 万名志愿者，他们在 25 个郡设置了 160 个成人营地工作，同时还有 7 万至 8 万名志愿者居家工作。[96]

但更引人注目的是，乡村生活的其他方面在很大程度上并未因战争而改变，所以在一定程度上，有些描述中的乡村生活看起来不像是 1943 年，而更像是 1916 年。虽然在战争期间，大约有 30 万栋乡村建筑[97]被各政府部门、医院、博物馆和学校征用，但精英阶层的生活很大程度上仍未受影响。例如，在战争期间，许多地区仍在猎狐。大众观察最有趣的战争日记之一来自卡罗琳·黑格的记录，她是一位退休高级军官的妻子，住在北牛津郡的乡村。每年初夏，她和家人都去苏格兰钓鱼，而在秋冬时节，她的丈夫会去打猎。1943 年至 1944 年的冬天，她的两个儿子，虽然当时都在军队里，但周末会经常回家，并和比斯特、沃登山以及海斯洛普狩猎队一起打猎。从各方面来看，他们都不像"人民的军队"，而更像萨松①的军队。[98]

虽然卡罗琳·黑格及其同龄人的社交生活没有战前那么盛大，但似乎也没什么变化。他们定期去伦敦游玩，住在克拉里奇酒店，那里的"食物很美味，所有的一切都很漂亮"[99]。还有一点，虽然不太明显但更重要，她和家人在某种程度上仍是一个独立的阶层，不曾受到"人民战争"这一概念的任何影响。他们只和郡内小圈子里的人家交往，在全国范围内交往的圈子大些，但都是按阶级仔细选择的。他们继续去观看伊顿公学和哈罗公学的比赛，并为其侄子在伊顿公学获得胜利感到高兴。他们定期参加圣公会的宗教活动，继续表演贝格霍特②所说的"尊崇仪式"，不受战争或民主的影响。即使他们与"人民"接触，也是在精心安排的传统框架内进行。我认为从某种意义上说，战争改变了精英阶层的态度，但就本质来说，社会关系仍是"传统的"，我在下文中将谈到这点。例如，1944 年的秋天，当卡罗琳·黑格儿子在军中的仆人的妻子必须住院时，她将其护在自己的羽翼之下。[100]同样，在 1944 年，像庄园里几代女性所做的那样，她对乡村道德败坏这个

---

① 译者注：西格夫里·萨松（Siegfried Sassoon，1886—1967）是英国诗人和小说家，以其反战诗歌和虚构的自传而闻名，这些自传因其对英国乡村生活的描绘而备受赞誉。其诗作描绘了战争中的恐惧和空虚，代表作《于我，过去、现在以及未来》中包含名句"心有猛虎，细嗅蔷薇"。

② 译者注：贝格霍特是银行家、散文家和《经济学人》编辑。

"由来已久"的问题作出了回应。"我对村里有许多女孩生下私生子感到非常痛心，据人们所知，这些孩子的父亲都是美国人。"[101]

在其他地区，传统社会关系仍然存在。农村地区的国民自卫军（the Home Guard）与汤姆·温特林厄姆的"人民军队"相去甚远。1940 年 8 月，在伍斯特郡的一个村子里，一名小组成员写道：[102]

> 这里的人没有人民战争的概念……他们觉得军官们不信任他们，不给他们任何弹药……他们的内心充斥着怀疑、抱怨和无用感。

同样，一位好战的萨塞克斯郡市场蔬果园园主，也是一名"一战"老兵，在日记中喋喋不休地抱怨给他下"命令"的国民自卫军军官，抱怨他们的势利和军事才能的匮乏。[103]

这些战前的观点持续存在，而且确实至少引起了一些人的质疑和评论。1941 年 2 月，艾米丽·贝克在其日记中写道："他们说要淘汰农场工人，还说要耕种更多的土地，真是疯了。但当地报纸上刊登了一则招聘女仆的广告，这是一个'有着 13 个室内仆人的四口之家'，她们的工作是除草。"[104]同样，获取食物，尤其是野味的机会不平等是导致愤怒和冲突的根源。爱德华·麦克凯纳在其日记中写下了一位同事所说的话："你会听到有人说我们的配给是一样的，但其实不是。他们（老板和他的父亲）随时都可以拿着枪穿过田野，抓几只兔子，但我们这样的人却不能这么干（原文如此）。"[105]在萨塞克斯郡，战争似乎并未改变人们对狩猎法的传统看法。[106]

> 人们又说起兔子造成的破坏，还有野鸡问题。我的邻居数了数，有 32 只。冬天打猎时节，他会（原文是 cd）……看到邻居们故意只打公鸡。而农民必须耕地播种……他偷偷地吃了好几只野鸡。

农村地区的这些传统冲突只是问题之一。虽然从 20 世纪 30 年代中期就开始计划粮食配给，但直到 1940 年 1 月才真正开始实行，当时的配给制度是对全体人口实行"统一的"人均配给。每人分配相等份额的培根、火腿、黄油和糖。1940 年 3 月，肉类也实行了配给制，7 月，配给制扩大到茶、人造黄油和食用油。最终，到 1941 年，果酱和奶酪也开始实行配给制。[107]此外，从 1941 年底开始，其他食品，如糖果、罐头和加工食品，也逐步实行积分配给制度，消费者可以用自己的配给积分"购买"不同种类的紧缺食品。[108]最后，有一类食品，通常是奢侈品，却始终"不实行配给制"，比如说餐厅菜肴，这在整个战争时期都是一个问题。

配给制的实行产生了更多问题，人们普遍认为富人从配给制中获得的好处比穷人多。1941 年初，伍斯特郡一个村庄里的观察员写道：[109]

> 粮食短缺的一部分原因是村里的物资分配不均。当住在乡间大宅里的人很容易就获得正常的农产品供应时……村民们只有作为农场工人的收入，他们受到了歧视。

尽管存在这些问题，但大众观察的大多数作者都认为战争期间乡村地区的食物更好，这也是城市居民不满的更深层次的原因。1942 年、1943 年和 1945 年关于配给的大众观察指令显示，乡村居民也认为自己的生活相对较好。例如，1942 年萨默塞特郡的报告中就不断提到花园和配给：[110]

> 与我所知的其他地区相比，这里的粮食状况是相当不错的。主要是因为惠灵顿地处繁荣的农业区中心，大多数人都能用自家花园里的农产品和直接从乡下买来的东西来补充配给量。

对于那些真正务农或者与农场社区关系密切的人来说，情况就"更好"了。莱斯特郡一位小奶农的儿子在回复同一指令时写道：[111]

> 这里的大多数农民都会自制一些黄油来解决自己的配给问题。有些人把自己的猪杀掉，因此熏肉配给对他们来说不是问题。人们不常吃罐头食品。他们随时都能吃到自家产的鸡蛋，喝到自家的牛奶……在这里兔子是

有害动物，所以人人都能吃到……这里有成吨的马铃薯，农民们都在竭力出售，却没卖出去。直到面包实行配给制，该地区的食品供给才会成为热议话题。

也许正是因为这些原因，1942年至1943年，62%的乡村居民"赞成"配给制度，而城市居民中只有53%的人投赞成票。[112]

很难确定这种食品供应方式是如何从简单的邻里互助变成非法"黑市"交易的。在战争期间，大多数诉讼案件都与非法销售食品有关，其中零售商的非法行为尤为突出。这些非法行为大多涉及售卖非法屠宰的肉类。早在1940年9月，食品部长就指出："肉类是唯一一种持续规避配给制度的商品。"[113]事实上也确实存在问题。"合法"屠宰场的数量从1939年的1.6万家锐减至1941年的600家。对此，约翰·马丁说：[114]

毫无疑问，会有人偶尔在无证经营的场所屠宰牲畜，但这种事件实际发生的可能性比当代民间传说中的要低得多。战时农业委员会密切监控牲畜的存栏数，一旦发生牲畜消失不见或产肉率低于预期的情况，他们就会展开调查。动物饲料配给量与农场售卖直接挂钩，这样最大限度地减少了黑市交易的机会。

然而，仍有一些问题存在。许多乡村商店没有足够的存货，而且由于设备欠缺，配给和登记等工作也难以妥善处理。在科尔切斯特郡附近村庄的一位观察员描述道："商店里一团糟，表格、配给等所有战时的复杂问题让他们逐渐崩溃。"[115]更普遍的是与水果等"奢侈"食品有关的问题，但最为严重的是，鲜肉问题在城市地区似乎陷入了无解之境。1942年，德文郡南部的一位小组成员写道："鲜肉是最难解决的问题。"[116]格洛斯郡和其他许多郡都面临着同样的情况。这一问题还蔓延到了一些更大的乡村城镇，1940年12月，来自伍斯特郡的居民回复说，"几乎已经有一周没吃肉了"。到了1941年的第一周，同样的问题又出现了。[117]其他的回复还提到了糖果、蛋糕和罐头食品短缺的问题。[118]

随着战争的推进，人们对土地和农业的态度似乎发生了微妙的变化。围绕"前线厨房"①(Kitchen Front) 和"为胜利而挖地"②(Dig for Victory) 的战时宣传，加上配给制的需要和粮食进口的减少，甚至城市平民都意识到了英国一直都在依赖其自产食品。1942 年 9 月，大众观察组织发布一项指令，询问战后应如何应对农业问题。对这条指令的回复显示了人们对农业的高度认识，以及对乡村的担忧，这显然是可预见的。然而，必须指出的是，鉴于一些战时活动强调乡村的田园风光是"我们"为之奋斗的目标，人们对"英格兰乡村"几乎没有想象中的那种多愁善感。[119]

许多人对这一指令的回复都源于这样一种感觉，即农业在战前地位极低。例如，一位来自兰开夏郡城镇的小组成员写道："决不能让农业陷入战前的境地。"[120] 由于这种感觉，人们普遍认为战时的控制和补贴政策在战后仍应继续实施，这种观点在很大程度上预示着战后政府的政策。同样，可能更可预见的是，人们对战后(和战前) 保护措施和城市规划的很多担忧不断得到成员的回应。一位来自纽卡斯尔的女士回复道:[121]

> 当然，必须精心规划城市和农村的便利设施。可以让国民信托基金会(the National Trust) 合并或吸收类似组织，并管理所有希望作为国家纪念碑保护起来的土地。英格兰的整个海岸线……以及湖区和斯诺登尼亚都应由其负责。

具体来说，一位来自斯温登的男性的回复代表了许多人的看法："不应该再允许投机建筑商在不考虑人们需求的情况下进一步侵占土地了。"[122]

但有些人(尽管是少数) 对农业和政府政策的方方面面都持批评态度。考虑"未来"会出现的问题，人们对"环境"因素有高度的认识。什罗普郡奥斯沃斯特里

---

① 译者注：亦译为"厨房前线"，BBC"二战"时一档火爆的节目，每日播送，由著名主持人斯图尔特·彼得·布罗迪主持，节目发布了许多菜单和建议，指导人们如何使用配给食材制作简单美味而不失营养的食物。

② 译者注：1940 年英国农业部发起的一场宣传活动，鼓励英国人拿起铲子，耕种他们能找到的任何土地，当时的英国人将每一块粗糙的土地或后花园都变成了微型农场。

的一位职员写道：[123]

> 我希望我们的农民，然后我们的政府部门，以及我们所有的人都能认识到，把土壤当作种植媒介是荒唐的。这种想法导致我们形成一种观念，那就是我们只需要通过实验方法发现每种作物的生长需要什么，然后在土壤中添加化学物质就可以了。

也许令人惊奇的是，很多人都熟谙一些特别具体的提议，尤其是弗兰克·斯泰普顿爵士的提议，他的"轮作草地"主张与战前的"有机"运动和战后土壤协会（the Soil Association）的发展都有密切联系。[124]

有趣的是，"回归土地"和土地国有化这些"旧"主张在很大程度上仍然是一股强大的潮流，直接与战后规划背道而驰。即使土地国有化这一主张是 1944 年工党大会（the Labour Party Conference）通过的"雷丁"决议的一部分。[125]一位来自萨默塞特的小组成员，他自称是一个农户家庭中唯一不从事农业工作的人，代表许多人写道："土地应该国有化，只给现在的所有者少量的补偿，而且国家应该以合理的租金将农场租给现在的使用者。"[126]对其他人来说，土地国有化只是整个过程的一部分。普利茅斯的一位男子认为，土地国有化将有助于"阻止城镇和工业在我们的良（原文如此）田上扩张，维持农业委员会（并鼓励）小农场集约化耕作，这样可以吸收更多的劳动力"[127]。对于一位来自诺福克郡谢林汉姆的女性来说，这一切都具有深刻的个人意义。她说，"我希望战后政府能为我和丈夫安排一座农场"[128]。

1942 年 8 月，关于乡村地区土地利用的《斯科特报告》（Scott Report）发表，围绕该报告展开的辩论可能对这些回应产生了影响，当然也为这些回应提供了借鉴。[129]农业委员会被要求负责处理乡村地区的建设和规划问题，这与"维持农业……使农村地区人民安享幸福生活以及保护农村地区设施"密切相关。[130]虽然首席大法官斯科特看起来是一个农村保守派，深受英国传统和乡村主义的影响，但委员会副主席、地理学家 L. 达德利·斯坦普却并非如此。马特莱斯认为他的影响十分重大。[131]

　　《经济学人》评论称，斯坦普才是主导人，因此《斯科特报告》被称为《斯坦普报告》可能更合适。斯坦普将这份报告称为"乡村新宪章"，并倡导将"繁荣进步的农业"作为中央规划局（the Central Planning Authority）领导下的"国家财产"的基石。

斯科特和斯坦普将战时模式视为未来的基础。他们认为，战时农业委员会监管的乡村已经"摆脱了被忽视的氛围"，"呈现出繁忙且繁荣的景象"。政府的干预措施让农民获得了合理的收益，稳定了农产品价格，使农场工人有了基本生活工资和工作保障，城镇居民也得到了更多的粮食。[132]事实上，虽然斯科特没有就这些问题直接提出建议（这超出了农业委员会的职责范围），但很明显，他和委员会都认为战时规划应该为战后农业奠定基础。[133]

　　斯科特更为关注的是作为休闲场所及居住场所的乡村，以及决定乡村性质的规划问题。在这一点上，尽管其言论大多是关于英格兰腹地的，但其实斯科特（或者斯坦普）的愿景与英格兰乡村保护委员会战前领导的进步乡村主义完全一致。规划是必要的——事实上，报告以"英国五年规划"作为结尾——规划从分区制开始，即在战争结束后一年内，以规划为目的将土地进行分区。分区制将"覆盖全国的城乡规划方案"。但这只是第一步，接下来将全面"重建"英格兰乡村以及城乡关系。[134]

　　但《斯科特报告》不仅仅是一份规划报告，它还是一份针对乡村的《贝弗里奇报告》。与《贝弗里奇报告》一样，该报告立足于 20 世纪 20 至 30 年代的艰难岁月和"新自由主义"政治；同样，它也有一个新英国愿景。报告的第二页展示了一幅传统的、甚至是田园诗般的英国乡村图景，并写道："但我们不希望乡村的美好图景背后隐藏着许多人类的贫困和苦难。"[135]在五年规划中，除了控制城市建设外，政府还将建设新城镇，为农村工人提供适当的住房，重建那些有社区中心和学校的村庄，同时为乡村地区提供电力、煤气和自来水。对国家（以及旅行者）来说，需要建立国家公园和自然保护区，为那些去探寻英格兰乡村的人提供有路标的人行步道、明确的通行权和旅馆。[136]《斯科特报告》对战后英格兰和威尔士乡村的塑造如同《贝弗里奇报告》对福利国家的塑造一样。

然而在1942年至1943年，这一切似乎还遥不可及，一些乡村地区的文章表现出了一种普遍的疲惫感。露丝·查尔德是一名大学毕业生，在彼得伯勒附近的一个家禽养殖场为妇女土地军工作，她于1942年写道：[137]

> 今天天气非常好，但似乎没什么用。战争第一年，就算我疲惫不堪、苦不堪言，乡村的美景还是让我激动不已，但现在那种感觉消失殆尽了。那一年，我的感情非常强烈，但是现在，我的感情如一潭死水般沉寂。一种空洞的、听之任之的平静。

造成这种情况的原因有很多，且城市和乡村都一样。盟军的战役似乎进展缓慢，甚至在入侵北非之后，人们自1939年以来第一次听见教堂的钟声响起。损失不断增加，而在国内，简单而无聊的"紧缩形势"和让人烦躁的配给制让许多人疲惫不堪。

1944年初，富裕且平日里热情洋溢的"庄园夫人"卡罗琳·黑格在谈到她的侄女时写道："艾琳今天早上去参加活动了。我可以看出这些女孩是多么渴望一些乐趣和乐事，感觉她们的青春年华太短暂了。"[138]除了这些，还有流弹带来的近乎随意的恐怖。1943年8月初，在萨塞克斯郡伯沃什附近，一枚被抛弃的反步兵炸弹夺去了"一个孩子的生命，他是小农户的儿子，当时正骑着自行车去上班"[139]。很多人一直在担心参军的家人，尤其是他们中很多人已经经历过一次了。卡罗琳·黑格得知儿子在诺曼底后写道："从我在上次战争（1915年1月）期间给在法国的丈夫写信后，到如今已经过去了29年多了，不知道未来如何是多么令人解脱啊！"[140]

不过，对一些人来说，战时的"混乱"为他们创造了流动的机会，而农村人，尤其是妇女，在战前鲜少拥有这样的机会。至少战时的工作需求吸引年轻女性从传统职业中抽离，艾米丽·贝克对此感到非常高兴，因为她的女学生们终于有机会做女佣以外的一些工作了。[141]

其他人则因战争而成为乡村居民——最明显的是那些因身体状况而不适合服兵役或出于道义而拒服兵役的人，他们应征加入土地耕作。爱德华·麦克凯纳离开剑桥，来到田间工作，然后加入林业委员会，成为一名林务员，因为他更喜欢户外生活，而不是图书馆管理员的临时工作，尽管这份工作是"获得正式认可的"。[142] 其他人也有同样的感受。1941 年，一份来自肯特郡的大众观察组织的报告描述了"新"战时撤离者：[143]

> 这些人中的大多数和一些"老手"现在都想留在乡下，或者战后想去乡下生活……一些伦敦人对乡村重新提起了兴趣，妇女和儿童比男人对乡村更感兴趣。

1945 年，艾米丽·贝克在其日记中写道，大量退伍军官在寻找农场，要求"占地约 90 英亩，有宽敞、方便、舒适的房子。和上次战后一样，战争和军队生活让他们渴望户外生活"[144]。

然而，并非所有人都这样想。关于 1941 年那次撤离，同一篇报道记录了一位妇女的遭遇，她与许多城市居民，尤其是与疏散人员的遭遇如出一辙。"她非常明确地表示，无论是现在还是战后，她都不愿意住在乡下。……'没有太多的事情可做，而且这里太安静、太孤独了，我不喜欢。'"[145] J. B. 格里森是伦敦的一名和平主义邮递员，1941 年应征加入务农大军。起初，他发现很难找到活干，因为"大多数农场不雇佣拒服兵役者"[146]。但 1941 年 4 月，他在康沃尔郡西卢港附近的一个农场找到了工作。那份工作并不像他想象的那样轻松，但也有好处：[147]

> 努力工作。大约两个小时后，我腰酸背痛……身上起了几个水疱，身体也隐隐作痛，但我并不反感这份工作。这里有一种自由感和令人愉悦的宁静，与城市和办公室生活形成鲜明对比，不失为一件好事。

格里森一直在这片土地上工作到战争结束，但他从未真正喜欢过这份工作，牛津的另一位出于道义而拒服兵役者也是如此。"这份做市场园艺果蔬农的工作我还可以接受，但如果能换个完全不同的工作，我会很高兴的。在某种程度上，这份工作健康且有趣，但也有很多单调乏味的苦差事。"[148] 相反，另一名在柴郡当住场农场仆工的"应征者"写道："我喜欢我的工作，并热衷于学习我所能学到的一切。如果不是因为战争，我永远不能从事农场工作，而且很可能只能领取救济金。"[149]

即使在某些情况下，一个人的处境看似没有因为战争发生什么明显的变化，但往往会在一些重要方面隐藏着重大变化。例如，卡罗琳·黑格在整个战争期间都住在同一所房子里，正如我们所看到的，她在很大程度上保留了战前生活的某些方面。然而，其中也有变化。最重要的是，她根据战时需要调整了战前的"女富豪"模式，并将和平时期在当地慈善工作和组织中使用的技能和发挥的作用转移到了战时的志愿工作中。1943 年夏天，她参与了战争储蓄(the War Savings)、妇女协会、妇女志愿服务(the Women's Voluntary Service)以及英国国教的工作。她是妇女土地军在当地的联络人和组织者，是入侵委员会(the Invasion Committee)和救助委员会(the Salvage Committee)的成员，并在她所在村庄的儿童保健诊所(the Child Health Clinic)工作。此外，她还贡献了一部分自己的房子，当作空袭急救站，并经常参与组织诸如"胜利之翼"等"非常规性"运动，同时她还继续承担大量的个人"教区探访"工作。与其他人一样，她也将自己的大众观察日记当作战争的一部分。[150]

虽然从某种意义上说，她的作品只是延续了战前的阶级和性别要求，但至少在战争持续期间，她看到了自己在工作中的不同感受。1945 年 8 月，她在日记中回顾了战争期间的经历，颇为怀念，她写道：[151]

> 我无法考虑换种生活，我想我也没什么选择。(我的朋友说)如果能摆脱那些可怕的工作，她就谢天谢地了——但我想如果没有工作，我的生活会怎样？我能用什么来代替它们呢？生活将会多么空虚。

随着战争接近尾声，V1 型轰炸机又出现在英格兰南部，暴力再次降临。像肯特郡和萨塞克斯郡威尔德这样的地区，以前除了零星的流弹外一直很安全，但现在那里的人们发现自己受到了严重威胁，要么是被误投的"涂鸦弹"①击中，要么是它

---

① 译者注：1944 年 6 月，德国开始用 V1 飞行炸弹轰炸伦敦。英国人称这些 V1 为"涂鸦弹"。涂鸦弹是一种带有自动驾驶仪和截断装置的小型无人驾驶飞机，也就是我们现在所说的巡航导弹。

们在飞往伦敦的途中被迫降落在这里。1944 年夏天，新一轮"撤离"开始了，这次是从农村地区撤离。艾米丽·贝克在日记中写道："伯沃什的牧师把他的孩子们送走了。工人阶级的孩子们(也许部分原因是缺乏机会)正昂首挺胸镇定地面对这一切——'国家领袖们'却溜之大吉。"[152]7 月，东萨塞克斯郡教育委员会(the East Sussex County Education Committee)发出指示，"登记所有无人陪伴的学童，以便撤离"。教师和家长们都对此表示反对。但一些人去了威尔士南部地区，12 月才回来。[153]7 月底，邻村的学校被关闭，直到避难所建立；8 月 6 日，根据委员会的指示，其余所有学校都被关闭。[154]与此同时，一些避难所已经建成了，许多村民已经安装好了自己的"莫里森避难所"①，但农村地区出现了前所未有的真正担忧。"无论你走到哪里，所有人都在谈论涂鸦弹。诺曼底还没有开战，只能谈论涂鸦弹，有些人甚至不愿意走出避难所能庇护的范围。"[155]不过，这种威胁的持续时间相对较短。9 月 6 日，艾米丽·贝克所在的学校开学了，但 76 名学生中只有 25 名到校。这次的问题不是"涂鸦弹"，而是因为晚到的撤离。[156]

在安格斯·考尔德的权威著作出版之后，很多历史学家称第二次世界大战为"人民战争"，强调共同的苦难和胜利。[157]农村地区在某些方面与该观点一致，但在另一些方面并非如此。农村地区与城镇地区对于撤离和配给制的感受不同，这可能会突出城乡经历的差异而非相似之处，并可能会导致人们普遍相信"乡村在战争期间过得还不错"。尽管有这种感觉，但人们对农业问题普遍表示同情，甚至在城市地区，人们也认为战后需要保护农业。同样，人们也强烈地认为乡村需要保护，甚至需要在政府的支持下通过"国家公园"和精心规划来"重建"乡村。战争还带来了一些新的机遇，尤其是对于年轻女性来说，她们可以离开乡村生活，转而从事一些有回报的职业。反之，战争也促使其他人从城镇迁往乡村，但结果并不总是那么令人满意。要量化这些变化并不容易，但变化肯定是存在的，乡村生活可能消解了由其他的一些战时变化导致的城乡分化加剧的趋势。与乡村的接触无疑会促使一些人渴望生活在乡村，更多的人将乡村地区视为战后的休闲场所。

———————————

① 译者注："二战"中英国人使用的一种家用室内避难所，它基本上是一个钢笼子，能容纳 4 个人，官方称之为"餐桌避难所"，但人们习惯以内政部长赫伯特·莫里森的名字给它命名。

然而，在这之中也存在着连续性。农业生产可以改变，正如实际已经改变的那样，但它也很难改变。不那么明显的是，农村地区的阶级结构甚至更牢固，而且当时的人认为传统角色和阶级划分在城镇受到威胁，尤其是在战争初期，但在农村地区，这似乎依然不是什么问题。

这很大程度上在 1945 年的大选中得到了证实。和其他地区一样，在乡村地区，人们开始转而支持工党。然而，除东英吉利等少数地区外，工党在乡村的支持率远不如在城镇。有趣的是，工党在大众观察组织的东南部根据地取得了重大进展。[158]在选举结果公布当天，卡罗琳·黑格从布莱顿返回牛津郡，她确信保守党必胜无疑。事实上，"她的"席位是保守党的，但她"2 点打开无线收音机时，令人震惊的是，工党领先了很多……工党占压倒多数，很多内阁部长落选"[159]。在其他地区，即使工党没有获胜，乡村地区也发出了不同的声音，这在某种程度上或许归功于战争。尽管近期的许多史学著作淡化了 1945 年选举结果"戏剧性的"一面，但很显然，许多大众观察的作者感受是不一样的。仍住在萨默塞特战时宿舍的穆里尔·格林在对日战争胜利日（VJ Day）写下的文字代表了他们的心声。[160]

终于，终于！我们等待了近六年之久的日子终于到来了。新时代已经到来，幸存者和年轻人有责任让这一切不再重演。新的人民议会已经开幕，世界已经准备好迎接更美好的事物。

8

"拖拉机加化肥"：农业与农耕，1945—1990 年

第二次世界大战落幕时，英国农业在公众心目中占据着很高的地位。人们普遍认为，战时农业生产所带来的巨大变革(上一章已经讨论过)使英国人得以免受饥饿之苦。这种观点早在 1942 年人们答复大众观察组织"战后问题"的指令时便初见端倪，这些答复显示民众强烈支持农业，他们坚持认为政府应继续扶持农业，以此公平补偿其在战时做出的牺牲。令人惊讶的是，城市居民对农业的支持程度竟超越了农村居民，他们对农业的批评也相对较少。例如，一位来自奇斯威克的社会工作者写道："我们决不能(原文如此)再让农业衰退到战前的水平。"[1] 上一章提及的一位生活在郊区的家庭主妇写道："农民已经为国家竭尽全力，我们决不能让他们再次陷入贫穷与困境。"[2] 与此不同的是，出生在农村的穆里尔·格林(上一章提到过她在地里劳作的经历)则更加强调农村生活的艰辛："农业工人，特别是女性，尽管工作时间比工厂工人还长，但获得的报酬却远不及他们。这是一份需要熟练技巧的工作，绝非傻瓜所能胜任。"[3] 爱德华·麦克凯纳在白金汉郡务农，他也强调了农业工作的艰辛，并结合自己的经历指出战时的农业改革还不够深入，他认为，"翻耕政策的实施总是显得犹豫不决，战后我们应加速推进这一政策的全

面落实"，而且"农场工人应当拥有对农场经营方式的发言权"[4]。

到了 1945 年，这些批评已然被遗忘或被掩盖——农业和农民就是"人民战争"的英雄。然而，与 1918 年一样，农民群体对政府充满担忧和不信任——"大背叛"的记忆依然挥之不去。在整个"二战"期间，人们对农业的看法就是一再强调，绝不能重蹈 1918 年至 1921 年的覆辙。1939 年，A. G. 斯特里特在《农民周刊》上谈及 1921 年被废除的《农业法》时曾表示："即便时至今日，那次政治背叛的阴影仍让部分农民难以释怀。"[5]1942 年，《经济学人》的一篇文章主张战后应立即终止农业补贴，但《农民周刊》随后发表社论和大量民众来信，声称继续执行补贴政策和履行战时农业委员会职能对和平时期农业的繁荣发展至关重要。[6]这种态度可能促成了 1945 年工党在大选中取得胜利，或者至少让部分农民拒绝投票给保守党。正如《编辑日志》在英国大选后注意到的，与 1935 年相比，"在我看来，农民对任何政党纲领都缺乏热情"，而那时绝大多数农民是保守党选民。[7]1947 年，一位肯特郡农民向大众观察组织坦言：[8]

> 在国家陷入困境之前，没有哪个政府会对农民感兴趣。你只要回想一下过去的岁月，就会明白这一点——政府总是牺牲本国农业，从国外进口产品来充斥市场，丝毫不关心农民的福利，只有在爆发战争时，才会想起农民。

然而，农民在战争中却做得很好，与 1914 年至 1918 年如出一辙。J. K. 鲍尔斯指出："不管怎么看，英国农民都打了一场漂亮仗。"按照他的计算，在价格保持不变的情况下，战争期间农场净收入增加了两倍，[9]相对增长率很高。正如约翰·马丁所写："与那些不从事农业的企业家或经理相比，农民整体可支配收入增幅显著。"[10]然而，这些收益并不是均衡分布的。总体而言，战争的头几年收入增长最快，在 1943 年至 1944 年达到顶峰，此后，农业收入略有下降。农场利润还因作物种类和地区差异而有所不同，这标志着与战前乳业占主导地位的情况相比，利润结构发生了重要变化。默里写道：[11]

所以经过两年战争后，所有可耕地的收益都翻了好几番，这主要归功于大麦和燕麦的价格高得惊人，平均收益超过了草地和混合农业的收益。

一种新的农业繁荣地理格局开始出现，其中谷物种植区，尤其是英格兰东部的谷物种植区将成为主导。

战后政府立即改变农业政策，将潜在的战时粮食短缺的"临时"需求转化为永久性的农业支持政策，从而巩固了农业繁荣的新局面。早在 1940 年 11 月，政府就认识到建立稳定繁荣的农业是战后政策的核心部分。[12] 因此，1942 年夏天，政府奠定了战后政策的基础，其中规定：

1. 确保所有优质农田的土壤肥沃，作物稳产；

2. 任何政策的制定都必须最大限度地确保有适当的农场和农场建筑维护标准、适当的耕作标准，都必须维护行业的经济稳定。[13]

1944 年 1 月，政府宣布了"四年计划"，承诺根据每年 2 月份的年度价格审查，为国产农产品维持"有保障的市场"。

正如马丁所写的那样，1945 年夏季，当选的工党政府承诺将继续实施农业干预政策，其原因并不仅仅是在意识形态上对计划经济的承诺。[14]

1945 年，粮食短缺问题已达到危机的水平，在饱受战争蹂躏的欧洲，大部分地区的人民遭受着大规模饥荒的威胁……1945 年 8 月，美国的租借援助突然终止，英国面临美元短缺困境，而在美元主导的市场上，英国购买高价食品在经济上并不可取，而且当时航运短缺，运输食物也不切实际。因此，扩大国内生产是英国战后重建进程的重要前提。

1947 年，农业部部长汤姆·威廉姆斯在英国下议院颁布了《农业法》。新政策的宗旨是：[15]

为了推动农业产业实现稳定且高效的发展，能够生产出符合国家利益的国产粮食，人们希望在英国本土生产粮食，并且在确保农民和农业工人获得适当报酬和良好生活条件的基础上，以最低成本生产粮食，同时能为该产业的投资带来充分的回报。

纽比认为，1947 年的《农业法》是"指导战后农业政策的最重要的一项立法"[16]。该法案由两大部分组成。首先，它通过为绝大多数农产品设定保障价格，确保了农业生产能够维持高水平的增长，这在长远来看具有至关重要的意义。这一目标的实现，主要依托于价格审查机制，即每年 2 月，主要由全国农民联盟成员组成的农民代表与农业部会共同商讨并确定下一年农产品的最低价格。由于政府持续大量采购粮食，农民的收益得以保持稳定。当粮食市场价格低于设定的最低价格时，政府会从一般税收中拨付"补贴"，以弥补这一差价。这种安排不仅让政府能够实施"廉价食品"政策，同时也有效保障了农民可以获得稳定收入。

《农业法》的第二个主要部分涉及"良好的畜牧业"。它将战时农业委员会保留在郡农业执行委员会的新名义下，从理论上讲，郡农业执行委员会可以拥有与战时农业执行委员会相同的指导力和对农业生产的控制权。但事实上，正如纽比所指出的，这些委员会几乎没有什么实权，即使与相对温和的战时农业执行委员会相比，他们也很少使用这些权力。"农业部逐渐采取市场调控手段。"[17]

工党上台后，《农业法》并非唯一对农民产生深远影响的立法。1946 年出台的《丘陵农场法》(*Hill Farming Act*)原本是一项战时立法，旨在为高地农场提供改良补助金。该法案此后得到了延续和扩展。截至 1949 年 7 月，已有超过 2000 项方案得到实施，覆盖了近 70 万英亩的土地。到了 1951 年，该法案的适用范围进一步扩大，不再局限于山区，而是扩展至其他高地地区。[18]尽管如此，丘陵农业，尤其是威尔士部分地区的丘陵农业的命运仍然岌岌可危。早在 1955 年，一项针对威尔士中部的调查就指出：许多土地因无法产生足够的农业收入而难以维持其作为农场的运营。[19]

得益于战时的高额利润和 1947 年法案的条款规定，大多数农民得以在战后时期体验到一种适度的幸福感和安全感。正如白金汉郡农民托尼·哈曼所写：[20]

　　1947 年，一切都变了。这一年对我而言，其重要性丝毫不亚于 1921
年、1931 年我接管格罗夫农场之时，以及 1934 年我步入婚姻殿堂的那一
刻。这一切都源自汤姆·威廉姆斯……在 1947 年制定的《农业法》。这是
英国首次在和平时期将价格保证制度纳入国家法律之中，……几乎从那一
刻起，英国农业的方方面面都发生了变化。英国不再仅仅满足于生产民众
所需粮食的极少部分，而是能够自给自足，甚至还能出口大量多余的
粮食。

　　然而，在农业界的其他领域，情况并不尽如人意。与第一次世界大战期间一样，
在第二次世界大战期间，农业租金实际上被冻结了，仅上涨了约 11%，而农民的
净收入则增长了 129%。因此，地主收入在农业社会收入中所占的比例从 1939 年
的 24% 下降到 1945 年的 11%，而农民收入的增长幅度几乎完全相同——大约 11%
的农业财富从土地所有者手中转移出去。[21] 战后时期，有人确实有种大难临头的感
觉。1945 年，当人们庆祝胜利之时，拉德诺伯爵对伯爵夫人说，无论人民的黎明
多么明亮，"现在我们的个人问题开始了"[22]。工党坚定地支持土地国有制，并在
1946 年为地方政府选举而准备的《乡村生活与今日工党》小册子·中再次强调了这一
政策。所得税也相应提高，边际所得税税率逼近 100%。战争期间，普通遗产税提
高至 65%，并在战后维持在该水平；而当遗产超过 100 万英镑时，则上升至 75%。
此外，在战后几年里，避税和逃避遗产税的手段大大增强了。
　　这些变化导致乡村住宅衰落，这种衰落始于战间期，并且仍在持续。在战争
期间，尽管面临军事和民用"占领"带来的各种问题，但仅 28 栋房屋遭到损毁。
1945 年至 1950 年间，有 78 座房屋被拆除，而在接下来的 5 年里，又拆除了 204
座——这是 20 世纪房屋被拆毁的高峰时期。[23] 此外，贵族的政治和社会作用似乎也
在持续减弱。1945—1951 年的工党政府是英国现代史上拥有土地最少的政府，即
使是支持工党的少数贵族和家里的小儿子们，也经常是土地精英最严厉的批评者。
郡政府的情况似乎与此类似，这种趋势在战后仍在继续：[24]

　　福利国家的大规模立法为地方政府在卫生、规划、教育等多个领域增

添了前所未有的职责。在 20 世纪 30 年代至 60 年代期间，大多数郡议会的人员和开支均翻了两番以上。地方政府逐渐转变为一个高度官僚化的机构，其中的专家——如工程师、规划师和常任官员——逐渐取代非专业的古老贵族，成为了这一体系中的核心人物。

然而，与"一战"后一样，地方政府仍然是一个重点问题。而与 1918 年至 1921 年间不同的是，由于战争的影响，土地售卖变得极为罕见。一方面，农民们对"一战"后抵押贷款导致的惨重损失心有余悸，他们不愿意重蹈覆辙，因此在这一时期鲜有人愿意购买土地；另一方面，贵族和绅士作为土地所有者固然遭受损失，但他们作为农场主却收获颇丰。这一状况得益于税收政策的调整。虽然遗产税有所上升，但对农业用地的税收减免却高达 45%。正如彼得·曼德勒所述:[25]

> 会计师们建议土地所有者从佃户手中收回农场，自己耕种或者委托地产公司耕种。许多地主，尤其是年轻的地主，确实收回了自己的农场……这些年轻地主在转型成为农民后，可以保留更多的收入，并且在此过程中还可以改善和美化他们的住宅和庄园。

结果，那些在 1880 年就拥有大庄园的家族中，大约有一半的家族到了 1980 年仍然拥有大庄园，即使庄园规模有所缩小；而且在绅士阶层中，情况也惊人地相似。[26]不过，他们现在更多的是以农民而非土地出租者的身份拥有庄园。[27]1951 年，一个与 20 世纪几乎任何一届政府一样贵族化的政府回归①——并非所有拥有地产的人都是暮气沉沉的。

农场工人的地位因战争，甚至，在一定程度上，也因工党政府的当选而发生改变。战时，农场工人的工资确实有所增长，且增速远超其他行业的平均水平。根据阿姆斯特朗的数据，自 1938 年以来，农场工人的工资增长了 170%，相比之下，其他行业的增幅仅为 81%。[28]工资的增加部分归因于劳动力短缺，但最主要的

---

① 译者注：1951 年的大选中，英国保守党重夺政权，丘吉尔再度出任首相。

原因是国家农业工资委员会设立了全国最低工资标准。战后，农业工资继续攀升，1949 年达到了每周 94 先令的水平，这一数字与铁路工人或地方政府雇员的收入大致相当。然而，这样的对比往好里说是混淆视听，往坏里说则是一种侮辱。无论是过去还是现在，许多农场工作都需要极其熟练的技巧，只有同等难度的工作才具有可比性。例如，在 1949 年 10 月，所有行业的平均周薪为 142 先令 8 便士，这意味着农场工人的收入相较于全行业平均收入低了 38% 左右。而与制造业相比，情况更为严峻，同一时期制造业的平均周薪高达 148 先令。[29]

　　然而，全国最低工资与实际收入之间的关系相当复杂。尽管有些地区的农场工人收入超过了最低工资标准，但那几乎总是以延长工作时间为代价。1946 年，最低工作时间被定为每周 48 小时，这已超出全国平均每周的实际工作时间，但农场工人的工作时间却鲜少低于 50 小时，特别是那些饲养牲畜的工人，即便到了 20 世纪 60 年代，他们每周工作时间仍高达 53 小时。各地区的情况也不尽相同，其中英格兰东部大型耕地农场里的工人加班的可能性更大。

　　1947 年的《农业法》几乎没有给农场工人带来什么好处，尽管可以说他们间接受益于整个行业稳定性的提高。更加直接的是，同年颁布的《农业工资法》使战时的农业工资委员会成为战后农业的永久性特征，其每年进行一轮的工资谈判与年度价格审查同时进行。然而，仍有太多不足。例如，工作条件依旧十分艰苦，"雇工农舍"①依然普遍存在，这意味着许多农场工人的住所与自己的工作紧密相连，尽管自 1906 年起工党就承诺废除这一现象。许多农场工人，尤其是工会中的农场工人认为，尽管农业在战后安置中"表现出色"，但农场工人却没有得到应有的回报。杰克·博迪后来成为了全国农业工人工会(the National Union of Agricultural and Allied Workers，NUAAW)的秘书长，他在 1945 年还只是一名诺福克的农场工人，回忆起 1945 年至 1951 年工党政府执政的岁月，他的内心充满了复杂的情绪。[30]

　　（工会执行官）认为自己对工党政府负有责任，不应搅乱现状……因此，工会错过了战时的机会，并且在某种程度上，再次错过了 1945 年的

———————————

　①　译者注：雇工农舍指农场主在农场工人受雇期间租给其居住的农舍。

166

机会。如果将工资提升至体面的水平，废除雇工农舍，改善工作条件，我认为这丝毫不会阻碍经济复苏……汤姆·威廉姆斯的所有行动似乎都是为了帮助农场主，而农场工人只能从雇主日益增长的财富中获取他们所能获取的东西，这使他们受制于农业工资委员会……遗憾的是，我相信工党认为农场工人可以被忽视，因为他们在农村工人中所占的比例相对较小，从数量上看对大选结果的影响很小。

与后来从事农业的人数相比，1945 年仍有大量人口从事农业。根据不同的定义，务农人数是不尽相同的，但默里[31]表示，1944—1945 年，有近 100 万全职和兼职的农业工人，其中全职工人有 77 万人。全职工人中，妇女土地军约有 9 万人，战俘约有 5 万人。这两个群体在战后仍然发挥着重要作用，特别是妇女土地军在战后仍在招募人员，直到 1950 年才被解散。

战后，妇女土地军得到的待遇堪称历史上最为可悲和最令人不齿的待遇，然而这段历史往往被掩盖在岁月的尘埃中。她们原本期待战后能获得与其他参战女性同等的待遇，毕竟她们是由政府直接管理的军事组织，但现实却远非如此。与享有安置补助金、战后培训、"复员"假期以及额外的便服配给券等福利的武装部队中的女性、民防人员和其他辅助人员相比，妇女土地军的成员们几乎一无所有。丹曼夫人为"她的军队"进行了不懈的抗争，却最终于 1945 年 2 月愤然辞职以示抗议。在接下来的几个月里，妇女土地军的成员们纷纷采取行动。她们中许多人在战争期间加入了工会，如今开始通过罢工来表达诉求，但遗憾的是，工会和妇女土地军的领导层却拒绝为她们提供支持。1945 年 4 月，包括丘吉尔在内的战时内阁代表会见了妇女土地军的代表团，她们提出了战争服役酬金、疾病或受伤抚恤金以及新工作或培训保障等合理要求，但均遭到了拒绝。

尽管妇女土地军的人数在逐渐减少，战俘也陆续返回，但到 1949 年，农场劳动力人数依然高达 64.8 万人，其中有男有女，有全职工人也有兼职工人。这一数字创下了自 20 世纪 20 年代和平时期以来的历史新高。这些农场工人相较于他们的父辈，不仅工资更高，工作也更加稳定。然而，他们中许多人却仍觉得，这美好的时代并未为他们预留一席之地。在接下来的 20 年里，英格兰和威尔士的农业日益繁荣，但农场劳动力人数却减少了一半。

从 20 世纪 40 年代末至 90 年代，英国的农业发展取得了显著且无可争议的成功。这种成功是建立在两块截然不同的基石之上。首先是消费者对食品需求的持续上升，然后他们渴望获取更多、更优质的食品，接着是更加多样化的食品。其次，更为关键的是，历届政府均将农业的稳定发展和成功视为国家福祉的基石，英国的经济要求国家粮食尽可能都在英国生产。在 20 世纪剩下的大部分时间里，这两大因素共同推动了农业和农业政策走上了生产主义道路。

最初，人们的需求很简单。正如茨威尼格-巴尔吉洛夫斯卡所言，"大多数人都期望战后口粮会增加"[32]。事实上，由于世界粮食短缺、租借援助到期以及英国的外汇储备需要维护等缘故，口粮反而被削减了。最糟糕的是：[33]

> 除了口粮配给的削减，战后还出台了两项备受争议的措施：从 1946 年 7 月到 1948 年 7 月实行的面包配给制度，以及在 1947 年到 1948 年冬春两季实行的土豆管制措施。整个食品控制体系是建立在这些所谓的缓冲食品①供应充足的基础上的，而在战争期间，政府曾不惜一切代价避免任何形式的食品限制。面包配给制的实施代表了战后紧缩政策的顶峰，该政策"对平民士气造成的打击极具象征意义"。

然而，问题并未就此画上句号。直到 1951 年，肉类配给量在上一年增加后再次下降。在这种情况下，农业问题不是需求侧的问题，而是供给侧的问题，尤其是基本商品的供应。然而，从 20 世纪 40 年代末起，粮食管制逐步放松，粮食供需的天平开始倾向需求方。随着食品重新进入市场，人们对面包和土豆等基本食品以及人造黄油等替代品的需求开始下降，因为消费者的需求转向他们在 20 世纪 40 年代最为怀念的东西。[34]1948 年 12 月，果酱和蜜饯成为首批被取消配给的食品，当这些食品被解除管制时，科尔切斯特的英佰瑞分店一周内就售出了高达 8575 磅的

---

① 译者注：缓冲食品是指那些营养密度高、能帮助人体正常运作的食品。人体必须经常在饮食中摄入这些食物。缓冲食品的例子包括草莓、李子、菠萝、香蕉、葡萄等。它们是维生素 C 的丰富来源，能改善人体内部生理机能，有助于预防疾病。

果酱和蜜饯。[35]

然而，人们的需求并非总是单向增长。例如，战争结束时，土豆的种植面积约为 120 万英亩，但正如霍尔德内斯指出的："随着经济逐渐从紧缩中复苏，这样的种植面积难以为继。"到 1960 年，土豆种植面积已减半至 66 万英亩。这种缩减主要归因于土豆销售委员会对消费者需求的严密监测。[36]甚至小麦的产量也受制于消费者需求的变化。早在 19 世纪 80 年代，英国对白面包根深蒂固的偏好催生了对"硬质小麦"的高需求，而这类小麦仍需从国外进口。因此尽管到 20 世纪 80 年代，英国在技术上已经能够实现小麦自给自足，但国外进口的面包小麦仍占据约 16% 的市场份额。[37]在其他领域，则有证据表明人们的需求趋于平稳。例如，20 世纪 50 年代，越来越多的生产商先采用"厚垫料养鸡法"，随后采用层架式笼养法，鸡蛋产量实现了迅速增长。然而，在 20 世纪 60 年代初，"鸡蛋需求接近饱和状态"导致其产量增长放缓。与此同时，生产中的其他变化，特别是肉鸡在厚垫料鸡舍中的快速育肥，满足了公众对鸡肉日益增长的需求，而鸡肉在过去一直被人们视为奢侈品。然而，公众需求停滞的迹象再次出现了，尽管 1980 年肉鸡存栏量达到 6000 万只，"但到 20 世纪 70 年代中期，养鸡业扩张的时代已经过去了"[38]。

人们的消费需求促进了农业生产率的提高，尤其是在战后初期。1947 年《农业法》颁布后，通过补贴和稳定的价格，国家为农业增长奠定了基础，农业生产率因此得到了惊人的提高。从 1939 年至 1990 年，小麦种植面积从 74.6 万公顷增长至 195.5 万公顷，大麦种植面积也从 41 万公顷增长至 151.7 万公顷。每公顷小麦的产量也大幅攀升，从 20 世纪 30 年代的每公顷约 2 吨跃升至 20 世纪 90 年代初的每公顷 7 吨。[39]同时期，畜牧部门也经历了规模和生产力的双重增长。正如我们在第 3 章中所述，乳制品业在战间期成为农业中的佼佼者。虽然战争期间因土地转为耕地，牲畜饲养量略有减少，但此后英国农场饲养的牲畜数量迅速回升。1945 年至 20 世纪 70 年代中期，奶牛存栏量从 260 万头增加到 300 万头，肉牛存栏量从 860 万头增加到 1350 万头。然而，由于 1984 年牛奶配额制的实施，加上消费者需求的变化，自 20 世纪 70 年代以来，奶牛数量先是趋于平稳，然后开始下降，现在的奶牛数量确实比 1945 年的奶牛数量要少。然而奶牛数量的减少并未影响牛奶产量的增长，事实上，1945 年后的 30 年间，牛奶产量增长了约 70%。因此，在 20

世纪 90 年代初之前，乳制品业一直是英国农业的支柱产业，其产值占全部农业产值的 20%以上。

其他牲畜的养殖则更为复杂多变。与其他牲畜一样，绵羊的数量在战后也有所增加；然而，与家禽和蛋类的生产一样，绵羊养殖同样受到市场的主导。传统绵羊用途多样，既能产毛又能产肉，但在战后世界，某种程度上就像在战间期一样，英国羊毛的质量不足以满足大多数用途，只能主要用于地毯生产。此外，传统山羊生产的是大块肉，面对着从英联邦其他国家进口冷藏肉或者冷冻肉的竞争，大块肉的市场日益缩小。于是养羊人转向了有利可图的利基市场①，饲养出更香甜、低脂、肉质更新鲜的幼小羔羊，这意味着在英国可食用的自产羊肉仅占 50%，至少在 20 世纪 90 年代之前，羊肉的售价依然可观。此外，特别是 1978 年英国加入欧洲经济共同体之后，羊肉的需求激增，尤其是法国人对羊肉的需求量，活羊被直接出口到法国进行催肥。霍尔德内斯写道："养猪业的收益是畜牧业中最不稳定的。其波动幅度甚至超过了战后的家禽业。"[40]猪肉历来是工人阶级的主要肉类消费品，因此配给制取消后，猪肉成为了食品支出的关键部分。母猪每年可产两次崽，使得养猪业在所有产肉牲畜行业中最具经济效益，这一点政府也心知肚明并给予支持。此外，猪和家禽一样，其饲料转化率和生长率都很高，但达成的前提是要给猪喂廉价精饲料。战后，廉价精饲料的供应越来越多。[41]短期内养猪所需投入的成本并不高。因此，1945 年到 1960 年间，猪的数量从 160 万头增至 520 万头，同期国内对猪肉的需求也翻了一番。然而，与鸡蛋类似，猪肉需求在 20 世纪 60 年代达到平稳期，当时英国的人均食肉量约为 26 磅。此后，猪肉需求量不再增长。由于从丹麦和爱尔兰进口的培根价格远低于国内产品，国内培根生产部门失去了竞争力，而猪肉和猪肉产品也无法大量出口，这进一步强化了需求的稳定态势。[42]

如果说消费者需求和政府补贴是战后农业成功的基石，那么科学则是催化剂，因为科学提供了"农业生产所需的工具"[43]。保罗·布拉斯利在研究科技变革与农业产量之间的长期关联时，将 1945 年后的时期分为两个阶段。第一个阶段是从 1945 年到 1965 年，这个时期物价很高，"随着耕地和畜牧业的扩张，农

---

① 译者注：利基市场指被大企业忽略的细分市场。

业总产量增长迅速"；第二个阶段是从 1965 年到 1985 年，"产量仍有所增长，但速度有所下降，因为农业中的劳动力迅速下降，大部分额外的谷物生产用于集约化畜牧业"[44]。因此，在这两个时期内，科学技术进步可分为两类："产量增加型和劳力节省型"[45]。

从战争结束到 20 世纪 60 年代中期，许多技术和科学变革被广泛采用，这些变革构成了所谓的"第二次农业革命"。在这一时期，农民们选择了新品种谷物，广泛使用人工肥料和外购饲料，同时选用了以提高产量为目的而选育的牲畜新品种，如弗里斯牛，并引入了人工授精技术，产量因此得到大大提升。布拉斯利举的两个例子可以说明这些现象。自 19 世纪中叶起，英国就开始使用人工化肥。战争爆发时，英国农场每年使用的人工化肥约为 100 万吨。然而，从 20 世纪 30 年代末到 60 年代，人工肥料的使用量激增了 4 倍，到 60 年代末最终达到 690 万吨。[46]与此同时，现在随处可见的弗里斯牛成为英国奶牛的主力。1955 年，英国的弗里斯牛占奶牛总数的 40%，而到 20 世纪 80 年代末，该品种奶牛占比为 85%。在牛奶营销委员会和英国弗里斯牛协会的推动下，人们通过人工授精技术进行精选育种，开发出该品种的商业特性，从而将英国牛群平均产奶量从 1945 年的 2300 升提高到 1983 年的 5055 升。[47]

在节省劳动力方面也取得了一些创新，布拉斯利强调 1945—1965 年期间主要的技术进步在于发明了联合收割机、拖拉机和挤奶机。同样，这方面的数据也很明确。从技术上而言，这一时期马匹不再是英国农场的主要动力来源。在 1946 年，英国农场里的马匹数量是拖拉机数量的两倍。而从 1950 年到 1960 年，这一比例发生了逆转，到 1960 年之后，马匹的数量在统计上变得微不足道。农用机械的种类也经历了类似的转变，尤其是在收获农产品的季节。战前，谷物收割作业主要依靠割捆机，只简单地将作物割下并留在秸秆堆里。这种机械在 1950 年之前一直占主导地位。但随后，大量联合收割机开始涌入市场。最后是挤奶机的发明：1939 年，英国约 90%的牛奶都是依靠人工挤取，但到了 1961 年，85%的奶牛都采用了机器挤奶。[48]

20 世纪 60 年代中期以后，科技变革走上了一条略为不同的道路。虽然农业产量增加，但增长速度却下降了很多，并且总是受到英国政府或欧盟补贴的影响。

例如，在 20 世纪 70 年代，政府提供了 65% 的补贴，于是新建排水系统数量达到了史上最高值；而玉米种植的扩张不仅与青贮饲料有关，用玉米制作青贮饲料是 20 世纪 60 年代后的另一项创新；而且还与 20 世纪 90 年代的耕地补贴有关，当时每公顷的玉米耕地可获得 320 英镑耕地补贴。[49]

20 世纪 60 年代中期以后，最重要的科学变革可能是杀虫剂和除草剂的广泛使用。20 世纪 70 年代以前，虽然官方并未统计除草剂和杀虫剂的使用量，但是在战争期间，首个现代选择性除草剂 MCPA 被研发出来，并于 20 世纪 40 年代中期作为甲氧苄啶上市销售。与此同时，杀虫剂 DDT 也被研制出来。[50]然而，与其他技术和科学变革相比，大众接受杀虫剂和除草剂的进程较为缓慢。尽管 20 世纪 50 年代是这些药剂的主要研发时期，但布拉斯利认为，20 世纪 60 年代末才是药剂使用的迅速增长阶段，此时药剂不仅在国内使用，还出口到国外。[51]

图 14　第二次农业革命。这张照片拍摄于 20 世纪 40 年代末的伯克郡，图片说明上只写着"克劳奇的新联合收割机"，平淡的措辞掩盖了第二次世界大战后机械给英国农业带来的巨大变革。（经雷丁大学乡村历史中心许可转载）。

在所有这些案例中，令人惊叹的不仅是科学和技术的变革速度之快以及种类之多，还有它们被采用的具体时间点。正如布拉斯利所指出的，大部分作为第二次农业革命的核心技术和科学知识，早在被英国农民应用之前，就已经在理论上存在了。从 1945 年到 1965 年，英国农民使用这些新机器、化肥、作物和技术的原因有很多。全国农业咨询服务（the National Agricultural Advisory Service）是 1947 年颁布的《农业法》的副产品，其作用在于为农民提供科技进步方面的建议，但正如布拉斯利写到的："有些因素会促使农民坚信：提高产量，不会再像第一次世界大战战后那样，使商品价格跌回到战前的低价状态。1947 年的法案很明显是一个候选法案。"[52] 与战后农业的许多其他方面一样，由于农业补贴的支持，商品价格保持稳定甚至呈上涨趋势，这为技术和科学进步奠定了真正基础，这是工党政府遗留给保守派选民的馈赠。

战后农业产量的显著增长，在更广阔的范围内对英格兰和威尔士的农业模式产生了深远影响。地理环境标志着北部和西部的高地和农牧区（包括威尔士大部分地区）与南部和东部的低地和耕地之间存在着基本分界，这种分界现象至少从铁器时代晚期以来便一直存在，那时这些岛屿上的农耕方式就很明显地显示了这种分界，至今依然如故。然而，"拖拉机加化肥"的出现确实对耕作方式产生了某些影响。霍尔德内斯在 20 世纪 80 年代写道：[53]

> 西部的可耕地更多，尤其是在黏土低地上，这是因为技术进步大大扩大了耕作面积。同样，由于东部乳制品业的复兴，以前的一些耕地变成了永久性草场。土壤的固有质量确实可以决定农业模式，但如果当地气候、坡度和海拔都不适宜的话，那极有可能非常成功地改变现行制度。

这些变化往往是令人震惊的，比如开垦英格兰南部的白垩坡地、挖除树篱或者古老的果园，这些变化近年常常引起激烈的批判，这一点将在第 10 章中再次谈及。

与这些变化同时发生的，还有农场规模和所有权的变化，以及英格兰和威尔士农业的日益专业化。这些变化最为根本，但在外人看来却不那么明显。19 世纪 80 年代，在所有农场中，面积不足 50 英亩的农场，英格兰占 71%，威尔士占 69%。[54] 即使在 1950 年，也有超过 53% 的农场不足 50 英亩。然而，到 20 世纪 80 年代末，面积不足 50 英亩的农场[55] 已降至 36%，降幅约 60%。另一方面，自 1950 年以来，面积超过 450 英亩（200 公顷）的农场增加了 21%，550 英亩（240 公顷）以上的农场增加了 30%以上。[56]随着农场规模的扩大，所有权结构也发生了变化，逐渐从以佃农为主转向以自耕农为主。正如我们之前所看到的，第一次世界大战后不久，大量的土地被卖给当时的佃户，这意味着到 1939 年，英格兰和威尔士约 35%的农田已掌握在耕作者手里。第二次世界大战期间，这一趋势并未发生显著变化，但战后，耕作者自有土地的趋势得以延续。到 20 世纪 60 年代初，英格兰和威尔士的大多数农民都已成为自耕农。[57]1957 年至 1960 年，威廉姆斯对德文郡"阿什沃西"村落的研究就是一个生动的例子。在 20 世纪 20 年代之前，该地区的土地一直由一个家族所占有。但到了 1922 年，这片土地上已有 45 个佃户拥有农场，而到 1960 年，这一数字锐减到 7 个。[58]有趣的是，土地自耕化的趋势与布拉斯利所描述的技术变革发展进程相吻合，这表明 20 世纪 40 年代末到 70 年代的土地自耕化现象与 1918 年至 1921 年的情况相似，都是农产品价格稳定的产物。

由于农场规模不断扩大和市场需求日益增长，个体农业单位的专业化程度也得以提升。尽管英格兰和威尔士的农场几个世纪以来一直遵循着地区专业化的生产模式，但在第二次世界大战之前，"典型"农场仍维持着混合经营的传统。然而，也有例外存在，正如我们之前所提及的，奶牛场在战前就倾向于专业化经营。战后，随着高密度室内"工厂化"养殖场的崛起，畜牧业的其他部门也开始向专业化生产模式转变。在家禽养殖领域，这种转变尤为显著，甚至招致了最早的环境批评。在 19 世纪，家禽几乎被视为农场的副产品。家禽，尤其是鸡蛋，既是农产品，也是农场主妻子和家人的财产。20 世纪二三十年代在莱斯特郡农场长大的亨利·圣乔治·克兰普写道：[59]

> 或许母亲最喜欢听的声音是母鸡"咯咯"叫着宣布又下了一个鸡蛋。由于母鸡和玉米都由父亲供应，所以对母亲来说，产出的鸡蛋就是净收益。鸡蛋不仅足以供给家庭，还可以让母亲拿去换钱……每当需要清偿与当地人的小额债务时，他们可以选择现金或鸡蛋。而鸡蛋总是最佳选择，全村人都知道这一点。

然而，甚至在战间期，这种情况就开始发生了变化。例如，前文所提到的，在兰开夏郡，普雷斯顿地区农民贸易协会开始为会员提供鸡蛋销售服务，并扮演批发商的角色，为会员供应饲料和设备；尽管贸易并不稳定，尤其是在 20 世纪 20 年代末，但到 1939 年，该公司的营业额已突破 125 万英镑，会员人数也累计达3200 人。[60]

到 1939 年，许多家禽养殖户开始采用大型厚垫料鸡舍来饲养鸡群。20 世纪 50 至 60 年代技术的进一步发展，尤其是蓄电池的生产，进一步促进了养鸡的专业化程度。尽管家禽养殖业与其他农业部门一样，都呈现出规模扩大化的趋势，但对于规模相对较小的养殖户来说，只要他们拥有必要的资金，也能靠三四个甚至一两个集约化养殖场过上舒适的生活。然而，雏鸡的供应和鸡蛋的收购，尤其是禽肉的收购，逐渐集中到了少数几家公司手中，使得这些公司可以在很大程度上控制生产者。[61]

其他领域也开始采用集约型室内养殖模式。与家禽一样，猪最初也是作为额外的、近乎零成本的"副产品"来饲养的，但战后猪肉生产的大幅扩张，导致猪肉生产的单位规模和专业化程度都有所提高。从 1957 年到 1990 年，猪群的平均数量从 34 头增加到 470 头。到 20 世纪 60 年代，弗雷姆在《农业》一书中写道："养猪业如同家禽养殖业一样，也成为以混凝土建筑为基础的工厂化企业，土地仅仅被用来处理废料。"[62]

对于非农业人口来说，田间作物日益专业化种植的趋势并不明显。传统上，即使是东部郡的大型谷物农场，也会饲养牛羊以提供肥料，并且会轮作种植萝卜和甜菜。然而，根据 1967 年撰写的一份关于东英吉利农业的"指南"，这种农业模式已成为过去。[63]

> 过去给土地施肥的唯一方法是用车将院子里的牛粪运送到田里，或者放羊在地里啃食萝卜、大头菜等作物……尽管这些做法仍然有效，并在一定程度上持续存在，但人工肥料的使用已经变得如此普遍，以至于人们主要依赖人工化肥给土地施肥。

因为有了人工化肥和杀虫剂，耕地不再"需要"休耕，也不再需要"轮作草地"来让土壤"自然地"恢复肥力。因此，在 20 世纪 50—60 年代，英格兰东部许多地区的牲畜都消失了。

到 20 世纪 70 年代，英格兰和威尔士的农业发展不仅稳定，而且呈现出欣欣向荣的态势，从多方面来看都堪称成功。这一成功的基石是持续不断的农业补贴政策，它确保了农产品价格的稳定，同时也激励了农业创新和投资。然而，无论农业补贴的性质以及最终来源如何，从 1945 年至 1990 年，它们都发生了显著的变化。1953 年，随着食物配给制的终结，政府不再是粮食的主要买家，农产品也重回自由市场。在这种情况下，农业补贴继续以差额补贴的形式直接向农民发放。这些补贴是基于自由市场上的国际平均价格与商定的最低价格之间的差额确定的。与过去一样，补贴的金额由农民代表与农业部协商后确定。然而，由于国际粮价随着战后经济的调整逐步下降，而英国政府又无法控制这些价格，补贴支付额度不仅持续增长，还呈现出较大的波动性。政府的农业补贴还包括对研究和咨询部门的资金支持，数额从 1954 年的每年 1.973 亿英镑增长到 1961 年的每年 2.64 亿英镑。在此期间，全国农民联盟发挥的作用越来越大。哈罗德·麦克米伦将年度价格审查形容为基于"爱丽丝梦游仙境式的计算方法"的"拜占庭式的迂腐辩论"，它将全国农民联盟带入政府决策的核心位置。正如特里斯特拉姆·贝雷斯福德在 1975 年所写的那样，全国农民联盟：[64]

> ……成为了一个官僚机构，负责预测、解释、协调和扩大大多数农民难以表达的诉求。它太重要了，所以不能冒犯。政府和它过从甚密，官员也要对该机构恭恭敬敬。

但不仅仅是年度价格审查，正如纽比等人在 1978 年所指出的：[65]

> ……农业、渔业和食品部（MAFF）的高层公务员与全国农民联盟的官员之间有着密切而持久的关系。可以说，农业、渔业和食品部的高层公务员没有一天不在与全国农民联盟的官员进行谈判。

即使在工党执政期间，它们仍然保持着这种密切关系，并且一直持续到 20 世纪末。

然而，自 1953 年以后，农业补贴政策的透明度提高，该政策也随之更易受到公众的公开批评。这种批评与补贴制度本身一样源远流长。早在 1945—1951 年工党多数派政府执政期间，就并非所有成员都认为农业补贴是绝对的幸事。1950 年 4 月，粮食部（the Ministry of Food）政务次官斯坦利·埃文斯在曼彻斯特的一次记者招待会上直言，是纳税人出钱让农民过上"舒坦安逸的生活"，并自创了"feather-bedded"（舒服安逸的）这个新词。此番言论导致了他的离职。[66] 直到 20 世纪 50 年代末，政府内部才开始对补贴政策提出严厉批判。1956—1957 年，由于世界粮食盈余，年度补贴飙升至 2.88 亿英镑，这迫使保守党政府必须采取行动削减补贴。但随后，20 世纪 60 年代接连发生的国际收支危机导致国内粮食产量居高不下，直到 1973 年英国加入欧洲经济共同体（the European Economic Community，EEC）后，这种局面才有所改变。[67]

英国加入欧洲经济共同体，即现在的欧盟，正如马丁所说，导致了"1947 年以来农业政策发生的最重大的变化"[68]。然而，重要的不是农业不再受到补贴，而是农业补贴方式发生了变化。关于农产品价格补贴的欧洲农业政策——共同农业政策——十分复杂，并且会随着时间的推移而调整，在此不做详细讨论。[69] 从最基本的层面看，主要的变化是农业补贴方式从一种差额补贴制度转变为一种在欧洲范围内对单个商品的价格统一制度。这一政策通过两重手段得到确保：对商品实施干预、购买和储存相结合的手段（这造成了臭名昭著的"牛奶湖"和"黄油山"事件①）；以及对进出口，特别是进口的管制。

起初，农产品价格统一并不是一个问题，但随着 20 世纪七八十年代欧洲共同体（欧共体）内粮食产量的增加，欧洲消费者的需求已经饱和，特别是对基本食品的需求饱和，过剩粮食越来越多，欧共体不得不以干预价格购买生产出来的粮食。到了 1988 年，尽管欧共体为解决生产过剩问题做出了一些努力，但仍积压了 100

---

① 译者注：这里指当时欧洲的农产品过剩问题，由于欧洲农产品的国际竞争力不强，价格远高于国际市场，就出现了大量过剩农产品，因而出现了"牛奶湖""黄油山"等词语来形容过剩的农产品。

多万吨黄油、500 万吨小麦、400 万吨大麦和 80 万吨牛肉。由于无节制的增长，到 1990 年，共同农业政策所花费的补贴经费至少占欧盟总预算的 60%，比 20 世纪 60 年代的金额增加了一倍多。[70]

这本身并不一定有问题；但是，正如布拉斯利所写，"生产过剩"意味着以牺牲环境、小农场主和农业工人为代价来造福大农场主。[71]

1992 年，欧共体委员会估计，80% 的欧共体农业支出用于补贴仅 20% 的农场主，而且这些"一般都是规模较大，效益较好"的农场主。1960 年至 1990 年间，欧洲共同体最初的六个成员国的农场主和农场工人人数从 1000 多万下降到不足 500 万。这些国家的农场数量从 1970 年的 590 万减少到 1987 年的 470 万。到了 20 世纪 70 年代末，越来越多的人认为共同农业政策没有达到其目的。

因此，在 20 世纪 80 年代和 90 年代初，共同农业政策进行了一系列复杂的调整。其中，1984 年的首次调整引入了配额制，对每位农民的补贴牛奶产量进行了限制，用以减少牛奶过量生产。随后，在 1992 年 5 月，欧共体进行了一系列更为广泛的改革，并以当时的农业委员麦克萨里的名字命名为"麦克萨里一揽子计划"[72]。这些改革旨在通过三年的时间分阶段削减欧共体的干预补贴，从而直接减少农产品的产量。为实现这一目标，欧共体向农民支付款项，鼓励他们"休耕"部分土地，使这些土地退出农业生产，进而减少谷物种植面积。农民可根据其耕地面积获得补贴，作为农产品降价的补偿。然而，这种"休耕"政策以及耕地面积补贴更多地惠及了大型农场主。此外，麦克萨里还提出了一系列措施，旨在回应欧洲范围内对农业环境问题日益增长的批评。虽然这些措施的某些方面，例如鼓励有机农业和环境友好型生产方式，是出于对"环境"问题的关注，但"显然也有部分原因是出于限制过剩产品生产的考虑"。[73]

直到 20 世纪 90 年代中期，在共同农业政策之下，英国农业和农民的命运总体上是不错的，但是有些部门收益较差，特别是小型畜牧业生产商。从这个意义上说，在最基本的层面上，加入欧共体延续了以前的做法。价格干预延续了物价稳定这"一战"后农业的共同特点，并可能鼓励了农民生产出更多的粮食。到 20 世纪 80 年代中期，欧共体在所有重要的农业生产领域都出现了盈余。[74]农民还因一些外部因素受益。1972 年的石油危机导致世界商品价格迅速上涨，随后欧共体以外的国家遭受歉收。因此，农产品价格在 1970 年至 1976 年间迅速上涨，虽然在 20 世纪 70 年代末和 80 年代初，农产品价格再次下跌，但在 1973 年至 1983 年的 10 年间，农作物价格上涨了 204%，屠宰的牲畜价格上涨了 189%。同样，"那些规模较大、耕作方法先进的农场主收益更高，尤其是自耕农场主，因为他们能够利用规模经济提高产量"[75]。

自耕农场主和土地所有者还从战后稳定的农产品价格和共同农业政策中获得了其他好处。1970 年后，土地价格迅速上涨，这大大提高了农田的资本价值，于是农场成为更有价值的资产，尤其是土地肥沃的农场。对于自耕农场主来说，财产和收入之间的差异至关重要，因为土地的价值只有通过农产品的出售来体现，但是在大多数方面，土地增值确实代表了实际收益的增加。土地所有者也从土地增值中获益，不仅财产有所增值，而且收入也得到增长。1945 年至 1958 年间，租金一直受到控制，但此后租金开始上涨。1950 年，土地的平均租金定为每英亩约 2 英镑。到 1980 年，租金已达到了 30 英镑，尽管税收和其他法定收费会抵消一部分收益。20 世纪 80 年代末，土地租金有所下降，但到了 20 世纪 90 年代初，绝大多数农田的租金都已恢复了。

回顾 1939 年至 1945 年的历史，多数历史学家认为，农业这"一战"打得很漂亮，至少其中一部分如此。从 1945 年至 1990 年的这段和平时期也是如此。农业产量大幅增长，英国和欧洲自 18 世纪以来首次实现了温带粮食作物的自给自足，农业蓬勃发展。1995 年，回顾谷物农场在过去 5 年的实际收入增长约 138% 时，《农民周刊》写道："为什么只有农民要对丰厚的收入感到羞愧？"[76]同样，整个战后时期都回响着如此的呼声。此外，土地所有者们也过得不错，尽管自 19 世纪 80 年代以来，每一代人都预言这个阶层必将没落。正如 1994 年《卫报》所写的那样：[77]

一个世纪以来，新的阶级掌握了权力，人口的增长和移民的涌入导致人口结构发生改变，但土地所有权却保持相对稳定。乡村社会并不欢迎太多的新来者。

然而也有失败者。全职的非家庭农场工人的数量从 1945 年的近百万下降到 1990 年的不足十万。留下来的往往成为英国收入最为微薄的工人群体。许多人认为，土地本身也受到了影响。1880 年的农民尚能辨认出 1945 年或者更早的乡村风貌，但到了 1990 年，乡村景观的变化随处可见。在随后的两章中，我们将探讨这些变化以及乡村的其他变迁，并对乡村景观进行更为详尽的描绘。

第四部分

乡村的作用是什么？
农村社会，1945—2001 年

9

謀生之处与休闲之所：
涌入者与逃离者，1945—1990 年

　　"二战"结束时，英格兰和威尔士的大部分乡村地区仍以农业与农产品生产为核心。尽管第六章提及的"新"农村人已经开始在某些地区（尤其是东南部地区）的人口中占到很大比例，但众多乡村郡仍在坚守农业的主导地位。即使在东南各郡，广受欢迎的、编写于 1946 年至 1952 年间的新版《小指南》系列旅游指南丛书也强调了农业在萨里和萨塞克斯等郡的重要性。在这两本书中，农业因其长期提供就业岗位与塑造自然景观而被赋予了中心地位。关于萨塞克斯郡，《小指南》写道：[1]

　　　　当然，不可否认的是，如今许多沿海地区的自然魅力已不复往日……但话说回来，该郡大部分地区的自然风光都没有什么改变，而且令人欣慰的是，就算是皮斯黑文镇，它离未被破坏的丘陵地带也只有数步之遥。

即使是萨里郡这个不太可能拥有原始自然美景的地方，也还是有未被"肮脏、破败、平庸、毫无生气的郊区"破坏的农田和美景。[2]

　　此外，许多人相信并希望这种状况能够持续下去。1946 年，萨塞克斯农村社区委员会出版了一本名为《东萨塞克斯的明天》的简短的书，旨在为战后规划提供不同的意见。尽管该书将萨塞克斯郡视为一个面临城市化发展的现代化社区，但也认为农业依旧是该郡的核心。"我们坚信，东萨塞克斯的绝大多数人希望本郡能持续致力于农业发展。"[3]

然而，到了 20 世纪 50 年代初，从事农业及相关行业的人员已经面临诸多威胁。正如我们所见，"二战"期间从事农业工作的人数有所增加，战后从业人数也保持在同样水平，但在 1950 年之后的几年里，这一数字却开始出现下降趋势。在 1946—1950 年至 1956—1960 年间，农业工人人数从 86.5 万人降至 67.8 万人，降幅超过 20%。而在 1956—1960 年至 1981—1985 年间，农业工人人数又减少了 36.4 万人，降至 31.4 万人。到 1991 年，只有不到 20 万人还在从事各种与农业相关的工作。[4]

然而，农业从业人数的下降并不是唯一的变化，其他工人也正在向农村地区迁移。虽然各类资料错综复杂，但如果我们观察英格兰和威尔士一些郡长期的人口普查数据，就会发现非常明显的人口迁移总体趋势。"二战"后，就算在以农业为主的郡，也出现了这样一种长期的人口迁移情况，即人们越来越少地因农业和农业工作而搬迁到乡村，他们更多的是把这里当作居住和休闲的场所。我们已经讨论过战间期的人口迁移情况，但"二战"后，这种迁移又有了新的发展趋势。正如 1951 年《人口普查总报告》所指出的：[5]

> 自 1931 年以来的二十年里，南部和东部地区的人口增长率最高，而威尔士和北部地区的人口增长率最低……当然，大规模的人口迁入乡村并不意味着人们要回归农业生产，这仅仅是因为城镇人口要从他们工作的场所搬到周边更宜居的乡村生活。各大城市面临的如出一辙的人口迁出情况也是这种变化的另一个迹象。

实际上，如我们所料，除了南部与东部以外，其他地区的人口迁移虽然明显，但不尽相同。1931 年，英格兰象征意义上最具郊区特征的郡——萨里郡——的男性中，有5504名农场工人、1749名农场主，共占当地就业人口总数的 2.4%，而全国这一比例平均约为 6%。到 1971 年，该地的这一数字下降至 1.3%，尽管在此期间因为人口普查区域划分的改变，划为萨里郡乡村的地区面积确实大幅减少了。不过有趣的是，园艺业这个重要行业的存在使得萨里郡的"乡村"工作变得更加复杂。尽管随着时间的推移难以进行数据比较，但早在 1931 年，就有 16000 多人从事园艺业，到 1971 年，虽然相关就业人数有所减少，但还是有一定数量的女性工人，这表明战后萨里郡女性农业就业人数有所增加，从 1931 年的 390 名增至 1971 年的 1950 名。[6]

一些"乡村"特征更明显的郡也具有相似的变化趋势。整个 19 世纪，诺福克郡一直是人们引以为傲的"英格兰的面包篮子"，然而这个郡的变化却较为惊人。1931 年，当地 44% 的男性就业者从事各类农业工作，他们中的绝大多数（76%）都是农场工人或农场主。到了 1971 年，虽然该郡的"传统"工人和农场主的数量相对较多，但从事农业工作的人口比例已经下降到了 13%。1931 年，德文郡 29% 的男性就业人口从事农业工作，其中 66% 是农场主或农场工人。到了 1971 年，该郡从事农业工作的人口比例降至 9%。在诺森伯兰郡乡村地区，从事农业工作的男性人口少得多，1931 年，只有 10% 左右，而到 1971 年，这个比例下降了一半，只剩下 5% 了。就连农村人口曾占绝大多数的蒙哥马利郡，1931 年有 50% 的劳动力从事农业，但到了 1971 年，这一比例就下降到了 32%。虽然如此，与英格兰和威尔士的许多高地郡一样，该地从事农业的人数仍然比英格兰和威尔士大部分地区要多得多。

同一时期，农场数量也有所减少。1950 年，英格兰和威尔士共拥有 29.6 万个农场，但到 1986 年，这一数字骤降至 16.4 万个，降幅高达 45%。[7]农场数量的锐减已在上一章进行了简要探讨，它对英格兰和威尔士的农业社会结构产生了深远的影响。其中最显著的变化是中小型家庭农场的不断减少，与此同时，更为集中、规模更大、更专业化的农场的数量却在增加。虽然难以进行比较，但这些变化确实因地区而异，正如纽比等人所言："农场类型不同，地区差异明显，变化趋势也各有千秋。"[8]不过显而易见的是，这些变化反映了英格兰和威尔士长期以来的地域划分：主要以牧区和高地为主的西部与北部，以及主要以低地和耕地为主的南部与东部。讽刺的是，尽管"第二次农业革命"对这种划分进行了调整，但某种程度上，这种调整并没有消除不同地区之间存在的差异，反而似乎更强调了这种差异。例如，放眼全国，农场整合与盈利能力提升在英格兰东部地区最为显著。20 世纪 70 年代中期，英格兰和威尔士地区专业农场的平均面积为 172 英亩。在以耕地为主的诺福克郡和萨福克郡，专业农场的平均面积分别为 244 英亩和 250 英亩。人口普查数据也证实了这种趋势。1951 年，位于耕地区中心的诺福克郡有 9083 位农场主，而到 1971 年，这一数字降至 6770 位，降幅达到 26%。同时在高地地区的德文郡，农场主的数量同期也下降了 15%，就连蒙哥马利郡也下降了 17%。[9]

此外，第 8 章所讨论的大部分技术变革都集中发生在耕地区。显而易见，拖拉机对所有农民都有益处，但至少联合收割机、谷物干燥机、新型种子品种、人工除草剂、杀虫剂和化肥等最初都是在耕地区发挥了自身的重要作用。这并不意味着高地地区没有从技术进步中获益——毋庸置疑，机器挤奶和集约化饲养牲畜在许多农场都十分重要——而是说与大型耕地农场相比，规模较小且资本化程度较低的农场很难实现规模经济。

如果我们观察一下不同的农业地区，就可以看出农场规模变化与技术变革是如何以不同方式影响不同地区，以及这些地区的农场和农场生活。这条轴线的一端是位于英格兰和威尔士高地的丘陵农场，而另一端是位于英格兰东部各郡的高度机械化农场。我们将逐一进行分析。

20 世纪 40 年代至 60 年代初期，英国的牧区和丘陵农业区保留了许多传统的耕作方式，但最重要的是保留了传统的社会与经济组织。这些地区的小型农场在不同程度上都以牧羊为主。比如蒙哥马利郡的兰菲汉格尔，阿尔温·里斯在 1940 年至 1948 年间对该地区的研究表明[10]，该地主要以牧羊为主，仅有的少量耕地也被用来种植喂养羊和马的饲料作物。该地区以小型农场为主，多数农场面积在 100~150 英亩，主要为粗放型牧场。根据这些条件，在 20 世纪 40 年代末，这些农场中大多数甚至算不上经济实体。即使到了 20 世纪 60 年代，政府扶持了 20 年之后，据估计，威尔士丘陵农场中仍有 45% 的农场主的收入还没有农场工人的工资高。[11]然而，里斯的研究也为我们描绘了这样一幅图景：一个社区虽然并不繁荣，但只要能牢牢坚守其社会和经济结构中的"传统"因素，就能持续发展。

尽管 1946 年兰菲汉格尔的土地所有权结构发生了重大变化，但"二战"后该地区的社会和经济结构对 19 世纪 50 年代的农场主或农场工人而言，仍然是可以辨认的。家庭劳动力、来自同一社会阶层的住在农场的仆工以及对亲属和邻里合作的高度依赖，依然是兰菲汉格尔地区农场运作的基石。正如里斯写道：一个"理想"的农场应该包括"父亲、母亲、一两个青年或刚成年的未婚儿子，或许还有一个女儿"[12]。然而，如果没有适龄的儿子，比如儿子尚年幼或已离开农场自立门户，那么农场主便会继续雇佣为期 6 个月的农场仆工，为他们提供农舍作为住所。直到 20 世纪 40 年代末，四分之一的农场仆工仍由其他农场主的儿子担任。这构建了一种特殊的阶级结构，在这种结构中，主人和仆人之间的差距微不足道，因为他们往往属于同一个社会阶层。"在多数人看来，当农场仆工并不丢人，反而能让小伙子们受益良多"[13]。即使被雇佣的是农场工人的儿子，该地区大部分的小农场也允许一定程度的社会流动，这种做法在"二战"后英格兰和威尔士的其他地方是比较罕见的。[14]

农忙时节，兰菲汉格尔依旧依赖邻居与亲戚间的劳动力援助，这不仅深化了该地区的"传统"性质，也使许多与该体系相关的权利与义务得以保留。[15]

> 如今，合作的主要任务是打谷、给羊浸泡药水杀虫、剪羊毛，以及少量的干草和玉米收割工作。除非有人提供的帮助无法用劳动回报，否则没有人会得到报酬，即使有报酬也往往是香烟或农产品，而不是金钱。

合作小组是由地域决定的，就算某个农场换了佃户，合作小组的结构以及相关的传统庆祝活动也不会改变。[16]

> 除了实用价值，合作劳动的日子也是重要的社交日。人们会精心准备饭菜，使用最好的房间来招待，拿出最精美的餐具与瓷器，全力以赴让客人感到宾至如归。招待的慷慨程度也会影响一个家庭的声誉……任何吝啬的行为都会遭到邻居的批评和年轻人的嘲笑。

187

20 世纪 50 年代初，在里斯完成他的研究时，兰菲汉格尔社会的传统性质就已经受到了冲击。农场仆工的数量在减少，合作任务也在减少，因此与之相关的庆祝活动的重要性也在下降。此外，有证据表明，农场在不断合并，机械化程度在增强；因此之前还非常团结的社区，在战后不久，其内部就开始出现分歧了。虽然与英格兰和威尔士的大部分地区相比，该地区的宗教活动依然占据重要地位，但在 20 世纪，其重要性相对来说仍然有所下降，这进一步加剧了社会的分化。同样，随着人口流动性的增加，当地的商店等基础设施和商人也受到了来自附近较大村庄甚至集镇的威胁。如里斯所指出的，对于"外地人"来说，这些变化可能是无关紧要的，但对于本地人来说却是至关重要的。"用城市标准来衡量的话，这里的文化保留了许多传统特征；但从其自身的历史来看，许多传统都消失了。"[17]

20 世纪 50 年代，其他高地地区也出现了许多这样的情况。当时，坎布里亚郡的戈斯福斯镇仍保留着许多英国和威尔士高地农业社区的传统特征。例如，与大多数高地地区一样，直到战间期，在戈斯福斯镇占主导地位的仍是住在农场的仆工。与兰菲汉格尔一样，这种情况在戈斯福斯镇依然存在，只是程度不同而已。[18]即便如此，在 1953 年，"教区内仍有三名青年每半年获得一次报酬，即在圣灵降临节①和圣马丁节②拿报酬，而且几乎所有农场都在'雇佣期'③内招聘农场工人"。这种做法与农业工资委员会的规定相冲突，但却得到了非工会工人的支持，因为他们愿意"随遇而安"，而这样也能让他们的收入远远超过最低工资标准。与兰菲汉格尔一样，这一点很容易实现，因为 1953 年时，22% 的农场主的儿子都在当农场工人，而且教区半数以上的农场主自己也当过工人。[19]

与兰菲汉格尔一样，合作工作和设备共享也是戈斯福斯社会经济结构的特点，

---

① 译者注：圣灵降临节（Whitsun）是基督教的节日，也被称为"五旬节"。它是基督教传统中的一个重要节日，通常在复活节后的第七个星期日庆祝，即复活节之后的第 50 天。在英国和其他一些国家，人们通常会举行宗教仪式、庆祝活动和社交聚会来庆祝这个节日。

② 译者注：圣马丁节（Martinmas）是基督教的节日，是纪念圣马丁（St. Martin）的日子，他是一个早期基督教圣徒，被认为是慈善和仁爱的象征。这个节日通常在每年的 11 月 11 日庆祝，圣马丁节在不同地区有不同的传统和庆祝方式。

③ 译者注：参看第一章，住在农场的仆工一般按"期限"（term）雇用，一个期限是 6 个月或 1 年。这里指一个期限未结束。

而且这些合作共享是以地理位置为基础，而不是以友谊为基础的。正如一位农场主告诉威廉姆斯的那样："在我的一生中，以及在我之前，我父亲的那个年代，那边的人们就一直来我们这里打谷，现在我也不会改变这种情况。"和威尔士一样，在这里剪羊毛和打谷(尤其是打谷)也是一项社交活动。[20]

> 食物的充裕与否以及其品质的高低，都对农场主的声誉起着至关重要的作用。在那么多的邻居面前，任何开支都不能节省。为了这些日子，人们会把最好的火腿储存起来。打谷后，农场主的妻子经常会说："接下来好几个星期，我们恐怕都得勒紧裤腰带过日子了。"

到 20 世纪 50 年代末，即使在高地地区，这种情况也开始发生改变。正如我们所指出的，强调产量不利于小型农场的发展。尽管 1946 年出台的《丘陵农场法》旨在帮助小农场主和丘陵农场主，但这项立法却逐步削弱了小农场主的地位。该立法采用了"鼓励"合并"非经济性"农场的形式，并向更大的农场提供支持。正如格雷厄姆·克劳所写："小型农场的问题需通过减少其数量来解决。"[21]英国加入欧洲经济共同体①之后加强了这一举措的实施，因为自 20 世纪 60 年代以来，欧共体一直采取减少小型和"低效益"农场数量的政策。因此，到了 20 世纪 80 年代，就连东南部等相对繁荣地区的小型农场主也面临着这种情况。一位来自肯特郡的农场主告诉格雷厄姆·克劳：[22]

> 家庭农场主将会消失，他们必将消失。因为那些大人物们正在逐渐将小农场主挤走。他们不急着赶我们走，不过一旦老一辈们退休了，这些小型农场就会被大农场主们瓜分。我们会坚持下去，直到无能为力。但我们会是(家族)最后一代农民。

20 世纪 50 年代末，这样的紧张关系就已经存在，当时威廉姆斯正在研究一个位于

---

① 译者注：欧洲经济共同体(European Economic Community，EEC)，成立于 1957 年 3 月 25 日。英国于 1973 年 1 月 1 日加入了欧洲经济共同体。

德文郡的村庄，他称之为阿什沃西。[23]尽管阿什沃西仍以牧业为主，但由于土地较好和研究时间不同等原因，它看起来与 20 世纪 40 年代和 50 年代初研究的"更纯粹"的高地教区大不相同。尽管该地仍以家庭农场为主，而且在很大程度上依赖家庭劳动力，但在许多方面已经发生了重大变化。如上文所述，到 1960 年，阿什沃西大多数农场主都是农场的所有者，99 个农场主中只有 7 个人的农场是租的。[24]此外，有证据表明农场数量有所减少。

在 20 世纪，定期受雇于农场的工人数量也在减少，而 19 世纪曾在乡村中占主导地位的"住在农场"的仆工已经完全消失。服务于村庄和农业的本地手工业和其他行业的人也明显减少。[25]农场主越来越依赖于"机械、农业承包商和新的耕作技术"，而不是雇佣工人。[26]

然而，农场之间仍然十分依赖相互合作，尤其是小型农场。正如一位农场主所说的那样（他说的话与之前兰菲汉格尔或戈斯福斯村的人们说的几乎一样）："阿什沃西有一个特别之处，那就是不管是人生病，是拖拉机出故障，还是出了其他问题，邻居们总会伸出援手。"[27]然而，这种说法却隐藏了真正的变化。与老一辈相比，更年轻、更"前卫"的农场主较少依赖邻居或亲戚，因为他们更愿意雇用临时工来收割庄稼或给羊群浸泡药水杀虫。此外，来自村外甚至外地的"新"农场主的出现进一步削弱了农场之间的合作，因为他们与本地区的联系较少，在这里也没什么亲戚关系。

尽管如此，到了 20 世纪 70 年代，小农场主们仍然坚定地保持着互助合作的理念，即使这种理念是以家庭为单位表达出来的。正如肯特郡一位拥有 150 英亩土地的农场主说：[28]

> 我们现在的生活比以往任何时候都更富裕，这可能得益于我们的儿子在农场无偿干活。农场生活历来都很艰难，主要看一家人是否感到满足。我认为家庭农场会一直存在，但这取决于这个家庭是否愿意承受艰辛。家庭农场依赖于家庭。

格雷厄姆·克劳在描述这些肯特郡的家庭农场时写道："可以看出，家庭的意识形态是根据家庭成员之间的伙伴关系和合作理念建立起来的，他们携手共进，为共同利益生产资源。"[29]

20世纪60年代，在丘陵农业区之外，旧式传统的工作和社区网络受到了更严重的冲击，即使是在那些早已形成此类网络的地区，破坏也同样显著。詹姆斯·利特约翰在1949年至1951年期间对韦斯特里格教区[30]进行了研究，无论是从规模上还是从社会经济组织上看，都可以将该教区视为一个过渡性社区，它介于兰菲汉格尔和戈斯福斯与更现代的低地社区之间。虽然严格来说，韦斯特里格位于苏格兰，但最重要的一点是，它是边界地区的一部分，而这个地区的经济和社会特征更多是由生产体系决定的，而不是由国籍决定。[31]20世纪50年代初，韦斯特里格仍然完全以农业和农业生产为主，约60%的家庭从事农业生产。[32]虽然有大片森林，而且与前面讨论的三个教区一样，也有一些耕地，但韦斯特里格的农业与兰菲汉格尔以及"二战"后英格兰和威尔士的大部分高地地区一样，都是以牧羊业为主。

然而，兰菲汉格尔和韦斯特里格之间存在巨大差异，主要体现在农场规模、农场所有权和农场劳动力的性质上。韦斯特里格的农场规模大，大多为农场主所有。与兰菲汉格尔相比，韦斯特里格许多农场雇佣的劳动力相对较多，1949年时，该教区内最大的农场雇佣了11名工人。在韦斯特里格，亲属关系也没有那么重要。如上述所知，里斯认为在兰菲汉格尔，亲属关系仍然是经济关系的核心部分。但是在韦斯特里格，情况则完全不同。正如詹姆斯·利特约翰在将韦斯特里格与早期的乡村社区研究相比较时写道：[33]

> 韦斯特里格与其他社区大不相同……这主要在于它的阶级制度更为重要。其他社区的工作单位很大程度上是基于亲属关系组织起来的，但是在韦斯特里格，工作单位是基于雇主和雇员之间的关系组织起来的，类似于工业地区的情况。

最显著的差异在于为农场工作的人。正如我们在戈斯福思这个与韦斯特里格有某些相似之处的小镇所看到的，那里的农场主可以依靠家人和亲戚提供73%的劳动力。相比之下，在韦斯特里格教区的14个农场中，只有最小的一个农场主要依靠家庭劳动力工作，其他农场的所有劳动力都是"雇佣"工人。[34]简而言之，韦斯特里格展现出了许多资本主义农业文化体系的特征，这里的生产主要是为市场服务，而非自给自足。

不过，这里需要注意一下：韦斯特里格的劳动文化与东英吉利高度"无产阶级化"的农场大不相同，与工业领域就更不一样了。比如牧羊这个职业就高度个人化，牧羊人与他们的"主人"一样，对羊群有一定的控制权，在边界地区更是如此。[35]

> 每个牧羊人都对自己的牧场(指按每两英亩养一只羊的比例放牧的草地)负全责，并维护自身的独立性。一些牧羊人表示，如果农场主到他们负责的牧场"打探"，他们就会离开，因为这意味着缺乏信任。所有牧羊人都认为那是"我的草地"。农场主们也很少打探，因为农场主认为，牧羊人肯定比自己更了解牧羊的工作，否则就没必要雇用他们了。

在 20 世纪初以及战间期的一些农场，这种独立性得到更进一步的发展，牧羊人拥有"羊群"，在他们"主人"的草地上放牧。在这种情况下，他放牧的羊群就是他的工资，不过在某些地区，牧羊人还可以获得一间小屋、煤炭和马铃薯地。这样一来，从某种程度上看，牧羊人有点像"小农场主"，这使他们"与其他农场工人有所不同"。[36]这种差异还体现在韦斯特里格的牧羊人相对来说不愿意加入工会。[37]

不过从阶级关系的角度来看，韦斯特里格"普通"农场工人的处境并不容易。至少在 20 世纪 30 年代之前，与上文提到的东北部地区一样，韦斯特里格的农场工人也是以家庭为单位并按年被雇佣的。他们住在农场或农场附近的小屋里，跟农场主一家保持密切关系，而未婚的农场仆工，不管男性还是女性，则住在农舍或邻近的房屋里。在修剪羊毛等集体劳作时，由农场主的妻子负责在家里招待所有工人就餐。虽然在 20 世纪 50 年代初，许多情况都发生了改变，但不管是在物质方面，还是在记忆和意识中，一些因素仍然影响着那些曾经在韦斯特里格农场工作过的人。例如，在 20 世纪 50 年代，因为人们需要农业，同时又要保护教区的历史，因此大多数农场工人仍然要住在自己工作的农场中，住在农场主的小屋里。"农舍和牲口棚总是建在耕地旁边，附近有一两间小屋，在耕地和牲口棚干活的工人们就住在那里。"[38]同样地，虽然"二战"前招聘会已经不再实行按年雇人的做法，但除了"廉价"的雇工小屋之外，其中一些举措依然保留了下来，尤其是象征性的年度契约以及某些以实物支付的行为。

类似的"混合"社会经济经历也是农场主生活的一部分。虽然在韦斯特里格，合作或分担工作及其相关做法远没有在兰菲汉格尔或戈斯福思普遍，但就算到了 20 世纪 50 年代，在一定程度上它们仍然存在。[39]

> 每个农场都是一个独立的生产单位，农场主试图从中获利。农场主之间几乎不合作。最常见的合作场合是在修剪羊毛和打谷的时候。虽然没有报酬，但农场主会为在场的每个人提供餐食。

然而，与兰菲汉格尔相比，在韦斯特里格，与打谷和修剪羊毛等场合相关的社交活动规模较小，并有一定的阶级划分，准备和提供餐食的工作也从农场主妻子的手中转移到牧羊人妻子的手中。[40]

在耕作区的那些大型农场中，亲戚关系和邻里关系从未像在北部和西部的小农耕地区那样重要。20 世纪 70 年代初，霍华德·纽比等人对东英吉利的大农场进行了一项研究，结果显示，与 20 世纪 40 年代至 60 年代的丘陵农场相比，两者的情况截然不同。[41]这里的农民和农场之间似乎没有合作，但在阿什沃西直到 20 世纪 60 年代初两者还存在明显的合作。当然，这主要是规模的问题，因为东部各郡的大农场都有自己的机械设备和足够的劳动力。因此，收割时无需求助于邻居。更重要的是，大农场的核心理念是阶级分化和竞争，200 年来一直如此。

对于东英吉利的"小麦大亨"来说，家庭固然重要，但商业需求最为重要。纽比对一些拥有超过 1000 英亩土地的农场主进行了访谈，其中近 30%的人都是根据市场导向来判断如何才算一个好的农场主。剑桥郡一位拥有 4500 英亩土地的农场主说：[42]

> 一个好的农场主，最重要的一点是实现财务上的成功。如果他能实现

这一点，其他的事情就能水到渠成。他会照料好自己的土地，因为这符合他的经济利益。

另一个显著的差异是这些大农场主与小农场主的工作方式不一样。在小农场里，无论是 20 世纪 70 年代还是 90 年代都是一样的，农场主及其家人都会在田地里干活，即使有雇佣工人，他们也会一起劳作。然而，正如纽比所写，在大型农场中，农场主很少从事体力劳动，因此与工人的相处方式也非常不同：[43]

> 他们当中大多数人与其说是农场主，不如说是全职的行政人员和管理者，很可能在任何大城市的办公室或工厂工作。当然，从主观上讲，几乎所有这些农场主都会认为自己与工业管理人员大不相同。不过，就他们的工作情况而言，许多大农场主并不是一般意义上的农场主，因为他们既不开拖拉机，也不挤牛奶。

从他们与工人的关系中也可以看出这些农场主的态度。与 20 世纪四五十年代丘陵农场的教区明显不同的是，大型耕地农场雇佣了不同社会阶层的男性，以及少部分女性，并将他们视为雇员。只有规模很小的农场主的儿子才会到其他农场当工人或工匠，虽然这种做法也可以看作是为经营自己农场进行培训的一部分，正如一位来自肯特郡的农场主所说："我儿子目前在其他农场工作，积累经验。希望他以后能回来这里工作。"[44]

"二战"以来，农场工人数量持续且快速地下降是各地区社会和经济变化中最为显著的一个方面。如我们所见，20 世纪 50 年代以后，全国范围内的农业就业人数迅速下降，但全国性的数据往往掩盖了特定领域就业人数下降的影响。诺福克郡一直以来都有大型农场和大量劳动力，但在 1951 年至 1971 年间，该地区的农场工人数量减少了 49%。同一时期，在以小型农场为主的德文郡，农场工人数量减少了 59%，而蒙哥马利郡的农场工人数量则减少了 69%。而与农场主数量相比，农场工人数量也有所下降。在诺福克郡，1951 年农场主与农场工人的比例为 2.7：1，1971 年降至 1.8：1，并且此后持续下降。实际上，即使在 20 世纪 70 年代的东英吉利地区，60%的农场也根本没有雇用任何工人，依靠的完全是家庭劳动力以及农业承包商和临时工人。在小型农场地区，尽管也发生了同样的变化，但是情况却完全不同。在德文郡，1951 年时农场主和农场工人数量相等，到了1971 年农场主与农场工人的比例为 1.9∶1；而在蒙哥马利郡，1951 年农场主与工人的比例为 1.4∶1，而到了 1971 年增加到了 3.8∶1。[45]

这些变化虽然微妙，但却对改变农场工人的地位起着至关重要的作用。20 世纪初以前，在低地地区和耕作区，许多在农场工作的人实际上是生活在以农场工人为核心的职业社区中。而在高地地区，由于家庭和劳动力之间紧密交织的纽带，那里的社区至少在表面上呈现出高度的社会同质性。在战后的英国，农场工人数量减少，与农业毫不相关的新农村人的涌入，导致这两种社区都发生了变化。

而这些变化在低地地区和耕作区最为明显。在东英吉利各郡，乡村自治组织的传统直到战间期依然根深蒂固，其中包括非国教小教堂、友好协会和工会等组织。[46]随着农场工人绝对数量的减少以及其相对于农场主数量的比例下降，这种社区逐渐开始瓦解。"二战"后，由于信众数量减少和老龄化趋势加剧，乡村小教堂的数量急剧下降。东英吉利地区曾在 20 世纪初被誉为"上帝的心脏地带"，但到了 20 世纪 90 年代，曾经作为社交、学习和生活中心的贝瑟尔教堂（非国教教堂）却变成了新涌入乡村人口的理想居所。那些在国家福利制度建立之前就一直存在的乡村友好协会实际上已经消失了，就连工会也面临着重重困境。

20 世纪 40 年代末，全国农业工人工会拥有近 14 万名会员；但到 1982 年，该工会与运输和普通工人工会合并时，会员人数不足 6.7 万人，其中有 1.5 万到 2 万人在与食品生产相关的工厂工作，而不再是"传统"的农业工人。到了 1990 年，会员人数降至 3.7 万人。[47]而且，不仅会员数量下降了，工会的地位也发生了变化。尽管工会已经扩展到了食品加工等新的领域，但乡村分会数量在减少，会员年龄日益增长，许多分会实际上已经日薄西山了。例如，尽管工会在 1980 年开展了全国性的招募活动，但 2500 个分会中有 2000 多个分会没有招募到任何新成员。[48]与其他工人阶级乡村机构的衰落一样，乡村工会分会的没落对乡村旧有无产阶级文化来说无疑是致命的一击。

　　这并不意味着在经济或社会方面不再需要工会了。纽比指出，在 20 世纪五六十年代，与工业部门的工资水平相比，农业部门的工资有所下降，而在此前 20 世纪 40 年代的一个短暂时期内，工农业之间的差距已经开始缩小。事实上，在 1949 年至 1955 年间，实际工资的确下降了。[49]在乡村地区，雇工小屋①意味着农场工人的住房与他们的工作息息相关，这种住房形式不仅没有消失，反而有所增加。尽管工党也承诺要废除雇工小屋，而且自 1906 年起就已经制定政策将它废除，但在 1948 年，34% 的农场工人仍住在雇工小屋里，而到 1975 年，这一数字已经上升到 55%。世世代代的农场主都认为，雇工小屋既是一种福利，同时也是留住优秀工人的必要条件，然而对成千上万的人来说，现实情况却截然不同。1947 年至 1979 年，工会共为其会员提出了 12482 起关于废除雇工小屋的诉讼案。鉴于工会会员人数一直以来都不到农场工人总数的 40%，因此实际提出的案件数量肯定远超这个数字。

　　被逐出雇工小屋所带来的痛苦以及所引发的恐惧一次又一次地登上工会报纸《土地工人》(The Landworker) 的页面，直到 1976 年，雇工小屋引发的恶劣事件才得以控制。1975 年 4 月，来自赫特福德郡的瓦茨夫人写信给该报：[50]

　　　　我丈夫一辈子都在务农，过去 20 年一直在牧羊。在这里住了 8 年，我们都觉得自己已经安顿下来了，还在这个小屋上投入了大量的金钱与精力，把这里变成我们永久的家——我们也把这当成了我们永久的家。3 月 22 日，我丈夫接到了裁员通知，同时还要求我们 4 月 8 日搬出小屋。接下来的几个月就像一场噩梦。

1976 年，受管控的农业租赁方式取代了雇工小屋。到了 20 世纪 80 年代，雇工小屋数量已经下降了 45%。然而，即使雇工被驱逐的案件大幅减少，但威胁依然存在。正如丹辛格在 1988 年所写：[51]

---

　　① 译者注：农场主出租给受雇用的农业工人住的农舍，一旦工人失业，通常也会失去其居住的农舍。

最重要的是，雇工小屋的存在与农场工人的客观利益背道而驰，让他们难以通过自由谈判争取更高的工资和更好的工作条件。同理，雇工小屋满足了农业雇主的利益，保证了低成本的劳动力，同时还维持了和平的劳资关系。

不过，工会在战后也并非完全无能为力，即使它所取得的成果微乎其微。通过孜孜不倦地游说，特别是琼·梅纳德议员的积极倡导，雇工小屋制被废除，由此引发的恶劣事件被制止。虽然她代表的是城市选区，但实际上，在 20 世纪 70 年代，她是下议院中唯一的农场工人代表。工会还就工业安全方面进行了长期艰苦的斗争。即便如此，经过一系列的立法之后，1974 年，英格兰和威尔士的农场仍然发生了 91 起致命事故，其中 25 起事故涉及 16 岁以下的儿童。[52]

战后时期，工会最成功的一项运动可能是反对使用 245-T 除草剂的运动。245-T 使用的化学品最初用于军用脱叶剂，并曾在越南战争中使用过，其危险性早在 20 世纪 50 年代就已经很明显了。这些危险包括因接触而引发的严重疾病、死亡或长期的遗传损害。在越南战争期间使用 245-T 导致美国在 1984 年向越战老兵支付了 1.8 亿美元的赔偿金。至少从 20 世纪 60 年代起，英国农业中就以各种形式广泛应用 245-T。尽管英国农业、渔业和食品部在 1983 年还一直坚称，在"适当"使用的情况下 245-T 是"安全"的，但从 20 世纪 70 年代末开始，由全国农业工人工会领导的英国工会就开始了禁止使用 245-T 的运动。虽然保守党政府不断反对，但这项运动在基层中却不断壮大。工会成功地利用了其与地方政府和包括妇女协会在内的乡村组织的联系，向地方政府和其他机构施压，要求停止使用含有 245-T 的除草剂。至 20 世纪 80 年代中期，英格兰和威尔士已停止使用该类除草剂。[53]

工会在工资和工作环境方面的一系列运动却没有那么成功。20 世纪 80 年代中期，农业工人每周的平均收入仍比工业工人低 30%，但平均工作时间却多 7 个小时。战后的每一年，农业工资委员会都要为不同级别的农场工人制定全国性的工资标准，但由于越来越多的工人对自己的工资标准进行协商，全国性的工资标准似乎变得越来越不重要了。然而，在 20 世纪 80 年代有两起事件表明了工会在准备反击，尽管结果可能只是好坏参半。1982 年 2 月 15 日，经过两个月的协商，诺福克郡伯纳德·马修斯家禽加工厂的 1200 名工人因工资和工作环境问题举行罢工。此次罢工持续了 6 周，得到了诺福克郡和其他地方的广泛支持。运输和普通工人工会(the Transport and General Workers' Union)封锁了这些工厂，并组织了消费者抵制活动。对于工会来说，这两起活动都为工会取得胜利作出了贡献。然而，这也让工会付出了代价。虽然罢工者只取得了每周 12 英镑的罢工工资(约为正常周薪的五分之一)，但在全国资金处于历史最低水平的情况下，工会为此付出的代价却是沉重的。实际上，在罢工快要结束时，工会对其成员的支持似乎无以为继。[54]

如果说马修斯家禽加工厂工人罢工是一次胜利(从某种程度上说确实如此)，那 1984 年为禁止加班而举行的罢工则表明工会已经变得软弱无力。为了不影响收获，这次活动特意选择在 8 月的最后一周进行，主要范围是东英吉利地区，结果却是一场灾难。我们无法确定有多少会员参与其中，但在禁令期间，萨福克郡的丹辛格与二十六名农场工人交谈后，发现只有一名工人支持禁令。显然，禁令对工资谈判或工资水平几乎没有任何影响。正如丹辛格所写：[55]

> 总体来说，农场工人普遍感到无能为力，因此不愿参与因加班禁令而发起罢工。没有哪位农场工人觉得自己得到了足够的工资，但他们也想不出任何方法来改善自己的处境。

然而，这种无能为力的感觉远比工会和乡村其他阶级或社区组织机构那种单纯的强势或弱势具有更深刻的意义。战后时期，农场主与农场工人比例的变化从根本上改变了农场生产的社会关系，尤其是在耕作区。正如纽比写道：[56]

> 随着每个农场中工人数量的减少，留在农场的工人与雇主之间的关系也变得更加疏远和个人化，因此农场工人很少有参与罢工运动的想法。

20 世纪八九十年代，普通农场工人在工作时见到雇主的时间比见到其他工人的时间多。这增强了农场主与农场工人之间的认同感，在这种认同感之下，你工作的农场成了"你的"农场，作为农场工人，你也是农场这个团队的一部分。正如一名来自萨福克郡的农场工人在 20 世纪 70 年代所说：[57]

> 我们每年都会参加最佳农场的评比。今年我们也参加了，而且又赢了。如果我们不同意老板的行为，我们会说"该死的"，然后就不管了。我们并不认为我们之间是主仆关系，我们只是一起工作。

在工会的期刊中也可以找到类似的看法。在这里，雇工小屋也能找到它的捍卫者。住在布里斯托尔附近雇工小屋里的苏珊娜·摩根赞扬了那位"花大价钱对小屋进行现代化翻修并安装了中央供暖设备"的农场主；[58]而来自纽伯里的 B. 亨特则更为激烈地为雇工小屋辩护："不是所有农场主都是坏人，恰恰相反。你们为什么就不能放过雇工小屋呢？"[59]

影响农场工人乃至农场主地位的第三个因素是乡村地区人口比例的变化，这种变化对那些与农业无关的群体有利。这一趋势历时长久。早在 1921 年，正如前文所述，萨里郡的"白领"工人便已成为劳动力市场的主导力量。而到了 1971 年，这一趋势更加显著，乡村地区高达 35% 的劳动力从事白领工作。[60]即使在变化不那么明显的郊区地带，也呈现出相似的趋势。到 1971 年，在诺福克郡乡村地区的劳动人口中，不管是男性还是女性，有 33% 从事白领工作。只有在最偏远的高地地区，非农业劳动人口的增长才低得多。例如，到了 1971 年，在蒙哥马利郡，只有 20% 左右的劳动人口从事白领工作，几乎与农业劳动人口的比例持平。

尽管自 20 世纪 60 年代末以来，一些企业向乡村地区，尤其是南部和东部的乡村地区转移，这些人被称为新农村人，其中大多数在居住地以外的地方工作。这一点在战后重建开始时就很明显了。虽然 1948 年距离战争结束的时间还太短，无法做出准确的判断，但 1951 年萨里郡的人口普查报告指出，"人口分布模式似乎已经回归到和平时期的状态"。从 1948 年到 1951 年，这一点变得更加明显。虽然"伦敦中心附近人口较为密集的地区人口几乎没有增长"，但在远离伦敦中心的"住宅区"，与 1931 年相比，人口增长了 80% 以上，其中约 20% 的人口是在 1945

年以后增长的。[61]

虽然铁路继续为伦敦周边地区的发展提供了交通基础设施，但是，从 20 世纪 60 年代开始，私家车拥有量的增长和高速公路的建设开辟了更远的新区域。鲍尔斯和切希尔在 20 世纪六七十年代间对西伯克郡的研究表明，高速公路的建设不仅影响了村庄性质的变化，还影响了村庄社会构成的具体方式。[62]

> 外来人口或多或少地分成几批涌入了该地区。20 世纪 60 年代，首批抵达的是当地较为富有的商人。1972 年末，M4 高速公路正式通车后，该地区作为纽伯里和旺塔奇小镇之间的繁荣郊区，吸引了大量中高收入的高管和专业人士……与此同时，大量十分富裕的周末度假者（该地区的房价确保了只有真正的富人才能买得起周末别墅）和有钱的退休人员也涌入了该地区。

从 20 世纪 70 年代至今，这种人口涌入模式在英格兰其他地区持续重演，也以不同的方式出现在威尔士。利特尔在 20 世纪七八十年代对威尔特郡两个村庄的研究显示，那里不仅发生了人口增长，而且发生的是"中产阶级和中上层阶级居民不成比例的增长"。与西伯克利郡的乡村一样，通勤因素在这里也起到关键作用。在所研究的乡村地区，每天往返伦敦和布里斯托尔是可行的，而斯文顿、纽伯里和雷丁等中间的城镇则是人们平常工作的地点。[63]即使在彼得·安布罗斯所研究的林默村，一个位于东萨塞克斯郡、从某些方面来说更为平民化的村庄，在 1971 年，也有四分之一的住户是雇主、管理人员或专业人员。[64]

而威尔士乡村地区的情况则有所不同。尽管这里也存在类似的人口流动情况，有人迁往南部卡迪夫和斯旺西周围的村庄，但涌入丘陵农业区的人口主要是退休人员和拥有两套房子的人，而不是需要通勤工作的人，这些构成了社会和文化变革的基础。自 20 世纪 70 年代起，威尔士乡村地区由于相对便宜的住房、优美的乡村景色和远离城市"污染"等因素吸引了许多英国城市居民。尤其在 20 世纪 80 年代吸引了大量的伦敦居民，当时他们的实际收入大幅增加，因此想购入一套便宜的房子，用以在周末和节假日度假。尽管在 20 世纪 80 年代，人口迁移一直在

发生，但在 80 年代末，这种人口迁移规模达到了高峰，之后似乎就开始有所降低。然而，取而代之的可能是以下情况：[65]

> 大量新居民涌入乡村地区，其中包括退休人员及在英国东南部等条件较好的地区将房子变卖换取资金的人，还有一些借机脱离城市生活和环境的人。

英格兰地区的人口迁移也存在相同的情况，但威尔士地区的人口流动情况却因多重原因而变得尤其紧张。首先，在威尔士，尤其是中部和北部地区，其自然风光和经济结构相较于英格兰大部分地区更为"乡村化"，这使得威尔士的"家园"魅力倍增，同时也加剧了当地的人口压力。正如戴写道：[66]

> 鉴于乡村地区对许多英国人来说特别具有吸引力，因此人们普遍认为威尔士的乡村地区是更为理想的居住地之一。一旦人们有能力按自己的喜好行事，他们就会选择迁移到想去的地方。

其次，在威尔士，国籍和(许多地区的)语言都加剧了阶级和城市问题的严重性，而阶级和都市背景也将英国乡村地区的涌入者与"本地人"区分开了。由于这种种差异，反对"涌入者"现象成为了许多英国乡村地区的共同特征，在威尔士，这种现象甚至演变成一个政治和文化问题。例如，人们争夺"经济适用房"的行为在威尔士的部分地区不仅仅是简单的阶级问题，还被视作英格兰人对威尔士长达数世纪的统治的一部分，因为那些富裕的撒克逊人①买下了房子、街道甚至整个村庄，使得英格兰对威尔士的统治成为现实。事实上，实际情况更为复杂：1980 年至 1989 年，保守党政府出售了市政住房，比起英格兰人的涌入，也许这一举措更加

---

① 译者注：原文 Saeson 在威尔士语中是指"英格兰人"或"撒克逊人"。在历史上，"Saeson"这个词常用来指代英格兰人，尤其是指那些定居在威尔士以外地区的英格兰人。这个术语在威尔士的历史和文化中具有一定的重要性，因为它涉及威尔士与邻国英格兰之间的历史关系和文化差异。

消耗经济适用房的数量，但这一举措仍有很大的影响力，因为这已经成了威尔士民族党①的一个关键政治问题。[67]

人们将威尔士语的衰落，尤其是其在乡村核心地区的衰落，也归咎于城市移民的涌入，而这种结论与住房问题一样，也有一定的道理。早在 20 世纪 50 年代，埃米特对威尔士梅里奥尼斯郡"兰"村进行研究时就注意到，经济实力较强的英格兰移民从来不学威尔士语，另外，不说威尔士语的人还领导了如青年俱乐部和妇女协会等许多新的社会组织。[68]在 1993 年《威尔士语言法案》通过之前，在社会各层面都存在着对威尔士语言使用者的歧视。在英格兰人较多的地方，由于他们只使用单一语言，而且经济实力和社会权力又较强，歧视现象就更为明显了。此外，威尔士本地人从贫瘠的乡村土地上逃离，而以英语为主的就业市场又造成了威尔士语"不如"英语的观念，这些因素对威尔士语的伤害不亚于"涌入者"所带来的伤害。[69]

在 20 世纪 80 年代至 90 年代初，反对购买第二套住房的运动变得更加激烈，尤其是在北威尔士地区，人们甚至会烧毁其他人购买的第二套住房，或者是采取用超强胶锁上度假小屋等低暴力程度的行为。然而，威尔士地区所发生的运动在其他方面与英格兰地区发生的许多运动一样，区别只在数量方面，而本质是相同的。在英格兰，自 20 世纪 60 年代起，人们对"涌入者"的不满情绪在几十年间不断积累，威尔士的不同之处在于其政治化的反应。英格兰人的看法如出一辙，他们都围绕着一个核心信仰，即"社区"受到了来自外部的威胁，因为涌入者无法"理解"社区的价值观。

农业劳动力规模下降，紧接着的是旧式平民化乡村制度的崩溃，农场主转变了对土地和农业的态度，再加上在乡村地区生活的人在本质上发生了改变，种种因素结合在一起，导致乡村地区发生了巨大的社会转型，而这种转型规模可以与"拖拉机加化肥"带来的经济变革相提并论。到 20 世纪 80 年代末，英格兰大部分乡村地区都在过去的 30 多年里实现了人口的持续增长。在那以前，需要上班通勤的人只会选择在市区周边的内环郊区居住，而在那时，这些人的居住范围已经蔓

---

① 译者注：威尔士民族党（威尔士语：Plaid Cymru，英语：The Party of Wales；又称威尔士党）是英国威尔士的地区政党。现在以在欧盟中建立独立国威尔士国作为政党的最终目标。

延到了乡村地区。而曾经只有极少数人会在更偏远的地区购买第二套住房或退休别墅，但在那时已经有越来越多的人在偏远地区购房，尤其是那些在南部和东部富裕地区工作的人。

随着这种变化的发生，乡村不再是谋生的地方，甚至已经不再是大家都从事单一职业的社区，而是变成了休闲之处，即使住在乡村里的人也只有在闲暇时间才会去到那里。一群剑桥人类学家从 20 世纪 60 年代初到 70 年代对埃塞克斯郡的埃尔姆登村进行了调查，弗朗西斯·牛津指出了该地的变化：[70]

> 1977 年，一个迁入该地的人说："埃尔姆登一点也不像是乡村，更像是通勤中心。"这种观点与 20 世纪 60 年代初一位涌入者认为的该地是"真正的乡村"的观点形成了鲜明的对比。不管人们现在认为埃尔姆登是"奇怪的天堂""宿舍村""真正劳动村民的村子"，还是其他，都不再有人会觉得这里与世隔绝或是充满乡村特色。因为老旧的平房已经翻新，重新铺上了茅草，墙壁也重新粉刷了。这个村子看起来发展繁荣、活力满满，很明显是不断有人迁入的地方，同时这里几乎没有破旧不堪或是遭人废弃的房屋。埃尔姆登不但没有衰落，反而欣欣向荣，日新月异。

从某种程度上说，新迁入埃尔姆登的居民所追求的世界与现实的乡村生活和农业经济没有什么关系，他们只是想在田园景观中扮演一个小角色。对于 48% 想搬到乡村的城市人口来说，乡村生活无论过去还是现在都是[71]更安全、更宁静、更纯净的。小说家妮基·杰若德于 1999 年携家人迁入萨福克郡，并在《观察家报》上发表了相关文章：[72]

> 我很高兴离开城市生活，我不想随波逐流，不想被时尚、速度和野心所左右，我喜欢生活在绿树丛中，生活在广阔的天空之下，我渴望在花园里，把手指伸进泥土，让双手沾满泥污。我知道屋顶的瓦片会滑落，冬天的花园会变成泥沼，但我也想象着，傍晚工作结束后，一家人可以开车去海边，在满是鹅卵石的沙滩上散步。这就是幸福。

艺术家麦肯齐·索普放弃了稳定的工作和收入，携家眷从伦敦搬到了约克郡，这样的行为用 20 世纪 90 年代中期流行的话来说就是所谓的"缩减开支"。[73]

> 约克郡与伦敦完全不同，这里有广阔的空间、丘陵和树木。我们随时都可以去海边，车门也不用锁。孩子们可以步行去上学，这对他们有很多好处，他们变得更平静、更温柔，也更有礼貌了。

大多数新迁入乡村的居民在经济上没有知识分子和艺术家那么自由，工作也没有他们那么灵活。对他们来说，新家不是萨福克郡的农舍，也不是约克郡的别墅，而是"改头换面"的农场工人小屋，以前属于市政委员会，或者是乡村里新庄园的房子。然而，人们迁入乡村的原因却极为相似。在对"涌入者"最早的研究中，有一项是在 20 世纪 60 年代初，由露丝·克莱顿对伯克郡的斯特拉特菲尔德莫蒂默村所进行的，在谈及涌入者时她写道："他们喜欢周围的乡村、森林和田野。他们喜欢乡村的宁静，觉得乡村是健康的居住地。"[74]将近 20 年后，在对埃尔姆登的研究中，人们的观点几乎还是完全相同。[75]

> 从伦敦或郊区搬到乡村居住，但继续在城市工作的家庭，对待乡村生活的态度往往很积极。英格兰乡村地区的乐趣，使得 8 点 13 分从奥德利恩德到利物浦街的那趟列车变得没那么艰辛。一些母亲坚持认为她们无法忍受在城市里抚养孩子，她们当中许多人都希望住在有花园的房子里，住在自己能买得起的更大的房子里。

在 20 世纪 60 年代、70 年代和 90 年代，许多搬到乡村地区的人都在寻找另一种较为理想的社区。[76]

> 浪漫乡村模式假定过去的乡村是一种自给自足的亲密社区。人们会将乡村生活理想化，将它想象为一个温馨社区，因而移居乡村的人会去寻找

"真正的乡村"。他们期望，本地乡下人会很友好，言下之意是希望涌入者就算不能融入当地的家庭或村庄的怀抱，至少也会被接纳为这个地区中不可分割的一部分。

图 15 "涌入者"。20 世纪 60 年代伯克郡斯特拉特菲尔德莫蒂默村的木匠居住区。20 世纪五六十年代，人们对乡村生活的向往扭转了许多乡村地区人口下降的趋势。20 世纪 60 年代研究这一问题的露丝·克莱顿称斯特拉特菲尔德莫蒂默村为"上班族的村庄"。在接下来的 40 年里，该地的经历在其他地区无数次重复上演。（经雷丁大学乡村历史中心许可转载）。

然而，至少从战间期开始，这个被大众理想化了的社区就几乎不存在了，即使还有，当地人对这些新乡村居民的敌意也在与日俱增。根本原因也很明了：在不断有人迁入的过程中，原本从事农业工作的人，尤其是农场工人，转眼间成了这片土地上的陌生人。在埃塞克斯郡的埃尔姆登，从 1964 年到 1971 年，短短的 6 年时间，农场工人的数量减少了 9%，而专业人士的数量却从 13% 增加到 33%。[77]

这些变化引发了类似于威尔士乡村地区的冲突，只是程度没有那么激烈。从 20 世纪 70 年代开始，住房成了乡村社区的一个主要问题，并首先出现在东南地区，后来蔓延到了其他地区。随着农业就业人数的减少，农场主和土地所有者发现自己手中有了"过剩"而且很容易售出以换取资金的房子，就算从长远来看，变卖房子会导致村子里人们负担得起的出租房数量减少，他们也在所不惜。在埃尔

姆登，[78]

> 房屋的所有权已从务农的土地所有者手中转移到新移民的手中。乡村的房子和小屋不再是当地人的家，当地社区也从村庄这一头转移到了另一头。"土豪"们居住在一个区域，虽然仍然有当地村民"散居"其间，但这里已经是"完全不同的世界"，村子的两头截然不同。

从地方政府的住房计划来看，英格兰许多村庄的这种空间划分变得更加明显。因为土地比较便宜，所以很多住房就不可避免地建在了老村庄的边缘，而且有些是以前的公共用地或已被地方政府管控的废地。彼得·安布罗斯于 20 世纪 70 年代对萨塞克斯郡的林默村进行了研究，结果发现该村形成了两三个社会经济区。绿地周围的"老"村落大多是建于 20 世纪之前的住房，现在居住的几乎全部都是涌入者，其中大部分人都已经退休。周围的地区仍然属于"村庄"的"一部分"，是私人开发的住宅区，主要是小型"独家"住宅区，其中一些是战间期建造的。最后，距离中心地区四分之三英里远的西北部曾经是公共用地，如今是地方政府用地。与旧村庄分隔开之后，地方政府所建住宅群成为了一个有规划的平民聚居区。

住房不是唯一的问题。与威尔士一样，无论是正式的还是非正式的，当地机构的控制权似乎都在从"当地人"手中转移到"涌入者"手中。正如在 20 世纪 70 年代，一位萨福克郡的农场主说道：[79]

> 从城市迁入乡村的居民和当地村民之间出现了分裂，这也是我们在 X 地成立了一个教区议会的原因，明确表示欢迎和接受伊普斯维奇人迁入。但这是不可能的事，他们成立了一个替代教区议会的佃户协会，教区议会完全失败了。如今教区议会已经由涌入的城市居民领导了，当地居民也已经退居二线，放弃了。

在某些社区，这种分裂可能会引发切切实实的怨恨，因为"本地人"认为涌入者阻碍了自己充分利用自身的财产。1996 年，萨默塞特郡的金斯伯里埃皮斯科皮村因计划在村里建造"高级住宅"和工业园区而引起了"涌入者"和"本地人"之间的分裂。当地的土地所有者(自称为"本地人")支持该计划，但一群涌入者(教区居民小组)却反对该计划。无论争论会带来什么利弊，它很快就演变成了一场关于谁"拥有"村庄、村庄有什么特色和乡村生活如何的战争，当地的老村民被称为"乡巴佬"，而迁入者则被指责为想通过剥夺他人的乡村生活来保护自己的乡村梦想。[80]

隐藏在这些争吵背后的真正问题是多数村庄的贫困与匮乏，在 20 世纪末的 30 年里，乡村贫困问题非但没有解决，反而变得更加严重。当然，在那些居民主要以高收入涌入者为主的村庄，日益增长的财富掩盖了这种贫困问题，这使得低收入者更难以忍受。[81]

乡村贫困的原因之一在于农业领域的低工资和低收入水平。如前文所述，在整个 20 世纪，与同等水平的产业工人相比，农场工人的工资一直处于较低水平。丘陵农场主的收入也面临同样的困境，自 20 世纪 50 年代初以来，尤其是在威尔士地区，丘陵农场主的收入比农场工人的工资高不了多少。此外，虽然在英格兰和威尔士的一些乡村地区居住着收入高的人，但收入低的人也住在这里，甚至还有不从事农业的人。然而，虽然收入比许多乡村社会学家或规划者所说的更为重要，但是收入本身并不是衡量实际贫困状况的唯一标准。毕竟，一个村庄可以提供所有最好的"服务"，但如果这里的居民根本没钱消费这些服务，那么这些服务的有无也就没什么区别了。自 20 世纪 70 年代以来，诺福克郡北海岸的部分地区已经从相对贫困、以谋生为主的社区转变成了英国最时尚的乡村地区之一。虽然《优质食品指南》里的餐厅和专业食品商店似乎已经成为当地"经济"不可分割的一部分，但是那些仍然从事农业、渔业或相关行业工作的人却很少能够享受到这些店铺的服务。

尽管如此，贫困并非低收入造成的唯一问题。乡村的住房情况一直比人们想象中的田园诗画里的茅草屋更糟糕。直到 20 世纪 50 年代，在很多情况下，乡村地区的住房情况与大多数城市地区一样糟糕，甚至更糟。1951 年，诺福克郡 37% 的住宅没有自来水，40% 的住宅没有抽水马桶；而在剑桥郡，这些数字分别为31% 和 41%；蒙哥马利郡则分别为 44% 和 51%。而自来水的全国普及率为 17%，抽水马桶的全国普及率为 21%。然而，虽然统计数据较为乐观，但除了蒙哥马利郡之外，其他地区的统计数据都包含了城市地区的数据。从诺森伯兰郡的数据中就可以看出这种情况有多么扭曲了。该郡总体只有 19% 的住宅没有自来水，但是在贝林厄姆这样的"乡村"地区，44% 的住宅都没有自来水。[82]

在某些地区，地方政府建造的政府住房在一定程度上改善了住房条件。甚至在战后不久，一些乡村议会就开始建造廉租房了。自 1945 年至 1949 年，多塞特郡的温伯恩和克兰伯恩乡村议会已经建造了 120 栋房屋，另有 60 栋正在建设中。同一时期，林肯郡的阿克斯霍姆岛乡村议会建造了 154 栋房屋和 8 栋平房。[83]然而，这种情况并不多见。在许多郡，根深蒂固的利益集团反对政府建造廉租房，认为这可能会增加税费；然而，在 20 世纪 60 年代，工党政府在执政期间不断建造廉租房，甚至还扩大了建造规模。在 20 世纪 60 年代初，克莱顿开始研究伯克郡的村庄时，村里约 25% 的住房由市议会所有，而在近 20 年后，埃尔姆登只有 21% 的人口居住在政府建造的廉租房里。[84]然而，1980 年保守党政府推出"购买权"法案后，在英格兰和威尔士地区，甚至连这一条款也遭到了破坏。

除了工资低和难以获得经济适用房之外，公共和私人服务的减少也严重影响了战后的乡村贫困人口。在 20 世纪的大部分时间里，乡村地区的经济和社会基础设施一直处于危险状态。正如前文所写，由于战间期乡村居民可以定期乘坐公共汽车前往城镇购物，乡村的商店和其他行业便逐渐衰落。20 世纪 40 年代，就连在偏远的兰菲汉格尔教区，当地也已经有两家商店出售日常所需的大部分物品了，但是许多村民还是会前往附近较大的村庄，或者奥斯威斯特里，甚至是利物浦，进行特殊采购。[85]20 世纪 50 年代，我生活在一个农村集镇，当时"村子"里的人在周五时会乘坐"专线"巴士去比斯特赶集，这些巴士只在周五运行，用于"大型"或特殊采购。

然而，当时每周一次的赶集活动已经开始严重影响了村里的商店。20 世纪 70 年代初，J. 马丁·肖对诺福克郡进行的研究表明，1950 年至 1960 年，乡村商店的数量减少了 40%，其中较小村庄的损失最为明显。[86]在 20 世纪七八十年代，这种下降趋势一直在持续，许多村庄的乡村商店减少了一半。同样，酒馆数量的减少也产生了重要影响。1961 年后的十年间，北诺福克郡的许多村庄失去了仅存的酒馆，酒馆数量减少了，更糟的是连酒馆的性质都发生了根本性的改变，变得更适合涌

入者或那些手里拿着《美食指南》的人。纽比在谈到萨福克郡时写道：[87]

> 鉴于酒馆在农业工人闲暇时的社交模式中扮演着重要角色……因此不管是从实际出发，还是在象征意义上，这些变化确实都会有一定的影响。酒馆不仅是农业工人工作之余与朋友聚会闲谈的最重要的场所，在许多村庄，这也是唯一可以聚会的地方。酒馆甚至也是人们在地方和国家事务中展示传统智慧并将之传播开来的场所。因此，当地酒馆的消失导致农业工人与自己的村庄疏远了，而这种疏远比涌入者到来之后所带来的许多其他问题都更加严重，酒馆的关闭被视为当地社区衰落的代名词。

"私人"经济服务衰落的同时，许多村庄的公共服务也在衰落。医疗保健和教育这两个领域的表现最为明显。与经济设施一样，这两个领域在过去 30 年里发生了明显的衰退。1961 年至 1971 年，诺福克郡乡村地区的诊所数量下降了近 20%，而保健中心数量的增加并没有弥补这一缺口。[88]没有诊所可以通过家庭诊疗来解决，但在 1949 年至 1971 年，[89]全国范围内的家庭诊疗次数减少了 60%。这种情况影响了一些特殊群体，尤其是那些依赖公共交通的群体，因为在同一时期，公共交通的数量也有所减少。20 世纪 70 年代对莱斯特郡进行的一项研究表明，"没有汽车的家庭、私人交通工具有限的大家庭、低收入群体和妇女的生活最为困难"[90]。乡村学校的关闭情况略为复杂。在这里，涌入者的到来实际上会增加学生数量，埃尔姆登的情况确实如此。然而，这并不是普遍现象。从 1952 年到 20 世纪 70 年代，诺福克郡有 50 所乡村学校都关闭了，导致一半以上的村庄没有了学校。20 世纪八九十年代，尽管当地进行了抗争，但仍有更多的学校被关闭。

这种"隐性贫困"造成了一个新型的乡村下层社会，主要由低收入者和老年人组成，他们大多属于"传统村民"。这仍然是当前讨论的核心问题。与此相反，许多乡村地区的房价不断攀升，收入高于平均水平，这无疑显示了乡村地区的繁荣。有趣的是，1996 年《观察家报》发表了一篇关于"缩减开支"的文章，描述了一对从伦敦搬到德文郡的夫妻，他们每年靠 2.5 万英镑生活，而"在伦敦广告界的朋友们的收入是他们的四倍"[91]。但是在当时，德文郡乡村地区三分之一以上的工人年收入不足 1 万英镑。

尤其是在过去的 20 年里，这些变化引发了一系列始于 20 世纪初的社会变革。由于农场工人的数量相对于农场主和涌入者来说都有所减少，所以英格兰和威尔士的许多乡村社区出现了新的分裂和团结的情况。前文讨论过的农场主和农场工人在工作场所之间的亲密关系又重现在乡村中了。从事农业的人将自己与从事其他职业的人对立了起来。对于英格兰大部分地区（这里不涉及威尔士地区），这种团结在大多数方面都是虚假的，就连在社会经济关系方面也是如此，但在大多数情况下，这并不削弱社会经济真正的力量。按照这种观点来看，充满敌意的涌入者接管了乡村，但是他们又不了解农业和乡村，只想要按照自己的想象改变乡村。20 世纪 70 年代，农场主们在接受纽比的采访时所说的话用在这里也是非常引人注目的。那些在土地上劳作的人一再被描述为"村里人"或"村民"，甚至是"本地人"，而那些搬迁进来的人则是"陌生人""城里人""入侵者"，甚至是"外族人"。[92]这种划分将农场主和农场工人联系在了一起，形成了一种新型的团结用以反对外来者。在 20 世纪 80 年代末和 90 年代，随着攻击农业的行为越来越普遍，这种"团结"变得越来越重要，接下来的章节将会讨论这一点。

10

维护自然秩序？
环境与保护，1945—1990 年

　　如前两章所述，英格兰和威尔士农村地区在农业生产和社会经济结构方面的变化对农村之外的地区也产生了影响。随着乡村逐渐成为休闲和生活并重的场所，而非单纯的工作场所，乡村的性质、外观以及农业与"自然世界"的关系对城市世界和农村世界来说都变得愈发重要。此外，将乡村作为休闲场所也引发了人们对乡村通行的质疑。正如我们在第六章中看到的那样，所有这些问题在战间期就已然存在。然而，在 1945 年之后的几年里，这些问题变得更加重要、更加尖锐，从相对小规模的行动，如"集体侵入"①和少数"腐殖质"农民的古怪和边缘实践，逐渐成为农村和城市生活中心舞台的重要议题。

　　如上所述，战时政府无意中在《斯科特报告》里为农村地区制定了战后发展蓝图。正如我们已经观察到的，《斯科特报告》的核心观念是开放乡村通行权，这一

---

　　①　译者注：这里指徒步者为了取得乡村通行权而举行的抗议活动。根据《圈地法》，土地所有者可以限制人们进入以前的公有土地。乡村田野，甚至许多荒原都是私人所有，人们不能到这些地方徒步、休闲等。著名抗议活动包括 1932 年发生在峰区最高峰坎德斯科特的集体侵入。

概念可追溯至战间期的社会运动，特别是漫步者协会的运动。同样重要的还有"国家公园"和"自然保护区"的构想，这些构想的提出旨在保护英格兰和威尔士"最好的"农村地区免于被开发。在此过程中发挥关键作用的组织是国家公园常务委员会（the Standing Committee on National Parks），该委员会早在 1938 年就制作了一本名为《国家公园提案论证报告》的小册子。[1] 1942 年，这本小册子的作者约翰·道尔当时还是战时临时公务员，他说服了时任乡村计划大臣的雷斯勋爵编写一份关于建立英格兰和威尔士国家公园的报告，该报告于 1945 年提交议会审议。雷斯勋爵也曾受托编写《斯科特报告》。

道尔将国家公园定义为：[2]

> 为了国家的利益，通过适当的国家决策和行动设立的一个美丽而相对荒凉的广阔区域，目的是：（1）严格保护独特的美丽景观；（2）为公众提供充分享受露天活动的通道和设施，包括越野和步道徒步行走；（3）适当保护野生生物和具有历史、建筑或科学价值的场所和建筑。

还有其他一些人与道尔一起努力，他们致力于建立一个全国性的自然保护区系统，买下那些具有特殊意义的景点，并将其保存在自然状态中。[3]

1945 年工党获胜后，这些目标均得到了认可。1945 年 7 月，政府成立了一个由阿瑟·霍布豪斯爵士为主席的委员会，负责调研并起草有关在英格兰和威尔士建立国家公园的提议。委员会于 1947 年提交了报告。同年，赫胥黎委员会也提交了有关自然保护区的报告。赫胥黎委员会的提议没有引起什么重大争议，这主要得益于这些提议所需的花费相对较少，且几乎未侵犯任何既定利益。尽管他们不得不等到 1949 年才开始创建自然保护协会，但赫胥黎委员会的大部分提议都得以实施。

国家公园的情况则有所不同。这里的关键问题在于控制权和财政，主要集中在公园如何规划以及由谁规划上。1947 年出台的《城乡规划法》是战间期的另一个梦想，它将规划决策的权力交给了地方政府，还将农业单位排除在规划决策之外。这两个因素都威胁到了霍布豪斯最初的设想，即应该设立一个新的国家公园委员会来负责公园的规划。1949 年，《国家公园与乡村通行法》(*National Parks and Access to Countryside Act*) 得以通过，原来的议案也因此成为正式的法案。最终，由于财政部担心成立一个独立的国家公园委员会花费过高，《国家公园与乡村通行法》赋予国家公园委员会的权力远远小于霍布豪斯在报告中所设想的，或是刘易斯·希尔金部长①所希望的。[4]和许多工党议员一样，芭芭拉·卡斯尔认为该法案没有完全遵循霍布豪斯委员会的意愿，她在自传中写道，[5]

图 16　城市入侵者。20 世纪 60 年代末，斯诺登尼亚国家公园，巴拉青年旅舍的住宿者。战后时期，乡村的娱乐活动越来越多。从战间期开始的涓涓细流，到 20 世纪中叶已变成了滔滔洪水。(经雷丁大学乡村历史中心许可转载)

这种不尽如人意的安排产生了不可避免的结果。根据地方利益集团的

---

①　译者注：从 1945 年起，刘易斯担任克莱门特·艾德礼 (Clement Attlee) 政府的城乡规划部部长，直至 1950 年退休。

强弱，国家公园的发展并不平衡。其中一些国家公园的通行权仍然受到当地土地所有者的抵制。在另一些国家公园中，渴望获得收入的地方议员正在以牺牲约翰·道尔的愿景为代价来促进旅游业的发展……在撒切尔执政的十年间，部长的保留权力萎缩了，财富、私有财产和盈利再次被推崇。

尽管如此，该法案的通过对于那些在战间期为乡村通行而战斗的人来说，以及对于希尔金的个人承诺来说，都是一个小小的胜利，从 20 世纪 30 年代起，希尔金就开始支持构建更加开放的乡村。这也是在承认乡村不仅仅是农业生产场所这一方面所迈出的坚实一步，城市和乡村都要求在英格兰和威尔士乡村拥有发言权。正如希尔金在 1949 年 3 月法案二读开始时所说的那样：[6]

> 这项法案是人民的宪章，是户外运动者、徒步旅行者和漫步者，以及每一个喜欢户外运动并享受乡村生活的人的宪章。没有这份宪章，他们就会受到束缚，会被剥夺进入乡村的权利，也无法享受假期所需的设施。有了这份宪章，乡村就属于他们，他们可以保护它、珍爱它、享受它，并把它变成他们自己的家园。

虽然下议院和上议院都广泛支持希尔金，但也有反对者认为未来的道路可能并非一帆风顺。一些保守党成员反对该法案，理由是乡村游客会破坏农业，一些工党成员甚至坚持认为粮食生产仍然是最重要的。毫不奇怪，在上议院，这一观点更加强烈：[7]

> 温斯特勋爵坚持认为，该法案不应该宣传国家公园，其中一些景点可能已经因为游客过多而遭到破坏，而克兰沃斯勋爵则认为，鼓励游客到郊外游玩的立法可能会导致"狂欢式"的破坏。

尽管霍布豪斯委员会提议创建的国家公园有 12 个，但到 1956 年，只建成了 9 个，1989 年又增加了诺福克布罗德国家公园，这一事实让人感受到反对派的巨大力量。

12 个国家公园中的最后一个——南部丘陵（亦译为南唐斯）国家公园，以及第 13 个——新森林国家公园，于 1999 年开始了认定过程。最初南部丘陵国家公园因为其的农业化被排除在外——人们认为该地耕作程度太高。而布罗兹湿地被排除在外则主要是出于成本考虑，尽管有确凿证据表明该地区正在退化。

　　建立于 1951 年的湖区国家公园和峰区国家公园是首批投入运营的国家公园，也只有这两个国家公园拥有完整的董事会和行政权力。其余则完全属于芭芭拉·卡塞尔所说的"不尽如人意的安排"，因为地方利益往往支配了国家利益。例如，在 20 世纪 80 年代，威尔士国家公园管理局 30% 的成员要么是农场主，要么是土地所有者，而在英格兰这一数字接近 40%。虽然可能有人认为这在某种程度上代表了"当地"的利益，但正如玛丽恩·肖德所说，旅游业在大多数公园中比农业重要得多，但管理局却几乎没有任何话语权，这一点令人吃惊。此外，"即使是部长在提名人选时也很少考虑居住在公园区域外的人，更不用说居住在城市地区的人了，而这些人也可能会去相关公园进行娱乐"[8]。这种"地方"代表在公园内的农业变革方面拥有最大的权力。尽管斯诺登尼亚、湖区和峰区国家公园在 1950 年就得到了特别保护，以免受"不合适"的农业建筑的影响，但直到 20 世纪 80 年代，其他公园才得到类似的保护。更重要的是，景观变化从来没有真正被涵盖在保护范围内。战间期的自然资源保护主义者、《斯科特报告》以及自 1945 年以来的大多数政府出版物，包括 1995 年和 2000 年关于农村地区的白皮书，都认为农业保护了农村地区。事实上，情况恰恰相反。正如戴维·埃文斯所写："自 20 世纪 40 年代以来，农村最糟糕的发展状况与建筑无关，而与土地使用有关。"他继续引用理查德·梅比的话说：[9]

　　　　很难看出……在一片荒地上种植针叶树和在上面建造一座小工厂之间，或者在砍伐一片古树林和拆毁一幢列入保护名录的历史建筑之间，有什么本质区别。

所谓"封闭"保护地点的情况亦不容乐观。国家自然保护区同样是根据 1949 年的法案设立的，它们得到了良好的保护，其中一个很重要的原因是许多地区都是公有土地或租赁土地。事实上，这些保护区的数量和重要性的增加，主要归功于大自然保护协会（Nature Conservancy）及其后继者英国自然协会（English Nature）多年来的精心管理。相比之下，具有特殊科学价值地点（SSSI）的境况却相当糟糕。尽管它们的名头很响亮，但并未受到法定保护，往往成为农民和农业耕地补贴的牺牲品。1959 年至 1975 年，共有 113 个具有特殊科学价值地点失去其地位，另有 87 个因耕种活动受到破坏而缩小了面积。[10]

图 17　克拉莫克湖，湖区国家公园。作为最早的两个国家公园之一，湖区在英国浪漫主义的神话中占有特殊的地位，这使得湖区比许多其他地区得到了更好的保护。（经雷丁大学乡村历史中心许可转载）。

"二战"后不久，政府为开放乡村而采取的另一个重要干预措施是关于通行权的，尤其是对公共通行权的保护。[11]1949 年法案明确规定，地方政府有法定义务绘制权威的地图，并标明有公共通行权的道路，尤其是马道和人行步道。这一措施从一开始就造成了许多问题。多达 20% 的英格兰和威尔士村庄没有教区议会，而绘制权威地图所需的大部分无偿劳动正是由教区议会来承担。20 世纪四五十年代，人们对人行步道或马道的认知也更加实用，更多关注的是如何从 a 地到 b 地，而非娱乐。因此，许多娱乐步道并未被标记或记录。此外，从过去到现在，当地土地所有者对人行步道和马道提出了诸多反对意见。这些反对意见形式多样。从一开始，许多土地所有者就反对将特定的人行步道纳入最终地图，而在当地环境中，尤其是在粮食生产和农业现代化被视为核心问题的背景下，这种反对很少受到质疑。更常见的反对方式是通过犁地来毁坏人行步道或设置门障关闭人行步道。虽然这两种行为从技术上讲都是非法的，但在 20 世纪六七十年代，像漫步者协会这样的组织还没有足够的实力或资金将案件提交法庭审理。

1949 年的法案还赋予了政府修建新人行步道的权力，但这些人行步道基本上没有被使用。正如玛丽恩·肖德所写的那样：[12]

> 在整个英格兰和威尔士，新修的路很少，而且几乎没有一条是通往迄今还无法到达的地区的。相反，修新路通常是为了通往新的住宅区，填补乡村委员会长途道路缺失的路段，或者是为了取代在改道或合理化计划中消失的其他道路。

开辟新道路的方式也是土地所有者非常重视的，这也成为了 1949 年法案中的一项条款。该条款允许郡议会和国家公园管理机构与个体土地所有者进行谈判，以达成开放土地的通行协议，其中涉及复杂的谈判和赔偿的支付。这一条款在低地或耕作地区几乎没有什么作用，因为这些地区的"空地"面积相对较小。但毫无疑问，在某些地区，例如峰区国家公园，这种方法取得了一定的成效。事实上，在 1989 年开放协议所覆盖的34000公顷土地中，有20000公顷位于峰区。然而，就连这一点成果在 20 世纪 80 年代末也受到了威胁。正如峰区信息服务负责人罗兰·史密斯在 1989 年所写的那样：[13]

> 我们现有的协议表明，对于董事会来说，1949 年的法案运作良好，为 20 世纪五六十年代通行协议的成功谈判奠定了基础。但近年来，大多数土地所有者在与我们接触后，对任何谈判的尝试，态度都大打折扣。

这里的核心问题是，乡村通行的需求逐年增长，尤其是在传统区域以外的高地地区进行山地徒步的需求。根据乡村委员会的数据，到 1984 年，冬季有 1250 万人次前往乡村，而在典型的夏季周日，这一数字会上升到 1800 万人次以上。这种笼统的"去乡下玩"远比去海边、去参观乡村宅邸，甚至比去观看体育比赛更受欢迎。[14]据乡村署估计，到 1998 年，乡村"一日游"的人数达到 13.43 亿人次，是去海边人数的 15 倍。这些乡村游中，25% 是在东南部地区，在那里，人们很少有机会去野外或乡村徒步。[15]简而言之，越来越多的人意识到乡村是一个休闲场所，并发现就算只考虑人数，乡村通行也变得越来越困难了。也许是因为 1949 年法案及其大胆的设想和实际的成就，人们对乡村的希冀及对乡村一日游或长期度假的需求，就像对居住在英格兰乡村的需求一样，已经成为"二战"后城市生活以及城乡关系的一个核心问题。

如上所述，国家公园规划的核心问题之一是地方和公园当局无法控制农业发展。20 世纪 60 年代后，农业无法控制的观念，成为越来越多人真正关注的问题，并开始改变公众对农村和农业的看法。

正如我们在第八章中所论述的，第二次世界大战结束时，英国农业在公众心目中达到了极高的地位。英国农民不仅帮助国家赢得了这场战争——在他们自己的组织看来，更重要的是，在公众舆论中，农业对胜利至关重要。基思·默里在其战时农业"官方"历史的"结论"中写道："毫无疑问，这段历史应该是一个'成功的故事'——其成功远远超出了战前规划者的计算和估计。"[16]

如上文所述，这一成功得益于机械、人工化肥、除草剂和杀虫剂的广泛使用。在 20 世纪五六十年代，这些投入的重要性与日俱增。在大多数同时代人看来，这创造了世界上最成功的农业体系之一。至少一开始没人认为这是个问题。正如我们前文已经提到过，至少从 20 世纪 30 年代初开始，大多数乡村作家都将现代化和进步的农业视为英格兰和威尔士乡村保护和复兴的重要组成部分。乡村规划最终被载入 1947 年的《城乡规划法》，它将确保城市扩张受到遏制，而机械或改进的农业技术将提高生产率和利润，从而复兴英国乡村。

然而，在另一些人看来，正是这种农业系统威胁到了"更古老、更美好"的英格兰乡村的存续，甚至土地本身。[17]有的团体开始质疑乡村旅游休闲，有的团体认为现代农业，尤其是以化学品和机械为基础的农业具有破坏性。这些团体的思想都可以追溯到 19 世纪，但其现代起源则是在战间期。至少从 20 世纪 20 年代起，就开始出现一些个人和团体，他们认为现代农业完全是基于生产主义的需要，它既破坏了土地，也破坏了它所供养的农村地区的"有机"和"自然"社区。许多参与这场运动的人都是政治上的极端右翼主义者。其中最为引人注目的是英国南部两位土地所有者罗尔夫·加德纳和杰拉德·弗农·沃洛普，后者是利明顿子爵，1943 年后成为朴茨茅斯伯爵。这两人以及与他们有关的许多人都支持希特勒，并钦佩德国纳粹政权的"成就"。20 世纪 30 年代，加德纳和利明顿利用他们在多塞特郡和汉普郡的庄园作为乡村复兴的典范，将"有机"畜牧业与他们杜撰的"英国"文化概念相结合，其中包括莫里斯舞蹈、集体劳动、歌唱以及根据欧洲各地的"撒克逊"文化发明的节日。[18] 在有机运动的批评者眼中，这些"肮脏和神秘"的联想在"二战"后仍与有机运动紧密相连。事实上，利明顿、加德纳以及许多其他人也确实这样做了。

更严重的是，"二战"前有机运动有个小而强大的核心——科学兴趣和知识。例如，乔治·斯特普莱顿爵士是有机运动的终身支持者，人们认为是他开创了草原农学这一学科，并对 1945 年后农业的各个方面产生了重大影响。[19] 正如康福德所写的那样，斯特普莱顿"颇受有机农业和正统农业学派的钦佩，他同时属于两个阵营，但对两者都持保留态度"。[20] 营养学先驱约翰·博伊德·奥尔也与有机运动有关，不过他对"纯"有机农业的态度比斯特普莱顿的更为模糊。

像斯特普莱顿这样的农业学家让战前的"腐殖质"运动（人们通常这么称呼这场运动）在众多神秘主义者中获得了一点科学上的认可。这点在战争期间得到了进一步强化，因为斯特普莱顿既出现在"智囊团"节目中，又出现在主流农业节目中。伊芙·贝尔福夫人从 1939 年开始，以霍利研究信托基金的名义在萨福克的两个农场中尝试"证明"有机农业的成功，这也为有机农业提供了科学支持。贝尔福虽然因利明顿的著作《英格兰饥荒》而转向有机农业，但她基本上没有受到战前有机运动及右翼政治的影响，她在雷丁接受了传统农业教育。到 1939 年，她就有 20 年的农业经验了。1943 年，她出版了《生机勃勃的土壤》一书，该书成为战后有机运动和土壤协会的奠基之作。该协会成立于 1945 年 6 月，贝尔福在其中起了关键作用。[21]

与许多此类组织一样，不同意见之间的统一并不容易达成，但 1946 年 5 月，该组织最终确定了一致的目标。这些目标是：[22]

1. 召集所有致力于更全面地理解土壤、植物、动物和人类之间的重要关系的人；

2. 发起、协调和协助该领域的研究工作；

3. 收集和传播所获得的知识，以建立一个公众知情的舆论机构。

从 20 世纪 40 年代末到 70 年代，土壤协会（SA）一直主导着后来被称为有机农业的运动。至 1953 年，该协会已拥有 3000 名会员，其中大部分是农学领域的专家，会员遍布全球各地。然而在整个战后时期，主导这场运动的人仍然是那些在 20 世纪 30 年代非常活跃的人物，他们保留了战前世界的许多"肮脏和神秘"元素。例如，利明顿和加德纳仍然是土壤协会理事会的成员，而协会期刊《地球母亲》的编辑直到 1963 年都是约里安·詹克斯。詹克斯在战争期间曾作为法西斯分子被关押，并在 20 世纪 40 年代末继续活跃于英国法西斯运动中。[23]

因此，面对英国农业发生的巨大变化，土壤协会被视为边缘团体。正如特蕾西·克鲁尼斯·罗斯在其对战后有机农业的研究中写道："20 世纪五六十年代，他们（有机农业生产者）成了一个声誉扫地的团体，被普遍认为没有做出任何实质性贡献。"[24] 1954 年，身为园艺师和苗圃工人的劳伦斯·希尔斯在埃塞克斯郡成立了亨利双日研究协会（the Henry Doubleday Research Association）。该协会位于考文垂附近的莱顿邓斯莫尔，后来发展成国家有机园艺中心。除开展研究外，该中心还成为"最大、最成功的有机种植者协会之一"[25]。

从 20 世纪 60 年代开始，对战后农业的乐观态度受到越来越多的批评。这种批评，至少在初期，并非来自有机作物的种植者或理论家，而是源于一种新的对"环境"的担忧。其中，一部关键的著作是蕾切尔·卡逊 1962 年出版的美国研究报告《寂静的春天》。作为科学家，卡逊为减少杀虫剂，尤其是滴滴涕（DDT）的使用提供了例证，她认为滴滴涕不仅消灭了"害虫"，还因为毁坏了鸟类的食物，对环境造成了广泛的破坏。然而，她本人却一直对任何有机农业论点保持着敬而远之的态度，她坚称：[26]

她并非反对使用化学品，也并非想让时光倒流，她只是希望大家能够更加审慎地思考愈加滥用致命化学品可能造成的危害，尤其是在这些化学品混合使用时可能产生"鸡尾酒效应"的情况下。

无论卡逊怎么想，其效果都是让英国的压力团体，尤其是那些与鸟类生活有关的团体，警惕化学农业的危险。到 20 世纪 60 年代，英国普遍使用的杀虫剂大约有200 种。正如我们已经提到的，这些农药对提高战后农业生产的质量和数量发挥了至关重要的作用。谢伊尔写道：[27]

当劳动力成本使手工锄草变得如此昂贵，而农民又越来越多地专注于谷物生产时，除草剂就变得格外受欢迎。当时，家庭主妇也要求生产质量更好的农产品。……虽然这种关系无法精确测量，但毫无疑问，农药对战后农业效率和生产力的提高做出了重大贡献。

然而，从《寂静的春天》出版以来，人们的环保意识逐渐增强。这种意识并不是以有组织的"绿色"政治形式出现的，而是人们普遍认识到农业和农村出了问题。当然，这种普遍意识很大程度上是基于对过去农村的错误认知。大型农业游说团体并没有忽视这一事实，正如《农民周刊》在 1994 年 2 月所指出的："大多数消费者都将英国乡村浪漫化了，这样的乡村从未存在过，他们完全是依赖现代农业来获取低成本、高质量的食物。"[28] 不过，从 20 世纪 60 年代中期开始，人们开始真正担忧农业中的问题，无法再将其简单地归结为对黄金时代的否认。其中最引人注目的是树篱的消失，因其巨大的视觉冲击力而备受关注。从 1946 年到 1974 年，英格兰和威尔士有四分之一的树篱被农民砍掉，总长度约为 120000 英里。有些地区的情况更糟：在诺福克郡，同期有 45% 的树篱被移走，主要是为了提高大麦产量；在剑桥郡，有 40% 的树篱被移走。[29]

树篱的移除逐渐引起了公众的关注，最终引发了大规模的反响。1995 年，大众观察组织开展了一项旨在了解公众对乡村变化看法的调查，该调查显示，公众认为移除树篱是自"二战"以来发生的最"糟糕的"变化。[30]

人们经常把树篱的消失等同于大规模机器耕作，这在很大程度上是正确的。一位来自萨里郡的人写道："毫无疑问，随着时间的推移，乡村已经发生了巨大的变化，人们引进了越来越多的机械，拆除了越来越多的树篱，为更密集的耕作方式让路。"[31]更具体地说，一位来自诺福克郡乡村的退休图书管理员写道："我对诺福克乡村的看法诚然有偏见，但那些为了敛财而大肆破坏的行为加剧了这种看法，这些破坏行为毁坏了众多野生动物赖以生存的可爱树篱。"[32]一个在伦敦郊区长大的工人阶级男子还记得战争刚结束时在萨塞克斯和萨里骑自行车的场景。[33]

在更远的地方，我们曾经看到成片的小块田地，每块田地都用来种植不同的作物或放牧。现在，所有的树篱都被挖掉了，田地变大了，也更容易使用农用机械进行管理了。

这些人的话指出了为什么树篱的消失被视为农村的重要变化。首先，人们认为树篱是野生动物的常去之地，破坏树篱也会伤害这里的动植物。其次，有证据可以充分地证明这一观点。英国鸟类学信托基金会的年度监测显示：[34]

在过去的 25 年中，各种农田(鸟类)的数量急剧下降——树麻雀下降了 89%，红腹灰雀下降了 76%，画眉下降了 73%，斑鸫下降了 73%，凤头麦鸡下降了 62%，云雀下降了 58%，赤胸朱顶雀下降了 52%。黍鹀的现存种群数量太少，甚至无法进行常规监测。

但这些数据反映的不仅仅是动物和鸟类生命所遭受的毁灭，重要的是对这些重要物理变化的解释。保罗·布拉斯利认为，所谓的"短暂景观"——例如，树篱和墙壁之类的农田边界的变化以及庄稼种植，是我们对乡村的核心认知。正是它们，以及空间和远景这些重要的主题，影响了艺术理论，也影响了我们对乡村的感受。他总结道：[35]

景观的短暂组成部分对人们感知和评价景观的方式具有重要影响，但这种影响迄今尚未被人们认识。此外，在过去 60 年中，农业景观的许多短暂组成部分发生了巨大的变化。因此，当普通人对农业的快速变化表示担忧时，他们担忧的根源可能正是这些短暂景观的变化。

这一点在调查问卷的回复中也得到了明确证实。人们经常注意到草地的变化。一位"二战"前在多塞特郡农场长大的妇人写道："六月的草地就像瑞士牧场一样，开满了各种各样的花，还有各种药草和牧草，做成干草后对牛很有好处。"[36]但视觉的变化延伸得更远，"茅草谷仓被筒仓和装有一层层鸡笼的鸡舍取代，农作物也不同了——我们以前从未见过亮黄色的油菜田，也没见过现在的蓝色亚麻田——甚至连猪的体型都变了"。[37]

越来越多地使用机械、杀虫剂和除草剂也被广泛认为是乡村生活环境恶化的原因。诺里奇郊区的一位妇女写道："我们家和绕城公路之间的土地都是农田。不幸的是，采用的都是集约化耕作。夏天，土豆每隔 7 天左右就会浇灌一次化肥。……再也看不到凤头麦鸡了，因为那些昆虫，不管是好的还是坏的，都被杀死了。"[38]正如我们已经看到的那样，树篱的破坏以及大块农田的出现都与机械有关。

这里对景观变化的感知与诸如国家认同和身份认同等大型文化理论的关系不大，而是与构成景观的无数微小元素的"真实"变化有关，这些元素被涵盖在理论建构的大笔触中，或与之并存。我们不妨回想一下一位女性大众观察员的话："现在"所有的奶牛都是黑白相间的，而在她的童年，它们是"不同"颜色的。情况确实如此。如上所述，战后人们到处看到的都是弗里斯牛，它们构成了英国奶牛的主体。这种现象以一种深刻的、个人的和真实的方式给观察者展示了在农业企业影响下的景观标准化，而这种标准化被南部丘陵景观的连续性所掩盖。在这里，虽然变化是真实存在的，但有两件事掩盖了它。首先，南部地区景观所代表的意识形态强调其在变化面前的连续性。其次，只要景观没有被人为构建，其形状和轮廓就不会改变，这是个简单的事实——但奶牛是黑白相间的了，猪的体型不同了，树篱也不见了。

这些变化被视为农业实践的结果，也是那些写信回复大众观察组织的人眼中乡村生活恶化的主要原因。他们认为(即使只是暗示)这一变化的主要推动者是那些在土地上耕作的人。少数回信者指责政府、欧盟或其共同农业政策带来的压力。一位 1932 年出生于诺福克的女性就是一个有力的例子，她一生的大部分时间都在海外度过，直到 20 世纪 50 年代末才回国。[39]

> 20 世纪 50 年代末，我从海外回来时，对树篱遭到破坏感到惊讶。从第二次世界大战开始，为了增加粮食生产面积，清除树篱的行为就一直在继续。一开始是政府(原文是 govt.)资助，自 60 年代末以来，是欧盟共同农业政策资助。现在我们又收到退耕补贴，重新种起了树篱，还修建了高尔夫球场，重新规划土地用来修路——所有这些都是纳税人出资补贴的。

此外，10% 的女性和 16% 的男性对农民表现出敌意。这一比例很低，但总体仅有 28% 的男性和 12% 的女性认为有人应该受到指责，这意味着农民很容易被认定是"应受指责"的最大群体。如果考虑到农村所有"最糟糕"的问题都与农业实践有关，这一比例又会增加。在最极端的情况下，农民被视为肥猫，受各种补贴保护，因贪婪而破坏农村：

> 我认为农民们被补贴保护的时间太长了，是时候让他们像其他劳动人口一样尝尝遭受经济损失的滋味了。[40]

> 可悲的是，我在生活中看到的主要变化是，农民不再与土地相依相存。他们的活动已经被政治和经济所支配。[41]

> 很多年前，当东英吉利开始工业化，农业企业应运而生时，我对农业的看法就发生了改变。一旦成本会计介入，道德、同情心和传统都会被抛到九霄云外。[42]

> 现在农场都变成了大企业，而不是一个农民为自己和家人谋生的小手

段。……我个人认为，只有农民从欧洲共同市场得到了益处，事实上，我甚至可以说，农民是以牺牲我们其他人的利益为代价发家致富的。我一点也不同情他们。[43]

"大众观察"指令显示，写信者认为农村生活发生了更广泛的变化，这些变化并非直接由农业引起，而是表明农村地区的整体情况在普遍恶化。他们强调其中最显著的变化是持续的城市化。一个极为突出的例子来自一位住在利兹郊外农村战后住宅区的女士。她写道，当她搬到那里时，"还有几片林地和草地散布在庄园各处"。但自 20 世纪 60 年代以来，"我们的乡村离我们越来越远，多年过去，绿地已被私人住宅区和企业侵占。我们庄园里的一些草地现在被英伯瑞综合楼群所取代。……所以我又开始觉得自己是个'城里人'了"[44]。

与此相关的是，一些人认为政府在这方面失败了，尤其是在道路建设和绿化带立法方面。一位来自诺丁汉的男子写道："过去，政府似乎逐渐减少甚至撤销了对绿化带的保护。如果我们要避免以牺牲农村和每个人的生活质量为代价来进一步发展城市的话，那么绿化带保护是必不可少的。"[45]

另一个更难以精确量化的关键领域是人们对乡村生活的感知恶化，这主要来自居住在村庄或郊区的居民。大家已经很熟悉这些抱怨了，它们主要是关于服务方面的。不过，我们也能切实感受到上一章所讨论的"本地人／外来人"之争。一位出生于萨塞克斯郡波尔盖特并仍居住在那里的妇女写道："60 年代初，村庄随着新庄园的建设而扩张。我记得当时我对搬进来的人有些反感。他们主要是从伦敦退休的人，与我认识的当地人不一样。"[46]同样，林肯郡北部某村庄的愤怒情绪也广为人知，这是因为外来者的涌入抬高了房价，迫使"本地人"搬离。"这个曾经以农场工人为主要居民的小村庄，现在住满了富有的中产阶级专业人士。……我朋友的父母退休了(他们曾经住在一座半独立的农舍里)，最后却住进了镇上的一套政府廉租公寓。"[47]

这些对"二战"以来乡村和乡村生活恶化的反应在 20 世纪 60 年代末和 70 年代推动了一场日益壮大的环保运动。与欧洲大陆所经历的不同，这在很大程度上并未促使大型政党开展政治性的"绿色"运动，相反，正如我们已经指出的那样，这些反应促进了现有组织的发展，尤其是那些与动物福利相关的组织。更为引人注目的是，它促进了 20 世纪 60 年代发展起来的青年反文化运动。

尽管打击虐待动物的行为绝非易事，但在英格兰和威尔士，动物保护组织的历史比其他任何欧洲国家的历史都要悠久。1824 年，防止虐待动物协会成立；1840 年，年轻的维多利亚女王将自己的名字加入支持者名单，这使该协会成为皇家防止虐待动物协会（the Royal Society for the Prevention of Cruelty to Animals, RSPCA）。[48]该协会最初的运动，实际上也是一次成功的运动，即反对残忍的体育运动，如斗牛游戏；协会也反对残忍对待农场动物。这两种行为都在 1835 年被立法禁止。在整个 19 世纪，该协会通过起诉虐待家畜和农场动物的罪犯以及开展"公共教育"来扩大运动范围。到 20 世纪初，皇家防止虐待动物协会已成为英国最具影响力的慈善机构之一，其目标几乎得到了社会的普遍支持。19 世纪的另一场运动是反对为获取羽毛而捕杀鸟类。1891 年鸟类保护协会成立，该协会于 1904 年获得皇家特许，成为皇家保护鸟类协会（the Royal Society for the Protection of Birds, RSPB），它是 1970 年后的主要环保压力团体之一。[49]与皇家防止虐待动物协会一样，皇家鸟类保护协会认为自己既有执法职能——根据 1896 年《野生鸟类保护法案》提起诉讼——也有公共舆论教育的职能。[50]

到第二次世界大战后，这两个组织都拥有大批会员。1971 年，皇家鸟类保护协会的成员不到 10 万人，到 1994 年，它的会员人数已达 87 万人。皇家防止虐待动物协会在同一时期也有所发展。更重要的是，在有意无意间，这两个组织都在战后发生了变化。皇家鸟类保护协会对 DDT 与鸟类数量下降之间的联系的监测，使该组织在 20 世纪 60 年代初期和中期参与了环境政治活动。[51]皇家防止虐待动物协会则在 20 世纪七八十年代开始采取更公开激进的立场，从直接关注动物福利转变为关注动物权利（这个概念更有争议）。尽管最"极端"的激进分子最终被击败，但进入 20 世纪 90 年代后，该协会已经与 20 世纪五六十年代那个略显古板守旧的组织截然不同。这一点从协会通过的《动物权利宣言》及其关于同一主题的教育小册子中可以清楚地看出。[52]随着这些活动的展开，该协会反对用狗狩猎的立场使他们与许多更为传统的乡村支持者产生了冲突。

国民信托基金会也有类似的发展轨迹。尽管基金会许多创始人的初衷是为了保护景观，但自 20 世纪 30 年代末起，"乡村别墅计划"转移了大量成员的兴趣，并导致大部分信托资金被转用于保护日益减少的乡村别墅。战后，参观乡村别墅成为各阶层人士的一种全民消遣方式。虽然一些"伟大"的乡村别墅，如沃本修道院(带有动物园)或博利厄庄园(带有汽车博物馆)拥有"额外"的景点，但大多数乡间别墅都是按照自己的方式对外开放。彼得·曼德勒写道：[53]

> 就在(沃本)下方，坐落着无需过多宣传就能吸引大量游客的别墅：那些位于广阔公园中的伟大历史建筑，如布莱尼姆宫……查茨沃斯庄园、伯克利城堡、哈顿庄园和哈特菲尔德庄园。这些房产的主人可以从旅游业务中获益，而无需改变自己或自己的房屋。

乡村别墅参观人数增长的原因很复杂。正如曼德勒所指出的，尽管有了国家公园，但乡村对大多数人来说仍然是封闭的。在二十世纪五六十年代：[54]

> 个人消费的强劲增长为家庭提供了用于度假的资金，增加了闲暇时间，并带来了私人汽车的交通便利。"自助式"驾车度假开始兴起，这降低了全包式海滨度假胜地的受欢迎程度。在没有公共娱乐设施的情况下，受益者是私人营业者，例如科茨沃尔德的茶室、乡村客栈、豪华庄园和国家信托基金。

然而，人们参观豪华宅邸的原因很多，并非仅仅为了钱或出于窥探他人生活的欲望。在福利国家时代，过去贵族享有的特权成了国家财富，并在大众媒体上展示和传颂。曼德勒认为，"人文兴趣"是参观乡村别墅的核心原因，这种兴趣源于对权贵富豪们生活方式的好奇，而后迅速扩展到对"仆佣"生活的好奇。与此同时，人们对花园和园艺的兴趣也在不断增长，花园对游客的吸引力毫不亚于豪华厅堂中悬挂的凡·戴克肖像画。[55]

在全国范围内，"豪华别墅"参观人数增长的主要受益者是国民信托基金。1945 年，该组织约有 7000 名成员，其中大部分是"风雅的中产阶级"。到 20 世纪 60 年代中期，其会员人数已增至 15 万。然而，真正的规模增长是在 1970 年之后的 20 年中，当时的会员人数超过了 200 万。大量成员的涌入开始改变信托基金的性质。尽管他们中很少有人对组织的运作有积极的兴趣，但越来越多的人开始对组织的运作发表意见。与皇家防止虐待动物协会和皇家鸟类保护协会一样，这逐渐将该基金会推向了一个更加积极活跃的角色，其关注焦点也从单一的"乡村别墅"扩展到更为广泛的环境问题。

变革的呼声首次出现在 20 世纪 60 年代初，其核心思想是让信托基金更积极地关注"自然"景观的获取，并招募更多的年轻人在组织中发挥积极作用。然而，这场变革的危机发生在"海王星计划"中，该计划旨在拯救 900 英里未受破坏的海岸线。海王星计划是由"精力充沛但脾气暴躁的指挥官康拉德·罗恩斯利组织的，他是坎农·罗恩斯利的孙子，正是坎农·罗恩斯利对湖区的热情促成了 1895 年信托基金的成立"[56]。罗恩斯利非常成功。在不到一年的时间里，海王星项目就筹集到了 70 万英镑，其中很大一部分是政府拨款。到 20 世纪 90 年代中期，该项目已筹集到超过 1800 万英镑的资金，保护了 500 英里的海岸线，并在一定程度上让年轻人成为志愿者。然而，这个项目却差点导致信托基金分裂。罗恩斯利咄咄逼人，在某些方面，他对神圣乡村别墅计划持反对态度，和他的祖父一样，他希望利用信托基金让人们更容易接近乡村。1966 年 10 月，他被解职，但他并没有就此沉寂，而是试图在信托基金内部进行动员，用一个致力于实现"全民休闲追求"的领导层来取代现有的领导层。这一计划不仅要求更加重视开放的乡村，还要"降低"许多乡村别墅的等级：[57]

> 是要将所有宏伟的乡村别墅都作为博物馆进行展出，还是让其中一些在社区生活中发挥更积极的作用？有些别墅的家具和画作没什么价值。那两者兼顾，收集一些真正有价值的藏品，而将其他房屋用于公共集会、舞会和其他活动，这样不是更好吗？

在 1967 年的年会上，罗恩斯利的改革计划被否决了，但他提出的批评、他使用的方法和对会员的呼吁并没有消失。基金会的政策逐渐发生了变化，尽管没有脱离"乡村别墅计划"，但其重心越来越多地放在了土地收购和公众使用上，而其土地管理的各个方面也越来越多地受到了成员的敌意审查。20 世纪 80 年代初，基金会为国防部提供了位于奇尔特恩山布莱登汉姆的土地，用于扩建皇家空军军事进攻指挥部。1982 年 11 月，理查德·阿克兰爵士获得了足够的支持，召集了一次临时股东大会来讨论这个问题。持不同意见的人再次被击败，但与 15 年前罗恩斯利被击败时的轻松程度完全不同。[58]

图 18　乡村的作用是什么？到 20 世纪 60 年代末和 70 年代初，随着成千上万的人前往探寻乡村，汽车交通已成为许多农村地区的一个主要问题。"戈伊特山谷交通试验，1973 年"。（经雷丁大学乡村历史中心许可转载）

关于在国家信托基金会托管的土地上狩猎的问题，尽管早在 20 世纪 30 年代就已被提出，但直到 20 世纪 80 年代末，才在基金会的年度股东大会上被真正讨论。带猎狗狩猎对基金会来说将会是一个重要的突破点，对皇家防止虐待动物协会来说也同样如此。狩猎在人们的乡村理想中占有特殊的地位，因此早期的乡村捍卫者从未触及过它。狩猎的"真实性"及其在乡村社会中的关键作用，使得它对"乡下人"和外来者来说都极具吸引力。这种情况在 20 世纪七八十年代开始发生变化，当时英国绝大多数人都反对使用猎狗进行狩猎。尽管基金会在 1989 年、1991 年和 1993 年成功抵制了全面禁止带猎狗狩猎的呼声，但这个问题在 20 世纪 90 年代一次又一次地困扰着他们。

1970 年后的几年里，成熟的动物保护主义组织积极参与环境政治活动，甚至在国民信托基金会内部发起挑战。与这些行为相呼应的是新环保运动的兴起，其中许多人或直接或间接地对现代农业实践提出了严厉的批评，而他们的这些反对意见使他们越来越多地与农民和国家发生冲突。

这些新的或第二波环保运动起源于 20 世纪 60 年代的反文化运动。[59]尽管那个时期的运动，例如反对越南战争的运动，很少与环境直接相关，但大多数运动都有反技术官僚的一面。20 世纪 70 年代，随着越来越多的左翼组织回归传统问题，如工会主义和更传统的"老左派"组织，这股反技术官僚的力量开始在其他地方寻找出路。其中有两个因素与我们有关——回归自然的理念和以非暴力直接行动保护环境和自然世界的理念（有时与之相关，有时无关）。它们之间的一个共同点是不信任那些试图保护环境的老组织。正如反对修建穿越特怀福德丘陵（亦译作特威福德唐）的 M3 高速公路活动的抗议者之一艾玛·穆斯特所说，"对主干道的修建进行过 146 次公众意见征询，只有 5 次调查中调查员发现结果对政府不利。因此，人们最终爬树抗议也就不足为奇了"[60]。它们之间的另一个共同点是怀有对自然界的神秘感。不论过去还是现在，这种神秘感都与约翰·洛厄森所说的英国"神秘地理学"有着千丝万缕的联系。在这种神秘地理学中，人们对异教的模糊信仰、史前遗址、雷线①和魔法场，都促使人们真实而深刻地投身于一个与现代社会完全不一样的乡村。[61]

脱离现代社会，回归土地的历史由来已久，我们已经探讨了其中的一部分。可以说，在过去的 400 年里，所有激进运动都是如此。在 20 世纪七八十年代，激进运动采取了尝试公社生活的形式。正如戴维·佩珀所写，这些公社最初并不一定是明确的生态主义或环保主义组织，反而将反城市主义与"人"与自然统一的神秘主义思想相结合，形成了他所说的"绿色批评"[62]。然而，除了小范围

---

① 译者注：20 世纪 20 年代，摄影师兼业余考古学家阿尔弗雷德·沃特金斯（Alfred Watkins）提出的观点。他注意到在英国的某些地区，有一些直线将古代遗址连接在一起，他把这些线条称之为雷线（ley-lines）。他认为这些线路并不是随机的，祖先们似乎出于导航的目的，有意在英国的地形上以线性模式建造了重要的遗址。

内拒绝与社会发生任何关系之外，这种批评可能会走向何方并不明晰。戴菲德的蒂皮山谷社区成立于 1976 年，是一个长期的生态友好社区，其居民居住在仿照美国原住民搭建的帐篷中，并将他们的社会和文化习俗融入社区生活。到了 20 世纪 90 年代，该社区对外部世界并没有产生任何影响，甚至在社区内也存在一些问题。[63] 1974 年，替代技术中心（the Centre for Alternative Technology，CAT）作为一个公社成立了，它从一开始就有一个更加"外向"的愿景，那就是试验新的技术形式，并通过证明其可行性使之被广泛接受。虽然公社内部有人提出批评，认为他们牺牲了公社最初纯洁的理想，但从大多数方面来看，公社都是非常成功的。[64]

"非暴力直接行动"在 20 世纪 90 年代的环境抗议活动中占据重要地位，其发展轨迹更为曲折。从 20 世纪六七十年代的和平运动以及"自由节日"的反文化运动开始，其中最明显的，至少对当局来说最具威胁性的方面是"和平车队"，它因为于 1982 年出现在格林汉姆共同和平营而得此名。然而，"和平车队"与警方发生的潜在和真实冲突在 1985 年达到顶点，当时车队在前往被禁止的巨石阵自由节途中遭到袭击，这最终改变了这场运动的过程。随后发生的"豆田之战"与其说是一场战斗，不如说是一场屠杀。500 多名旅行者被捕，警察的暴力行为不仅震惊了自由派媒体，也震惊了卡迪根伯爵，他随后在自己的土地上为车队的残余人员提供了避难所。[65] 虽然车队最终被驱散，但它的幽灵却在 20 世纪 90 年代随着反对修路者的出现而继续存在，尤其是以"部落"的形式出现。我们将在最后一章再次讨论他们。

在反文化运动和国民信托基金会之间出现了一系列新组织，它们试图保护乡村（在它们看来）免受现代社会的破坏。正如乔丹和马洛尼所言，自 20 世纪 60 年代以来，这些组织不仅在数量上有所增长，在成员数量上也大幅增加。据估计，1992 年英国环境组织的成员约有 500 万人。[66] 其中最强大的组织可能是（现在仍然可能是）"地球之友"（the Friends of the Earth，FoE）。地球之友于 1971 年进入英国，到 20 世纪 90 年代中期已拥有超过 10 万名成员。与较早的主流环保团体不同，地球之友是一个公开的政治团体，其地方分支机构和支持者都参加过环保抗议活动。"世界农场动物福利组织"成立于 1967 年，旨在反对工厂化动物养殖。到 20 世纪 90 年代，无论从其本身来看，还是作为更传统的动物福利组织中的压力团体，该组织都已成为一股主要力量。

自 20 世纪 70 年代初以来，各国政府和政府组织开始对其中一些论点和压力团体，以及 1967 年托雷峡谷号油轮沉没等灾难作出回应。以污染问题白皮书为标志，1970 年被宣布为"欧洲保护年"。2 月，皇家环境污染委员会发布了第一份报告。根据已有数据，约翰·谢尔强有力地证明了新开发的农药不仅在数量上有所减少，而且在安全性方面也有显著提升。此外，自 20 世纪 80 年代以来，杀虫剂的使用量可能已经下降。这在很大程度上得益于政府的干预和研究。[67] 在更日常的层面上，英国已经逐渐改变了饮食方式。1983 年，梵霏（Fine Fare）成为第一家销售有机食品的连锁超市。紧随其后的是 1986 年的西夫韦连锁超市和英佰瑞超市，以及 1987 年的维特罗斯百货公司。尽管在 20 世纪 80 年代末，有机食品在很大程度上仍只获得了少数人的青睐，但这一举动开始使有机食品走出"肮脏而神秘"的贫民窟，并在 10 年后占据了更为有利的地位。同时，农业机构内部也出现了变革的迹象。克卢尼斯·罗斯写道：[68]

> 到 1990 年，整个农业界对有机农业的态度发生了较大转变。此时，有机运动的领导者已经与政策制定者、政府顾问、研究科学家以及在全国农民联盟中具有影响力的人士建立了个人联系。……由此看来，在 20 世纪 80 年代的十年间，不仅有机农业取得了重要地位，有机团体也被视为当前快速变化的决策体系中的一个相关部分。

从经济层面来看，战后的农业历史被视为一种成功，尽管这种成功是有条件的。这种观点强调产量和劳动生产率的提高、农作物种类的多样化，同时坚持乡村管理理念。然而，很明显，至少一些经历过这一转变的人表达了截然不同的观点。简而言之，人们普遍认为，这些变化对生活"质量"的负面影响过大。在对"大众观察"指令的回应中，有 68% 的女性和 57% 的男性明确表示，在他们的一生中，农村生活变得"更糟"了。从这个角度看，第二次世界大战以来的农业历史远非成功的历史。这反过来又反映在新的广义环保团体的发展和老环保团体的激进化上。

这些团体的大部分批评都是针对农业的。

一方面是"外来者"力量日益增长，另一方面是担忧农业造成的环境影响。到 20 世纪 80 年代末，以这二者为代表的农村之争似乎势均力敌。尽管许多人对他们所看到的环境破坏或虐待动物的行为感到不满，但英国农业的巨大成功似乎保证了它会持续受到欢迎，即使双方的战线，至少在公共关系方面，似乎比以前更势均力敌了。但这种情况在 20 世纪的最后十年发生了改变。

11

危机中的农村，1990—2001 年

　　20 世纪 90 年代初，虽然我们前两章所提到的问题仍然存在，但对于英格兰和威尔士的大部分人而言，农村地区似乎十分繁荣稳定。尽管农场收入在 20 世纪 80 年代初有所下跌，但到了 1990 年则开始回升。在 1989—1990 年、1995—1996 年，农场收入从每年 25 亿英镑增长至每年 70 亿英镑，这是自英国加入欧洲经济共同体（EEC）以来的最高水平。[1]此外，在 1995—1996 年，种植谷类的农民的净收入在 4 年内上升了 13%。[2]农场收入增长的原因有很多，既有长期原因，又有短期原因。长期原因包括农场的不断集中与扩大，这无疑提高了生产收益，从而带来更多利润。到 20 世纪 90 年代中期，不到 3 万名农民就生产出了英国 60% 的谷类、60% 的奶类以及 60% 的牛羊肉。持续的农业补贴是这些收入增加的一个核心部分。讽刺的是，所谓的"麦克萨里改革"，初衷是要长期减少补贴，并改变农业扶持的性质，使之向更具有社会与环境意识的农业生产方面倾斜；但实际上，这一改革却对一些大型的，且在某些方面对环境更有害的农场的收益产生了重大的短期影响。正如我们之前所谈到的，麦克萨里改革的早期措施包括直接向生产者支付固定的耕地面积补贴，补贴额每年确定一次。除此之外，还有"强制性休耕"的措施，即一

定比例的耕地须停产以减少生产过剩。休耕的农民将获得每英亩固定金额的"补偿"。1995 年，在剑桥郡一个耕地面积为2000 英亩的农场，这些"补偿"金额每年总计超过20 万英镑。[3]此外，1992 年 9 月英国退出欧洲汇率机制后，英镑汇率短期内大幅下跌，使得英国农民获得了更高的补贴金额，而与此同时，全球小麦价格上升，这反映出全球粮食短缺问题。因此，麦克萨里改革原本是降价补偿计划，此时却变成了奖励计划。[4]

20 世纪90 年代的乐观精神在农业类报纸上得以体现。1996 年 2 月，在农业、渔业和食品部宣布英国农场收入增加 22%后，《农民周刊》写道：[5]

> 毫无疑问，许多媒体评论员仅仅说出了部分事实，而公众关注的焦点将集中在补贴所起到的作用，以及纳税人在这方面的支出上。不可否认，耕地农民和奶农度过了一个丰收之年。在许多因素的作用下，去年农场收益颇丰……许多农民获得了预料之外的丰厚收入。

1996 年 6 月和 7 月，出于对保守党内部施压要求退出欧盟的担忧，《农民周刊》发表了一篇报道，描述英国作为欧盟成员国对英国农业乃至整个社会的影响，这反映出农业方面的持续成功。[6]

> 在过去的 25 年中，欧洲共同体成员的身份为英国大部分农民提供了安全的市场、稳定的社会及难以想象的繁荣。尽管欧共体共同农业政策存在不足，但它使农民愿意耕种，保障了高品质农产品的供给，同时有利于维护美丽且充满发展活力的乡村。

农村明显日益富裕，这是农业蓬勃发展的结果。20 世纪 80 年代末和 90 年代初，土地价格一度下跌，然而到了 90 年代中期，地价却急剧上涨。根据房产经纪公司第一太平戴维斯(Savills)的数据，在截至 1994 年 6 月的 12 个月中，林肯郡的优质耕地价格上涨了 76%。[7]房价也呈类似趋势：在 20 世纪 80 年代末和 90 年代初下跌，而到 90 年代中期却再度上升。据说，在城市中，在 20 世纪 80 年代中期和 90 年代中期的繁荣时期，每到一年一度的奖金发放时，东南地区的"乡村别墅"价格就会翻倍。无论这一传言是否属实，现实情况已然显而易见。在 20 世纪 90 年代，对农村地区第一套和第二套房产的需求持续增长。1991 年的人口普查表明，人们向农村地区迁移的趋势仍在继续。增长速度最快的地区是剑桥郡和白金汉郡，自 1981 年以来二者均增长了 10% 到 12%。[8]尽管从 1971 年至 1981 年，城市人口外迁速度有所减缓，但人口增长最多的地区——西南部、东南部和东英吉利——都是以农村为主的地区。[9]人口迁移促使农村房产价格上涨，以至于到 20 世纪 90 年代末，农村地区住房平均约比城市贵 12%。[10]同一时期，第二套房产的拥有量增加。尽管在 20 世纪 90 年代中期，第二套房产仅占全部农村住房存量的 2.5% 左右。1997 年之前的那一届保守党政府曾借用这一数据辩称无需对第二套房产进行立法；然而，这一看似令人安心的数字在有些地区却变得触目惊心。[11]在 20 世纪 90 年代中期，60% 的第二套房产都位于西部乡村，而到 2001 年，在埃克斯穆尔的有些村庄里，有 40% 的房屋属于第二套房产。[12]

然而，第二套房产的情况也揭示了繁荣背后所隐藏的问题。如第九章所示，房价上涨的另一结果就是，低收入家庭实际上被排除在英格兰和威尔士农村的许多地区之外。此外，廉租房的进一步出售减少了地方政府可供出租的房屋数量。同时，房价上涨会促使私人房东出售房产，而非将其用于出租。更多的问题则是由于私人资本或政府无法建造廉价住房而引发的。到 20 世纪初，农村地区有 14.7% 的家庭居住在地方政府提供的住房中，而城市地区则有 22.1%。因此，2001 年英国乡村署认为，英格兰南部和东部的大片区域在获取住房方面确实存在问题。[13]

农业发展情况也并不像一些简单的统计数据所显示的那样乐观，甚至在 20 世纪 90 年代中期也是如此——这一事实被全国农民联盟和农业报纸记录了下来。1996 年 2 月，《农民周刊》在承认农业经历了不同寻常的一年后，又接着写道：[14]

> （但是）稍加调查后就会发现，该行业内有人富有，有人贫匮。去问问丘陵畜牧业者或是集约化家禽养殖者去年经历了什么，所得到的答案就

会是另一番景象。饲料短缺、饲料成本上涨以及产品价格下跌都导致了损失的发生……对于许多群体和这些群体内的农民而言，农业仍旧是一个岌岌可危的行业。

在此后的五年中，这种分歧变得愈加明显，直至威胁到高地农业的未来。

对日益减少的农业劳动力而言，形势更加严峻。20 世纪 90 年代，从事农业与园艺业的人数不断下降，这是"二战"后该领域的一大特点。从 20 世纪 80 年代中期到 20 世纪末，约有 10 万名男女离开了农业行业。然而，放眼整个 20 世纪，这种劳动力减少的情况在各行业内分布得并不均衡。新世纪的第一年，农业领域有 6%的从业人员选择离开了该行业，而其中仅有 0.6%是农民——有 13%是正式全职农业工人，13%是正式兼职工，另有 12%是临时工。从 20 世纪 50 年代以来，他们就逐步被农业承包商取代了。到 20 世纪 90 年代末，90%的农场每年都会雇用外部承包商，参与到至少一项农业活动中。[15]截至 2000 年，传统农场工人似乎变得比传统丘陵农场主还要稀少，消亡危机更加严峻。

然而，对于这繁荣的农业以及英格兰农村"现代化"愿景的第一波威胁来自农业领域之外而非其内部，而且至少在某种程度上，针对的不仅仅是农村的"现实情况"，还同等地针对英格兰农村所呈现出的形象。从 1993—1994 年开始，参与英格兰和威尔士环境运动的不同团体在两项长期运动中找到了焦点，这似乎标志着他们的权力与影响力发生了重大变化。第一项运动是反对道路建设，这与农业关系不大，却与农村息息相关。第二项运动是反对活体家畜出口，主要与现代农业、现代农业实践及其公众形象有关。

从 20 世纪 50 年代末开始，修建新道路，尤其是支路和高速公路，一直是英国经济"现代化"的核心特征，也是 20 世纪 60 年代中期私家车保有量大幅增长的反映。起初，几乎没有反对的声音。事实上，第一条高速公路 M1 的开通被认为是经济与工程上的巨大成功；而许多或小或大的城镇也感谢规划者为他们设计了内环道或支路，即使在科尔切斯特或伊普斯威奇，其城镇历史景观被道路割裂，情况也是如此。但事实上，也正是地方市民团体所发起的大量城镇景观捍卫行动，标志着反对道路建设的第一波抗议。20 世纪 60 年代初，牛津市的大部分地区和牛津大学联合了起来，反对修建横穿基督堂草坪的内环路。基督堂草坪是一片位于市中心边缘的空地。埃德蒙·布伦登给这场运动带来了奇怪的延续，他是保卫基督堂草坪的关键人物，也是 20 世纪 40 年代"农牧亲情"组织（Kinship in Husbandry）①的创始人之一，还是有机运动中一些不大受欢迎的成员的伙伴。在萨塞克斯郡的刘易斯市发生了一场类似的运动，阻止一条高架"高速公路"的建设，该公路曾计划穿过距刘易斯堡仅数百米之遥的私人菜地和空地。

然而，直到 20 世纪 60 年代，仍有人担忧农村道路建设所带来的影响，特别是在国家公园和风景秀美的地区。道路建设的控制权并不属于国家公园委员会。1964 年，英国"湖区之友"组织在一本小册子中指出，虽然乡村别墅增建一道门廊都需要取得规划许可，但国家公园规划机构却"无权对一项会彻底拓宽朗戴尔山谷的道路建设提案发表意见。这条路将永久而彻底地改变山谷特色"[16]。针对湖区新A66 公路的建设，人们也有类似的观点，20 世纪 80 年代的德文郡奥克汉普顿绕城支路亦然。然而到了此时，情况开始发生变化。

正如我们在第十章所谈到的，20 世纪 80 年代末，环境运动的影响力开始增强，多个领域都提出了更有条理且愈发有效的环境退化论点。与此同时，如前文所述，反主流文化所孕育出的元素在环保抗议方面也变得日益活跃，并采用了 20 世纪 90 年代早期反"人头税"运动中使用的策略。这些团体联合起来，抗议将 M3 公路延伸至温彻斯特附近的特怀福德低地。特怀福德低地的土地归特怀福德学院所有，是"一片被官方认可、保护极好的景观：其中包括一处'具特殊科学价值地点'，一处'杰出自然美景地'，两处'列入名录的历史古迹'"[17]。

1992 年 2 月，推土机开进这里，遇到了由当地"特怀福德低地协会"与"地球之友"组织所带领的抗议群体。但是 3 月，一个名为"东佳部落"的组织诞生。该组织的诞生标志着决定性变化的出现。这一组织的起源可以追溯至 20 世纪 80 年代末的旅行者运动。[18]

---

① 译者注："农牧亲情"组织是由一群志同道合的农村主义者组成的，他们反对农业和农村经济中的现代化趋势。该组织的有机主义等思想构成了许多农村发展思想的基础，但它的直接影响甚微。

一群人陆续来到温彻斯特附近的特怀福德低地，并留下来保护这个地方，防止它遭到毁灭……虽然当时我们大部分人都已经是满怀激情的环保主义者、手工艺者和草药医师，但全天生活在户外集体环境中、生火做饭、搭建简易却舒适的居所对我们来说还是全新的体验。

这些"部落"自认是"不列颠游牧土著民"，借用了一系列的神秘主义和"异教"思想，把土地和自然生命视为重中之重。此外，他们还提出了很大程度的反资本主义思想，指出了许多景观和环境方面的问题，认为这些问题都是由"二战"后的经济政策和压力导致的。

起初，抗议活动还很和平，各部落都在此扎营。但 12 月 9 日星期三（黄色星期三），"第四集团"安保公司的私人保安进入现场进行清场。他们的暴力行为被广泛报道，登上电视，并收获了自由派媒体的大力支持。例如，约翰·维达曾在《卫报》写道：[19]

私人资本与国家机构联手、碾压经济弱势群体以占用公共资源的画面被完美展现出来，极具震撼力。对于具备环保意识的年轻人来说，潜台词显而易见。拉丁美洲、印度尼西亚等地存在着受压迫人群，现在英国也位列其中。

"黄色星期三"及次日（"黑色星期四"），警方出动，清理抗议者，这标志着特怀福德抗议尾声的到来。然而这些部落又坚持了快一年，用游击策略减缓道路建设的速度，包括一举占领一架临时桥梁，该桥原本计划要横穿路堑。这些策略旨在延缓建设进程并增加建设成本，但收到了额外的成效：吸引公众的关注与支持，并使参与者"政治化"。

特怀福德低地事件产生了巨大影响。尽管并未阻止公路的建成（而且如今在高峰时期经常拥堵），且多人被捕、七人入狱，但它还是取得了两项主要的成果。第一，为日益壮大的环境运动提供了新的策略与灵感。特怀福德低地事件的参与者之一，东佳·亚历克斯写道：[20]

"东佳部落"在特怀福德低地的行动，不仅使反对道路建设的直接行动模式成为抗议文化的一部分，还激发了社会各界对于其他诸如伐木公司与采石场等破坏性开发项目的广泛反抗。我们的和平抗议以及政府对此采取的暴力应对措施，引发了社会各界的反响。

第二，"东佳部落"成员(和其他团体)树立了一种观念，即他们可以和任何愿意为共同事业而合作的人形成暂时联盟，他们联盟的对象可以不断变化。这种模式还能将抗议运动从陈旧、僵化的观念中解放出来。[21]

答案(是)从一种定义/分类转变为另一种……或者尽量避免全面的定义，为思想的成长与变化留出空间，并留出与其他团队(意识形态)团结合作的可能性。(这种情况在道路建设抗议运动中就发生过，在成熟的环保组织与"地球优先"等直接行动派之间，在"旅行者"组织与"邻避主义"①保守派之间也都有互动。)

这种和平的直接行动与海纳百川的结盟策略相结合的方法，已被证实极为成功，催生了许多媒体所描述的"新抗议时代"[22]。在 20 世纪 90 年代中期，这些混合而复杂的运动，尽管时常显得纷乱无序，却在环境意识(特别是工业化养殖问题)、持续反修路运动(特别是反对纽伯里绕城支路项目)，以及反对农场动物活体出口等方面，产生了重要的影响。这些运动将"中年和中产阶级"抗议者与更加激进的反主流文化人士(例如"东佳部落"，以及后来的"狩猎破坏者协会"以及"动物解放阵线")汇聚在一起。这对农村的影响是显而易见的。道路建设抗议者高度重视土地，他们否定土地开发的"权利"，基于半神秘主义的信仰，他们将土地视为一种共同遗产，而现代农业在这些信仰中几乎、甚至完全没有地位。而活体动物出口的抗议运动详尽而愤慨地批判了工厂化农业方法，进一步推进了上述情况。这些运动

---

① 译者注：邻避主义，NIMBY，"not in my back yard"的缩略语，指不满新道路、住宅区、监狱等建在自己居住地附近的人。

开始于 20 世纪 90 年代末，对战后英国农业和农业实践进行了全方位的批评，对农业领域而言十分危险。最初大多数人对此毫不在意，认为这都是怪胎和左派市民的所作所为。这种情况之所以危险，是因为在农业即将陷入危机之时，它需要所有"朋友"的鼎力相助，而相比农村"朋友"，城市"朋友"更为重要。

这些紧张局势在 1994 年夏季至 1995 年春季反对运输活体农场动物的运动中变得明显。[23]反对活畜运输由来已久。人道主义联盟早在 1897 年至 1903 年期间（可能更晚）就组织了反对跨爱尔兰海运输牛群的运动。[24]从 20 世纪初到 20 世纪 60 年代，出现了诉求更加感性且支持更广泛的抗议运动，其目的是阻止将活马作为食用肉运往欧洲大陆。20 世纪 50 年代，这场运动的范围扩大到运往欧洲以供屠宰的农场动物；20 世纪 70 年代，皇家防止虐待动物协会和世界农场动物福利协会先后加入进来，运动范围进一步扩大。由此一来，1972 年，活体动物出口暂时被禁，但 1975 年春，禁令解除。此后，20 世纪 80 年代，活体动物出口大幅增加。1963年，英国共出口了 65.5 万头活体动物；而到 1993 年，这一数字已经达到每年近 250 万头。[25]

1993 年 1 月，随着欧洲单一市场的建立，活体动物运输的管理法规得以放宽。随后，各方达成"妥协"，允许农场动物运输时长达到 24 小时，中途不休息、不喂食、不喂水。[26]在此之后，皇家防止虐待动物协会和世界农场动物福利协会发起了一场宣传运动，以彻底结束活体动物出口贸易。1993 年秋，世界农场动物福利协会写道：[27]

> 协会相信，现在是时候进行根本性的政策改变了。活体动物贸易必须终止。英国的活体动物出口应该停止，整个欧洲的此类贸易也应该结束。

为此，他们选择了一种综合性策略，采用完全和平的形式，首先向政府和欧盟施加压力，然后再向与活体动物运输有关的组织施压。从 1993 年秋到 1994 年夏，他们组织了三次请愿活动：1993 年 9 月，向农业、渔业及食品部大臣吉利安·谢佩德递交了一份有五十万人签名的请愿书；1994 年 4 月，向欧盟委员会递交了一份有百万人签名的请愿书；1994 年 7 月，组织了一次书面请愿活动，收到了五万多张明信片,再次递交给了谢佩德。此外,世界农场动物福利协会的视频《为了多赚几个铜板》为电视节目《世界在行动》关于活体动物出口的报道奠定了基调。节目于 1994 年春季播出,估计约 580 万名观众观看了节目。

然而,最重要的变化是对参与活体动物出口贸易的渡轮公司和航空公司施加"消费者"压力。主要参与的团体包括世界农场动物福利协会和皇家防止虐待动物协会。尊重动物协会也有参与其中,这是一个规模较小的组织,由前绿色和平组织积极人士、反皮草组织"山猫"(LYNX)的创始人马克·格洛弗创立,该组织掀起了反对时尚界使用动物皮毛的浪潮,并取得了很大成功。[28]

1994 年 8 月 18 日,英国航空公司宣布即刻禁止携带活体动物,这被视为运动取得的第一次胜利。然而,与对航空公司方面的抗议相比,考虑到运输规模问题,对运往欧洲大陆的渡轮进行抗议更为重要。渡轮公司 P&O 承运了其中 60% 的交易量,而其余大部分则分别由史丹纳公司和布列塔尼轮渡公司承运。对渡轮公司的抗议运动以和平形式开展,在 1993 年和 1994 年期间,多佛一直有示威抗议运动发生。随后,1994 年 6 月,动物权利运动"让人难以接受"的一面暴露出来,抗议者使用燃烧弹袭击了位于阿什福德的史丹纳公司办公室。约克郡和格洛斯特郡的公路运输公司也遭到了炸弹袭击。影响更为直接的是针对轮渡公司的"写信"运动,其结果是史丹纳公司称 1994 年他们收到了"数千人"的来信。[29]农场动物福利协会在 1994 年冬天重复了这一说法,当时《农业景象》(*Agscene*)的一位投稿人写道:"正是你们源源不断的信件和卡片,让渡轮公司认识到了公众反对活体动物出口的力量。"[30]

1994 年 8 月的第一周,尽管威廉·沃尔德格雷夫(他取代了吉利安·谢佩德在农业、渔业及食品部的职位)进行了个人干预,但 P&O 公司仍然宣布他们正在考虑禁止活体动物运输。史丹纳公司紧随其后。[31]31 日,史丹纳公司宣布将立即禁止在其渡轮上运输活体动物。此前,P&O 公司公布将于 10 月 1 日开始施行禁令,若规定无变化,将持续生效;布列塔尼公司也已停止了卢瓦尔河以南的动物运输。与这两个公司相比,史丹纳公司的禁令更为严格、高效。[32]

然而,动物运输仍在继续,只不过现在使用的都是当地机场和规模较小的港口。11 月,渡联(Ferrylink)货运服务公司开通了一条从肯特郡希尔内斯到荷兰弗利辛恩的航线，但对该公司的威胁导致该服务被取消。

12 月 30 日，一家以国际运输工人联盟（ITF）的名义运营的联营企业宣布，在接下来的 48 小时内，他们将开始用一艘"方便旗船"从萨塞克斯郡的肖勒姆港运输动物。这次对肖勒姆港的"突袭"并非毫无预兆。1994 年 9 月，肖勒姆港务局总经理菲利普·莱西曾表示该港口可用于动物出口，这导致整个秋季港务局办公室前的抗议不断，而且当地还发起了一场以请愿和书信为基础的抗议运动。然而，直到 12 月底，国际运输工人联盟与港口商洽以获取"北部巡洋舰"的停泊位置时，这场运动才大规模发展起来。

1995 年 1 月 2 日，在肖勒姆港口进行了首次动物装载尝试。当天有大约 200 名示威者与少数警察对峙。卡车试图驶入狭窄的码头道路时，抗议者们坐了下来。几分钟后，卡车掉头离开。第二天晚上，同样的场景再次上演，只是不管是警察还是抗议者的人数都有所增加。这个夜晚真正地推动了这场运动登上全国新闻，电视画面中，一位头戴巴拉克拉法帽的年轻人站在卡车顶上，砸碎了挡风玻璃。顺便一提，这辆卡车属于 A. 尼科拉有限责任公司，这是一家荷兰公司，在 1995 年 10 月被起诉并被罚款10000英镑，原因是该公司在将小牛从北爱尔兰运往西班牙的途中让小牛遭受到痛苦和折磨。[33]

次日晚上，共有 1300 名警察被调派到现场，卡车则通过另一入口驶入，当地媒体所谓的"肖勒姆围城战"开始了。在接下来的 3 周里，尽管抗议活动仍在继续，但港口基本上保持开放，但为此付出了约 200 万英镑的代价。在当地，抗议者得到了广泛支持：阿杜尔区议会（由自由党/民主党控制）和霍夫区议会（由工党/独立成员组成）对港口兴趣寥寥，但两者都反对这次交易，由工党控制的布赖顿市议会亦是如此。此外，布莱顿的一名保守党议员安德鲁·鲍登爵士是一位动物权益倡导者，在对暴力行径持保留意见的前提下，他全力支持抗议运动。[34]而或许更为重要的是，每日晚报《阿格斯晚报》也给予了全力支持，而该报并非以自由主义政治见称。有趣的是，在埃塞克斯郡的布莱特林西，情况如出一辙，至少在运动初期是如此：《科尔切斯特晚报》以"耻辱的运输"为标题，连续发表了一系列文章。[35]

从一开始，肖勒姆和布莱特林西大规模运动的引人注目之处就在于这些抗议

243

活动的本质。在这两场运动中，从一开始，当地及国家媒体就在强调这些抗议者全都是"新"抗议者，即使 20 世纪 80 年代末和 90 年代初公共运动的性质一直在变化。《泰晤士报》十分反对抗议活动，1 月 8 日，该报写道："一位前时装模特摇身一变，成了动物权利积极倡导者，站在一位前保守党议员身边。不远处，一位长辫嬉皮士在一位衣着考究的女古董商旁边大声辱骂。"[36] 其他报道也强调了参与者间的差异，但它们越来越强调大多数抗议者具有的"中产阶级"身份和"正常"外表。1 月 7 日，《卫报》报道了"一位中年语言教师"和他的女儿、一位女会计师和一位护士。[37] 同月晚些时候，布莱顿的《阿格斯晚报》写道：[38]

> 这里是你所能想到的最不可能出现反抗权威之事的地方。但肖勒姆港口确确实实成了中产阶级独特的抗议场所。在过去的 18 天里，拄着拐杖的退休老人、带着在人行道上玩耍的幼童的母亲们和久经沙场的抗议者们站在了一起。

图 19　布莱特林西，1995 年 2 月。在短期内，埃塞克斯郡布莱特林西和萨塞克斯郡肖勒姆的封锁活动可以说是所有动物权益抗议活动中最成功的。从长期来看，它们是现代农业实践导致的城市中产阶级和农业社区之间日益疏远的关系的写照。

《科尔切斯特晚报》也罗列了类似的人员，只不过该报强调的是"居民"，以及退休老人、"年轻母亲"、一位法官的"妻子和女儿"和一位教会理事。[39]抗议活动的中产阶级性质成为其后相关分析的关键词，不管是玛格特·诺曼1月16日发表在《泰晤士报》上充满傲慢讽刺的文章里[40]，还是彼得·希尔莫尔发表在《观察家报》上充满大城市上层阶级优越感的文章里。[41]这种观点也在"周刊"中得到呼应。

1995年2月，在肖勒姆和布莱特林西亚示威活动达到高潮时，我通过大众观察组织发布了一份"指令"，这一"指令"与乡村生活的变化相关，并包含了一个有关活体动物出口的问题。人们对这一指令的回应显示，大众观察的大部分中年及中产阶级回复者对这场运动给予了非常广泛且情感充沛的支持。布莱顿的一位退休警察写道："我非常钦佩那些勇敢抗议活体动物出口的人，我希望自己拥有像他们那样的勇气。"[42]至少在部分情况下，这些人之所以给予这些支持，是因为他们认为那些抗议者和"他们自己"很相似 —— 都是普通人、中产阶级，甚至都是中年人。"看到中产阶级妇女几乎引发了一场骚动，太让人惊奇了。"谢菲尔德的一位61岁的女士写道。[43]一位来自沃特福德的图书馆管理员"为那些参加抗议的普通人感到十分自豪"[44]，而一位来自沃里克的秘书所写则更为深刻：[45]

> 让我难忘的是，这么多普通人，无论年龄、职业，甚至宗教派别，都站出来发声，用实际行动反对这一贸易。

还有一位来自皮斯黑文的74岁老人写道："这似乎是一种新形式的抗议活动，老人们愤怒起来，旧的抗议活动还没有结束，而且还有很多。看看未来如何吧。"[46]有人把英国品质同抗议运动联系起来，正如这位来自萨塞克斯郡兰辛的助教所写："我为英国人感到骄傲——不是为那些拆弹大队，而是为那些坚持抗议的人，他们在雨中坚挺，冒着生命健康受损及负伤的风险。"

总的来说，关于促成运输禁令颁布的运动及随后的示威活动，大众观察收到的回应表明，在短期内，参与运动的团体成功动员了作为消费者和抗议者的中产阶级。1995年1月13日《农民周刊》的社论对此给予了极高的赞美。该社论题为《不能再仅仅从法律角度捍卫小牛肉出口》，得出了以下结论：[47]

与此同时，现在是时候让农民和那些自称可以代表他们的人在这场已经变成一边倒的辩论中发声了。维护牲畜出口——仅仅凭借合法贸易这个理由——已经不够了。农民、动物福利保护者，甚至消费者需要并应该得到更多的正面引导。

这与数年来对这项贸易平淡无奇的维护形成了鲜明对比。

与这些争论相反，许多参加示威的人把动物权利问题真正放在了心上。参与了肖勒姆运动的人，即使是"温和派"，在他们的文章和媒体评论中所表达的态度似乎都显示出对动物"本质"相关论述的认同。同样，这个群体，或者说其中的一部分，即使在 1995 年夏天运动失败的情况下，仍愿意将这场运动继续下去。

某种程度上，更严重的是示威活动所揭示的对农民和农业的态度。大众观察组织的很大一部分人（虽然可能仍是少数派），表示整个问题已经影响到他们对农业和农村的态度。农民经常被视为铁石心肠、唯利是图的人，"农民只把动物当作可以提供收入的东西——而不认为它们也拥有感觉"，一位来自普雷斯顿的女士这样写道，她认识到了动物权益所存在的一些问题。[48] 那些强盗般的自由企业也受到同样的批评。萨里郡的一位退休排版工人写道：[49]

对此最让我恼火的是，当合法的轮渡和公路运输公司拒绝运输动物时，那些聪明的浑球竟然还想赚快钱。他们唯一关心的就是自己的钱袋子。看到他们搬来法规争取权利，并说自己没有违反任何法律，真是让人恶心。

最为核心的是这一群体所提供的有关环境总体变化的证据，这一点前文有所讨论。这在回答该指令的其他问题时更为明确，但许多人还是直截了当地将其与活体动物出口联系起来。

然而，在短期内，"农民们"获得了胜利。活体动物出口恢复，虽然不是通过客运轮船进行。所有的"悔过自新"都被抛到了九霄云外。不过，这场胜利徒有虚名。反活体动物出口运动以一种公开且令人动情的方式，对英国农业的本质提出了严肃的质疑，在长达数周的时间里占领了媒体报道——而更糟糕的事情还在后头。

到 1996 年 3 月为止，牛海绵状脑病（BSE 或"疯牛病"）主要是农村社区内的问题，尽管动物遭受该疾病折磨及其随后被灭杀的悲惨画面不断在当地和全国的电视新闻中出现。1984 年，人们首次在牛身上诊断出 BSE。现在看来，该疾病很可能起源于 20 世纪 70 年代的一头牛，这头牛"发生了朊病毒基因变异，将该牛的蛋白质产物转化为 BSE 病原体"[50]。1984 年 12 月，萨塞克斯郡发现了第一起病例，而了解该病的传播途径则更为重要。2000 年 10 月发表的《菲利普斯报告》指出，BSE 传染病是"密集型农业活动的后果——在反刍动物饲料中回收动物蛋白质。这样的农业活动在数十年内没有受到质疑，结果证明它后患无穷"[51]。两年后，病毒来源得以明确，使用牛羊遗骸作为饲料的行为被禁止，病牛开始被屠宰。但即使有禁令，问题依然存在。[52]

由于对感染规模和疾病传播媒介数量的无知，成千上万的动物在禁令生效后仍被感染。饲料行业被宽限在五周内清理库存。"饲料行业的一些从业人员得寸进尺，在禁令生效后仍在继续售卖库存。"

> 除了这项禁令之外，政府在 1988 年 8 月还采纳了索斯伍德委员会的临时建议，对所有病牛实施了屠宰政策。该委员会于 1988 年 4 月成立，专门负责评估疯牛病的严重影响。1989 年 11 月，政府颁布禁令，明确禁止在人类食物中使用牛内脏。

到了 1997 年 7 月，疫情几乎尘埃落定之际，全国的牛群中发现了大约 17 万例疯牛病。然而，据推测，已经有多达 100 万头牛可能被感染：[53]

> 大部分牛在出现明显病症之前就被屠宰了……在 1989 年底牛内脏禁食令实施之前，大约有一半病牛进入人类食品链。

对于农民群体而言，至少在早期阶段，最核心的问题就是个人的损失与赔偿，这一事宜于 1988 年 7 月达成一致。然而对于广大公众而言，更核心的问题是染病食品。尽管直到 20 世纪 90 年代中期，都没有确凿证据表明疯牛病会传染给人类，但是"常识"认为：一种能让牛如此痛苦地死去的疾病"肯定"会影响这些牛所产的肉和奶，特别是这种疾病还有 5 年左右的潜伏期。[54]20 世纪 90 年代初，随着病例数量快速增长，这种担忧日益加剧，也成了出版物和广播媒体中常见的新闻时事，尽管其报道总是断断续续。

在此期间，主流的科学观点、农业游说团体和政府坚称疯牛病不会从动物传播到人类身上。1989 年 2 月，索斯伍德委员会报告了其核心发现："从目前的证据来看……疯牛病对人类健康没有任何影响。"政府越来越担忧公众对"牛肉危机"的反应，因而高调宣传了这些发现。然而，报告接下来的一句话却少有报道："然而，如果我们对这些可能性的评估有误，后果将非常严重。"[55]甚至在更早之前就有人发出过警告。1986 年 12 月，中央兽医实验室病理学负责人雷·布拉德利曾写信给高级公务员：[56]

> 如果这种疾病被证实是牛海绵状脑病（当然事实确实如此），牛的出口贸易将受到严重影响，并有可能波及人类，例如，海绵状脑病患者与牛有密切联系……正因如此，我将此文件归类为机密文件。

政府并未忽视布拉德利的警告。正如凯文·图利斯于 2001 年在《卫报周末》杂志上所写：[57]

> 布拉德利的备忘录为接下来十年间政府的官方回应奠定了基调，公务员们和部长们发起了一场宣传战，努力说服自己和愈发怀疑的民众：英国牛肉安全可食用。

可能还要补充一点：安全可出口。

核心问题在于，1990 年，科学界有其他声音开始争论英国牛肉并不安全可食。其中最著名的，也是当初声名狼藉的，便是利兹大学的理查德·莱西教授。

图 20 "我很清楚，我们的牛肉是安全的。我的家人也食用牛肉，我对此毫无担忧。"
这是一张让人无法忘记的照片。照片中，农业部部长约翰·古默展现出他对英国牛肉的信
心。这张照片拍摄于疯牛病和克雅氏病被证明存在联系之前，是政府运动的一部分，旨在
贬损那些认为二者之间有联系的科学家们。

1990 年，莱西预测疯牛病将传播至人类，并主张应屠宰 600 万头牛以阻止疾
病传播。他在议会中遭到诋毁，而那些攻击他的人却受到议会特权的保护；他的
房子被农民们的标语覆盖；政府斥责他为有政治野心的左翼疯子。[58] 莱西具有一定
的公众影响力，备受瞩目。然而，他的职业声誉在短期内遭到严重损害。其他地
位较低的人则面临着更大风险。纽卡斯尔公共卫生实验室的哈拉什·纳朗是海绵
状脑病领域的世界专家。1988 年，他开始认为疯牛病可能会传播至人类。他似乎
已经研发出一种检测疯牛病的试验，但由于他拒绝被农业、渔业及食品部控制，
其研究经费被撤销，并于 1994 年被辞退。自 1988 年起，斯蒂芬·迪勒博士一直致
力于研究疯牛病与人类之间的关系。1993 年，他致信政府设立的疯牛病进展调查
委员会（SEAC），指出食用感染牛肉对人类造成的风险"高得令人难以接受"。然
而，他的警告被置之不理。[59]

尽管遭到了政府和所谓"科学"舆论的攻击，但不论是小报还是大报，都报道
了这些事件，导致政府或多或少做出了一些自鸣得意或古怪的反应。其中最著名
的是"强迫喂食"事件：1990 年 5 月，在萨福克郡的一个农业展览上，时任农业部

长约翰·古默强迫自己的女儿科迪莉娅吃汉堡包。这一举动本意是要展示他对牛肉的信心，但其实却让他沦为笑柄。作为农业部长，古默率先对疯牛病与人类疾病存在联系这一日益被接受的观点发起了攻击。例如，1990 年 1 月，他说："我非常清楚，我们的牛肉是安全的。我自己的家人也吃牛肉，我对此毫不担心。世界上没有任何证据能够表明疯牛病会从动物身上传播给人类。"他的继任者道格拉斯·霍格立场完全相同。[60]他们得到了首相约翰·梅杰的口头及公开支持，梅杰在 1995 年 12 月表示："目前没有科学证据表明疯牛病可以传染给人类……据我所知，牛肉是一种安全且有益健康的食品。"[61]

到了 1995 年 12 月，这类发言开始带有一种越发明显的自以为是的意味，原因很简单，人们发现了一种新型人类海绵状脑病，即新变异型克雅氏病（vCJD），而且有越来越多的证据表明该病与疯牛病有关。1995 年 5 月，克雅氏病夺去了 19 岁的史蒂芬·丘吉尔的生命，他是第一位已知受害者。越来越明显的是，公众不再信任政府及其科学家。20 世纪 80 年代中期以来，英国国内牛肉消费及向欧洲大陆的出口都持续下降；尽管在 1995 年间有回暖期，但英国农场所生产的牛肉已经从每年 120 万吨下降到 90 万吨。[62]1995 年的最后几个月，英国许多教育部门将牛肉从学校餐桌上移除。截至 1995 年 12 月梅杰和霍格发表安抚性讲话之时，"由于家长们的担忧"，已经有五分之一的学校停止供应牛肉。[63]

根据 1996 年 1 月和 2 月的《菲利普斯报告》，英国海绵状脑病咨询委员会（SEAC）的科学家们最终相信克雅氏病和疯牛病之间存在联系，但委员会的公务员们一直拖延到 3 月份才将这一情况告知政府。1996 年 3 月 20 日，政府宣布，目前有 10 例克雅氏病患者，平均年龄 27 岁，而且克雅氏病与接触疯牛病感染肉类或存在联系。接下来的一周里人们的反应几乎摧毁了对英国农业，尤其是对牛肉的信心，这严重削弱了保守党的威信。

在短短不到一周的时间里，欧盟便在全球范围内实施了对英国牛肉出口的禁令，但空前严峻的是英国国内问题。不论大报还是小报，媒体对此事的报道态度急转直下。几周前备受指责的理查德·莱西等人，现在几乎被塑造为民族英雄。《太阳报》为读者提供了兑换不含牛肉的英式早餐的代金券。其政治编辑特雷弗·卡凡诺则发出警告，称疯牛病可能给保守党"带来毁灭性的打击"[64]。甚至《观察家报》也在其周日的报道中做出了仿佛世界末日来临般的预测：法国关闭英吉利海峡隧道，两百万人罹患克雅氏病，这将导致卫生服务系统陷入危机，甚至可能导致"国家结构分崩瓦解"[65]。公众也对这一宣告反应强烈。在宣告发布后的几天内，所有大型连锁超市都宣布牛肉销量急剧下降。3 月 23 日（星期六），大多数连锁超市都将牛肉价格下调 50%，但仍无法售出库存。更为严重的是，这些超市连锁店还宣称他们正在寻找其他牛肉货源。[66]其后一周，牛肉销量下降超过三分之一。从公众宣传的角度来看，最引人注目的就是 3 月 23 日至 24 日，麦当劳和汉堡王宣布将停止供应任何由英国牛肉制作而成的汉堡。而后，3 月 28 日（星期四），麦当劳在所有英国国家级报纸上刊登整版广告，宣布从当天起，所有牛肉产品均由"新货源"制成，不含英国牛肉、均由麦当劳认证供应商提供。[67]

最初，政府几乎没有采取什么行动，显然是希望欧盟能够很快解除禁令。禁令也引发了保守党部分成员一如既往的反欧盟言论。甚至在公布了克雅氏病与疯牛病之间的联系后，政府还在试图淡化这场危机。然而，尽管在 1996 年 5 月，政府想要通过拒绝与欧盟进行"正常"的业务合作，迫使欧盟结束禁令，但该禁令仍持续了两年之久。[68]而法国一直维持着这一"非法"禁令，直到 2001 年 9 月才终止。

英国农业损失巨大。1998 年 11 月，欧盟解除牛肉禁令，此时已经有超过 400 万头牛被宰杀。但损失远不止于此。《菲利普斯报告》发表之时，《卫报》估计，这场疫情所造成的总损失（包括赔偿、出口损失以及已知受害者的医疗费用估算在内）约为 60 亿英镑。[69]然而，农业造成的损失不仅仅涉及牲畜。尽管具体数字难以确定，但在 20 世纪 90 年代，生产奶制品及牛肉的农场大幅度减少，这一现象与疯牛病紧密相关。那些继续维持经营的农民，尤其是小农户，成本消耗巨大。例如，在德文郡的一个占地 220 英亩、同时饲养了肉牛和奶牛的农场，1996 年至 1999 年这三年间，受疯牛病影响，其收益从 20000 英镑左右降至约 7600 英镑。[70]

这种长期的利润下滑现象，并非仅由疯牛病这一因素所致，它实际上反映了消费者对所有农产品日益加深的疑虑。进入 20 世纪 90 年代末，人道主义对农业耕种方法的批评与疯牛病交织，造成了消费者对食品的态度转变。自称素食主义者的人数在 90 年代大幅增加。与整个生态运动一样，现代素食主义的发展与 20 世纪 60 年代的反主流文化运动息息相关。大卫·康托和凯·康托夫妇于 60 年代在伦敦卡纳比街附近开设的克兰克餐厅是伦敦首家新素食餐厅，它为 20 世纪七八十年代风靡全国的美食和饮食风格奠定了基础：[71]

> 所供应的食材尽可能纯净——散养鸡蛋、有机果蔬、洛斯利天然低脂酸奶和冰激凌。康托夫妇认为，餐厅的家具、装饰和餐具也应选用天然材料，这一点也是至关重要的。这里有松木桌和陶制餐具……克兰克为此后三十年间的素食主义奠定了风格——在巴赫和维瓦尔第的音乐背景下享用玉米派、芹菜、坚果和胡萝卜沙拉、西葫芦和奶酪角。

素食也与年轻人密不可分。总部位于布莱顿的英飞尼迪全天然食品公司如今是一家大型有机食品和素食批发商，由萨塞克斯大学的一名学生及其伙伴创立，他们为第一届格拉斯顿伯里音乐节提供了餐饮服务。[72]然而，这一代人的年龄渐长，他们似乎并没有放弃素食主义，也没有放弃他们的长发和喇叭裤。工厂养殖所引发的动物权益问题以及农场动物的活体运输等问题，日益加深了人们对食品尤其是肉类质量的担忧，导致越来越多的人加入素食主义者的行列。截至 2000 年，据素食协会（Vegetarian Society）估计，英国已有 350 万素食主义者。

与此同时，有机农业虽然最初发展较慢，但却逐渐从人们眼中古怪的少数派变身为主流。1990 年至 1996 年，人们对有机农产品的需求增长至原来的 4 倍，而最大幅度的增长发生在疯牛病与克雅氏病之间的联系被确认之后。[73]正如约翰·汉弗瑞斯所写，这对英格兰和威尔士的饮食产生了根本性的、明显的持续影响。[74]

> 对于一位超市经理而言，没有什么比"顾客威胁要转投竞争对手"更加令人震耳欲聋。现在，顾客对有机食品的呼声越来越高。不久前还对所谓的"胡子和凉鞋"这类顾客群体嗤之以鼻的超市，突然之间，开始为能得到的每一根有机胡萝卜和每一个番茄而展开激烈的竞争。

到了 2000 年，英佰瑞和维特罗斯两家大型连锁超市库存了近 1000 种有机产品，而乐购和阿斯达也在迅速追赶。同年，有机产品的销售额达到了 6.05 亿英镑，自 1996 年以来增长了超过 4 亿英镑。20 世纪最后两年，购买有机产品的家庭比例从 37% 上升到了 67%。截至 2001 年，英国最"纯粹"的有机农业组织土壤协会（the Soil Association）已经拥有了约 3 万名成员和支持者，而"二战"后该协会创立之时成员屈指可数。

这对英国农业的影响仍然很小。尽管政府于 1995 年推出了"有机农业援助计划"，以帮助实现向有机农业的转型，而且 1998 年至 2000 年间有机农业面积增长了 72%，但到 2001 年，有机耕地的占比仍不足 0.5%。由于采用有机方式耕种的土地面积非常小，目前英国有机食品的 70% 都是进口，在可预见的未来，这一数字似乎仍将保持不变。[75]尽管如此，至少有一部分农业社区已经接受了有机农业。事实上，乡村署（the Countryside Agency）和环境、食品及农村事务部都承认有机农业对英格兰和威尔士农业的未来将做出重要的贡献。[76]

然而，在 1995—1996 年之后的几年里，农业以及农村地区的命运接连受挫。疯牛病及随之而来的欧盟禁令所产生的影响范围远远超出了牛肉生产领域，而第一轮休耕补贴金和"绿色英镑"所带来的巨额短期利润均被坚挺的英镑所抵消。接着，20 世纪 90 年代中期出现的粮食短缺问题在 90 年代后期消失，欧洲重新回到了生产过剩的境地。对英国牲畜的持续不信任似乎导致利润丰厚的羔羊肉和小牛肉出口贸易崩溃，这在 20 世纪 90 年代中期曾引发很大困扰，而且牛肉出口贸易实际上已经不复存在。因此，农业总收入从 1995—1996 年约 60 亿英镑的巅峰下跌至 2000 年的 18 亿英镑。同期，农业对英国国民收入的贡献下降至 1% 以下。然而，正如乡村署于 2001 年报告的那样，"农业方面所消耗的公共支出已经连续超出了该行业（对国民收入）的贡献"，2001 年，农业、渔业及食品部的一名匿名发言人表示，这样的公共支出相当于每个英国家庭每周都要支出 4 英镑。[77]

在这次危机中，普通公众（主要是城市居民）对农业社区没有多少同情之心。景观破坏、活畜出口、疯牛病以及其他无数食品恐慌都被归咎于农业，而面对批评，许多行业发言人的顽固不化往往使农民和土地所有者成为他们自己最大的敌人。甚至到了 20 世纪 90 年代末期，持续不断的补贴强化了人们脑海里农民是"肥猫"的印象，尽管农业中有部分人，特别是英格兰和威尔士的山地农民，正面临着日益加剧的困境。在这种情况下，农业和农村开始在争夺公众支持的战斗中奋起反击。

1995 年 11 月，自由党前领袖戴维·斯蒂尔爵士宣布成立一个新的农村压力集团——"农村运动"（the Countryside Movement）。该运动的宪章明确规定了它的目标。根据《泰晤士报》的报道，该集团致力于"保护农村生活免受诋毁，并在农村管理各个方面推进优良管理办法"[78]。然而，《农民周刊》则强调了截然不同的方面。[79]

> 该宪章指出农村人民需要一次"农村运动"，因为现在他们的生活方式面临威胁。农村生活方式及价值观的反对者们对农村动物管理的方方面面都有异议，包括活体动物运输、狩猎、畜牧业、射击、捕鱼和全国性的狩猎比赛等。

农村被城市"围攻"，而城乡是对立的，城市其实并不"理解"农村生活，这种观念由来已久。然而，到了 20 世纪 90 年代中期，工党政府上台的呼声愈发高涨时，这一观点变得尤为突出，因为众多农村组织将工党视为反农村势力。在这种背景下，"农村运动"组织吸引了大量富有的私人和产业资助者。例如，其首次广告宣传活动便斥资 350 万英镑。据报道，威斯敏斯特公爵提供了 100 万英镑无抵押贷款，帮助组织度过了困难时期。愤世嫉俗的人可能会认为，这些资金原本可以更好地用于改善许多日渐衰落的农村社区，而这些社区正是"农村运动"声称要保护的。

然而，不可否认的是，在某些方面，"农村运动"确实能够明确提出一系列有关农村问题的议题，包括丘陵农业的崩溃、农村服务业的衰退、"外来者"问题以及对野外运动的捍卫。此外，该运动实行的免订阅、免会费政策，到 1997 年已经为其积累了约 10 万名支持者。而这些人是否是"农村人士"，又是否是该组织在宣传中所钟爱的"本土村民"，则是一个更为复杂的问题。虽然农场工人也有可能参与到这场运动中，1997 年和 1998 年的两大示威活动上也肯定有他们的身影，但他们自己的组织坚决抵制与"农村运动"或其继任者"乡村联盟"（the Countryside Alliance）建立任何联系。更成问题的是，一项由莫里研究所（MORI）开展的针对

1998 年"乡村游行"的民意调查显示，"前往伦敦的人里仅有一半声称自己生活在'乡村之中'"，剩下的 22% 表示他们生活在"边缘地带"，还有 5% 生活在"郊区"。[80]1998 年游行结束后不久，所有这些数据就在一辆路虎车里被统计出来。当时人们看到这辆车停在伦敦皮姆利切住宅区，后窗粘有贴纸，敦促所有人"抵制城市压迫"，前车窗上则贴有威斯敏斯特市居民停车许可证。

一些企业赞助商对这场运动所标榜的"为全体农村居民代言"的理念持怀疑态度。伦敦枪械制造商霍兰德公司在运动早期发挥了不可或缺的作用。然而，正如尼克·科恩在 2000 年 10 月的《观察家报》上所述，英国最大的建筑商罗伯特·麦卡尔平、新利控股公司和珀西蒙住宅公司均希望打破农村地区的"限制性"建筑控制，而它们恰恰是这场运动背后的重要支持者。[81]

1996 年底，"农村运动"陷入困境。尽管资助者和会员犹在，但其所期望获得的大规模影响与支持似乎正在消失。随着工党在选举中获胜的威胁愈发迫近，1997 年 3 月，名存实亡的"农村运动"与英国野外运动社（the British Field Sports Society）和乡村商业集团（the Countryside Business Group）成立了"乡村联盟"（the Countryside Alliance）。联盟的议程仍然保持公开，但显然更加注重维护野外运动，特别是带犬狩猎，这项运动似乎很可能会受到来自工党政府或议员个人提案的攻击，而这种个人提案将会在工党所主导的下议院得到大量支持。这种担忧在 1997 年 6 月得以证实，当时伍斯特市的新工党议员迈克尔·福斯特在议员个人提案投票中获得第一，他借此推动了一项禁止带犬狩猎的法案。

这使得 1997 年 7 月 10 日在伦敦组织的第一次"乡村游行"显得更为紧迫。这场游行影响巨大。超过 10 万名支持者在伦敦参与游行，几乎得到了所有人的支持。尽管在 1997 年大多数英国人反对带犬狩猎（现在也一直如此），但乡村的普遍危机感让他们无暇顾及这个问题。甚至连《卫报》的环境新闻编辑约翰·维达尔也被打动了，他长期以来一直对乡村问题发表批判性新闻报道。[82]

在（游行者）中，有数千名完全依靠野外运动生活的人，他们理所当然感受到了威胁……感同身受的还有周末度假者、马术爱好者、丘陵农场主和谷物种植者、乡村运动员、浪漫主义者，以及那些希望能对自己如今的生活方式有发言权的人……这里的绝大多数人都收入微薄，在教育、福利和住房服务方面都受到不公正的对待……导致这次集会发生的基本原因，是他们真切地感受到了决策者对农村的敌视和背叛，感受到充斥在新政府中的令人不悦的严苛道德批判。

维达尔的观点显然得到了新工党的认同，或者说，至少"乡村联盟"使他们充分重视起了新近变得重要的中产阶级和农村选票，这是 1997 年选举大胜的核心所在。政府突然开始关注农村问题，甚至在猎狐问题上做出了让步，拒绝给予福斯特法案充足的议会时间，并最终任命伯恩斯委员会(the Burns Committee) 来调查带犬狩猎问题的整体情况。

1998 年 3 月，第二次"乡村游行"在《福斯特法案》倒台之前举行，《每日电讯报》称这次游行"彻底改变了政府对农村问题的态度"[83]。然而，回顾起来，尤其是在自由派看来，这次游行似乎没有第一次那么成功，虽然吸引了超过 25 万人参加这次活动，但其激进的支持狩猎的立场、愚昧的"抵制城市压迫"的口号，以及试图将爱马人群(出自《马和猎犬》杂志) 的问题与英国反法西斯的困境进行无谓关联，导致很多城市地区的潜在支持者被疏远在外。上文所提到的莫里研究所民调显示，许多游行者很少接触农村地区，而且游行的人中有 79% 是保守党选民，这进一步证实了许多人一直以来的想法。

尽管在农村地区得到了持续性支持，并且举行了包括 1999 年工党大会上的示威游行在内的一系列引人注目的示威活动，但"乡村联盟"支持者声称他们已经改变了政府态度的说法越来越站不住脚。2000 年 2 月，布莱尔大肆宣传的"关注农村"似乎更多只是想在农村地区赢得非农业人群的选票，而并非向农业社区让步。在同月的全国农民联盟会议上，对于多元化需求，他的发言毫无新意，在过去的十年中，农业社区早已听过，有时还注意过。[84]

此外，2000 年秋，"乡村联盟"成员参与了燃油抗议活动，这使得其中许多人对尼克·科恩的观点产生共鸣。这场危机过后，科恩在《观察家报》上撰文写道：[85]

"乡村联盟"的拯救狩猎之战不再靠含混不清的理性论据。代入他们

的集体思维，你会觉得仿佛置身于一场反抗外来邪恶独裁统治的民族解放
战争。

有趣的是，在 2000 年政府有关农村地区的白皮书《我们的乡村：未来》中，只有一
处提到了狩猎："政府将向议会递交提议，提出有关未来带犬狩猎的一系列备选方
案，供议会进行自由表决。"[86] 反血腥运动游说团体可能会认为这是妥协，从某种意
义上说，这确实是妥协，但同样就是这份文件，却用了 7 页来探讨乡村通行的
问题。

无论政府为农村地区制订了什么计划，显而易见的是，政府越来越受到消费
者(无论是以食物还是以乡村本身作为消费对象)，而非农业本身的影响。多年来
农业部一直被视为农民的走狗，这个部门衰败已久，它的"终结"及其后来被环境、
食品和农村事务部取而代之就是上述转变的一个迹象，虽然要等到 2001 年工党胜
利它才会被取代。而到那时，游戏规则再次改变，而这次改变或许是永久性的。

口蹄疫由来已久，最早记载于 1839 年，但在此之前已经出现过。1870—1871
年、1878—1884 年，英国经历过几次口蹄疫大暴发。1892 年，政府出台了一项政
策，强制屠宰所有已感染或可能感染的动物，从而降低了该疫病的发病率，直到
1922 年再一次大暴发。20 世纪 20 年代至 50 年代，该疾病似乎变成了地方性疫病
而非流行性疾病，每年平均出现 129 例。然而，从 20 世纪 50 年代中期至 1967—
1968 年大暴发之间的这段时间里，极少有病例出现。虽然 1967—1968 年的这次暴
发产生了灾难性影响，出现了 2364 例感染病例，将近 43.4 万头牲畜被屠宰，但屠
宰政策似乎起到了作用，使得全国牲畜群或多或少地免于罹患此病。[87]

因此，最近一次口蹄疫大暴发震惊了公众。正如伊恩·安德森博士于 2002 年
7 月发表的报告所述："口蹄疫的暴发出人意料。农业、渔业及食品部和农业领域
都没有为大规模暴发作好准备。"[88] 然而，与疯牛病不同，尽管从一开始口蹄疫就被
视为潜在灾难，但基于过去的经验，人们错误地以为口蹄疫所制造的灾难是可控
的。人们认为，尽管这种疾病具有高度传染性，但政策要求封锁感染农场、屠宰
所有可能接触过口蹄疫的动物，这在过去就已经将口蹄疫控制并根除了，因此他
们理所应当地认为这次疫情不会存在任何不同。即使出现了最坏的情况，也只需

在受感染农场周围进行屠宰并设立隔离区域，一段时间后，就如同 1967 年一样，疾病将会被彻底消灭。

2001 年 2 月 20 日星期一，在埃塞克斯郡小沃利教区切利肉类（Cheale Meats）屠宰场的猪群中发现了第一例口蹄疫病例，并于星期三得到农业、渔业及食品部的确认。牲畜出口禁令迅速发布，农业、渔业及食品部也开始追溯猪群来源，封锁疑似感染农场，并屠宰可能受感染的牲畜。[89]时至今日，可以明确的是，这种受到包括农业、渔业及食品部在内的所有主要农业组织支持的方法出现了严重的问题，这点在疫病发展过程中得到证明。更糟糕的是，如安德森所指出的，到那时口蹄疫已经"在全国范围内蔓延"[90]。此外，另外三个问题也出现了。首先，自1967 年以来，个体养殖规模大幅增加，这意味着一旦有一只动物感染，将会有更多动物面临风险。《自然》杂志于 2001 年 10 月发表的一篇论文也证明了这一点，该论文表明"小型农场的传染性和易感性明显低于大型农场"[91]。其次，疫病很快传播到了羊群中，这意味着大多数染病动物并不曾在受感染的场所中生活，因此病毒溯源难度大增。羊群染病还引发了其他问题，因为大多数羊都在开阔的草原上进食，对其进行控制几乎不可能。最后，人们认为是农业活动的变化促成了疫病的暴发。这种说法的依据是，动物在市场间、地区间、屠宰场间被不断转移，以充分利用人们对特定肉类品种的特别需求，但更重要的是利用地区间价格波动以及需求的变化来盈利。很可能是这种做法导致了疾病早期的传播。这次疫病的源头是诺森伯兰郡的一家动物饲养中心，它将来自多个农场的猪运往埃塞克斯郡的屠宰场，这些农场散布在一个很大的范围内。这种做法也是疫病后续传播的关键因素，正如《自然》杂志 2001 年 10 月的一篇论文所写："最有可能的传播途径是动物、人员或交通工具之间的接触，而不是通过动物间接触或风力传播。"[92]

农业、渔业及食品部和政府很快认识到这一点，并在 2 月 24 日星期五实施了为期 7 天的"临时"措施：禁止动物运输、关闭所有牛类市场。然而，在此阶段，所有相关方都乐观地认为疫情在可控范围内。农业部长尼克·布朗认为这只是在短期内造成"不便"，兽医和农业、渔业及食品部会"隔离消灭疫情，并尽快恢复正常"。[93]这种乐观是极为盲目的。接下来一周，疫病已经传播到西部乡村。与埃塞克斯郡的情况一样，也是经销商之间长途运输动物的结果。[94]正如安德森的报告

所写：[95]

　　　　对早期病例的第一反应不够迅速，也缺乏有效协调……政府内部对农业活动发生的变化了解有限。尤其是，在疫情确诊前，羊群活动导致了疫病的大规模传播，而人们对于羊群活动的性质及范围缺乏充分了解。

在接下来的数周内，疫情在英格兰和威尔士的大部分高地传播开来。即使是与农业无关的人，如果曾在 2001 年春天的黑暗时期在那些地区逗留过，都会对这段经历永生难忘。在复活节前的周末，沿着 A66 公路驱车穿过湖区，去往格拉斯哥的路上，每隔几英里就能看到熊熊大火。在阿普比小镇附近，空气中充斥着焚烧的恶臭。约翰·维达尔曾将口蹄疫比作黑死病，此时这一类比显得过于真实。[96]对于那些在农村生活并劳作的人来说，情况糟糕的程度更是难以想象，而且损失最重的并非大规模羊类经销商与贸易商，而是英国高地的那些小农户，他们已经在农业危机中首当其冲。他们的牛或羊就是其生计所在。对于其中许多人（即便不是大部分人）来说，牛羊也是多年辛勤劳作、对土地满怀自豪与热爱的成果。在这场与冷漠无情的城市世界的不公平战争中，失去牛羊就是对他们的最后一击。这个世界对他们有所亏欠。

图 21　"黑死病"。口蹄疫于 2002 年春夏期间摧毁了英国高地农业，它紧随疯牛病而来，带来了一场经济灾难，尤其是对丘陵农业而言。它标志着英国农村一个时代的结束，这一点或许同样重要。

　　屠宰政策和生物安全措施（如在衣物、鞋靴、车辆上和运输中使用消毒剂等）减缓了口蹄疫的传播。然而，这些措施"并不足以扭转疫情局势，这主要是由于口蹄疫可能性报告、感染确认以及受感染农场的动物屠宰之间存在长时间延迟"[97]。3 月底，军队投入工作，屠宰受感染农场及相邻地区的动物，且不必等待实验室确认，疫情传播开始减缓，像坎布里亚郡、邓弗里斯-加洛韦区等疫情严重的地区也采取了屠宰受感染农场 3 公里以内所有羊只的措施。截至 2001 年 9 月 19 日，这一系列政策已导致约 388 万头牲畜被宰杀。[98]但是，这项政策的某些方面在农业社区内外越来越不受欢迎。许多批评都源于对未感染动物的扑杀，以及农业、渔业及食品部（得到全国农民联盟的支持）拒绝通过环状疫苗接种创建无疫区这一措施。

　　然而，弗格森的研究和《安德森报告》表明，受感染农场及其邻近农场的宰杀行动过于缓慢，助长了疾病的传播，尤其是在坎布里亚郡和德文郡地区。他们认为，如果在这些地区宰杀行动进展更快，病例数量可能会减少 60%，从而使牲畜受到宰杀的农场数量降低 45%。[99]这表明宰杀未感染动物是必要的，主要问题是执行不够迅速，除了缺乏屠宰人手之外，有时还因受到未感染动物主人的强烈反对。

　　疫苗接种问题更加棘手。自 20 世纪初以来，疫苗接种一直是一种可选方案。20 世纪所发表的 4 份政府口蹄疫报告中，其中 3 份都将这一方案考虑在内。事实上，1954 年的高尔斯委员会和 1969 年的诺森伯兰委员会都认为应该将环形疫苗接种提上计划日程，以防止疫情大暴发。在疫情暴发初期，动物权益组织和一些小农户就提出过接种疫苗而非屠宰的观点。这种反对观点是基于人道主义和经济两个方面的考虑。于动物权益组织而言，屠宰政策会对动物造成不必要的痛苦，而对于那些未受疫病感染的小农户来说，疫苗接种似乎比毁掉其一生的劳动成果更为可取。

　　另一方面，大部分科学机构，农业、渔业及食品部和全国农民联盟都对疫苗接种持反对态度。[100]不管是过去还是现在，反对疫苗接种的问题十分复杂，但归根结底就是经济问题。口蹄疫不会导致动物死亡，除非它们本身就十分虚弱，也不会传染给人类，但确实会降低感染畜群的体重和生产力，从而降低其经济效益。在利润微薄时期，这一问题至关重要。此外，接种疫苗也不能彻底消除疫病，而且大约每 6 个月就需要重复接种——这可能是一个开销极大的方案。但最大的问题来源于出口。自 20 世纪 80 年代以来，英国一直是"零口蹄疫"地区。接种疫苗将会导致英国失去这一地位。正如全国农民联盟的史蒂芬·罗西德斯对《观察家报》所言："如果不屠宰动物，出口就无法进行。一旦接种疫苗，就会失去'零口蹄疫'的地位。这会造成严重的经济影响。"[101]目前，和现代历史中的大多数事件一样，此事尚无定论。然而，随着口蹄疫的影响继续蔓延，疫病所消耗的真实成本也逐渐明晰，越来越多的科学家似乎开始倾向于支持疫苗接种。2002 年夏，安德森委员会做出报告，支持接种疫苗；在 2002 年 6 月 22 日英国下议院中，环境、食品和农村事务部部长玛格丽特·贝克特也对此表示支持。[102]

　　随着疫情的蔓延，其影响已超出农业领域。事实上，口蹄疫揭示了英格兰农村地区已经变得多么"非农业化"。在第一场疫情暴发的数日内，英格兰和威尔士的人行步道全部被封锁，即使像南部丘陵这样远离疫情的地区也不例外。在许多地区，人行步道持续关闭到夏季和秋季。《安德森报告》将此视为重大问题。[103]

　　　　虽然这一措施当时得到了许多人的支持，但事后看来，大范围封锁人
　　　行步道，且缺乏直接的重启机制，实属决策失误。

这对英国乡村旅游业影响严重。《卫报》在 2001 年 3 月公布的全国数据表明形势非常严峻。全国农业生产总值约占国内生产总值的 1.5%，而旅游业占比约为 4%。农村旅游业每年预估产值约为 120 亿英镑，而畜牧业约为 40 亿英镑。在农村地区，仅有 2% 的人口从事农业，而有 21% 的人口从事休闲娱乐业和分销行业。到 2001 年 3 月，英格兰旅游协会估计，旅游业每周损失 2.5 亿英镑，而农业仅损失 0.6 亿英镑。从地区来看，情况更为糟糕。德文郡、坎布里亚郡和威尔士既是受口蹄疫冲击最为严重的地区，又是主要的旅游中心。仅在坎布里亚郡，旅游贸易相关企业每周都会损失 800 万英镑和 350 个工作岗位。[104]而威尔士在三月底的估计损失已达每周 1000 万英镑，亏损额度预计会在复活节期间翻倍增长。[105]

　　2001 年口蹄疫疫情资产负债的清算，远不止简单的责任划分和成本核算。《安德森报告》对危机（尤其是危机初期）的处理方式及时任农业部部长尼克·布朗的所作所为提出了合理批评。[106]这次疫情消耗的成本巨大，约为 80 亿英镑，但在

疫情"结束"一年后，赔偿问题仍十分棘手。[107]

　　不同经济领域受到的影响不同。农民的牲畜因疫情控制、保障福利而被屠宰，他们因此得到补偿。而农村企业和旅游业几乎没有获得任何补偿。那些牲畜未被屠宰，但却受到严格动物运输管制的农民也完全没有得到任何补偿。

然而，口蹄疫所造成的最惊人且持久的影响并不仅局限于农业领域，甚至在农业领域内部也出现了远超疫情本身的问题。随着疫情的恶化，首相托尼·布莱尔考虑到农业方面的危机问题，决定取消原计划于 5 月 3 日举行的大选。然而，远在大选之前，即 3 月初，布莱尔就发表了一篇关于环境问题的讲话，总结了农业方面令人担忧的教训。20 世纪 90 年代中期，欧共体共同农业政策曾被全国农民联盟视为英国农业的主要捍卫者，"但它已经严重过时。它扭曲了全球农业市场，助长了破坏环境的农业形式"。在随后的几周中，农业部长尼克·布朗采纳了布莱尔的一些观点，他认为疯牛病和口蹄疫表明整个农业领域都需要改革。[108]

　　这些当然都不是新话题，但在口蹄疫危机高峰期，它们似乎再次变得迫在眉睫。公众舆论似乎正在对农民失去耐心。布莱尔宣布改变选举日期的消息仅受到了《太阳报》(掌握独家报道权) 和《每日电讯报》的欢迎。《卫报》《镜报》《独立报》和《每日邮报》对此都予以谴责。《卫报》一向对这场疫情持同情态度，但这次谴责最为激烈：[109]

　　……口蹄疫只是一个地区性、行业性问题，从根本上来说，只与畜牧业的小规模经济挂钩，而整个政府却仿佛将其视为国家性、普遍性问题，予以过度关注。

口蹄疫也再次暴露了整个农业和食品行业中存在的问题。尽管农业方面一直不乏支持者，但越来越多的媒体开始认为，这次疫病就是对现代农业活动及贪婪的最终惩戒。三月末，斯蒂芬·波拉德在《独立报》发表的文章引起了大部分左翼/自由

派媒体的共鸣：[110]

> 种瓜得瓜，种豆得豆——但前提是你得是农民……如今，更有强烈的指控指出是非法猪饲料导致了口蹄疫疫情。但是无论原因是什么，可以肯定的是，农民将会索要更多的赔偿和补贴。

2001 年秋季，在一场毫无波澜的工党大会上，环境、食品和农村事务部国务大臣玛格丽特·贝克特发表了类似的讲话，不过讲话内容如今却已经成为一项政策：[111]

> 农业作为乡村经济的一部分，与其他领域一样，同样面临着巨大的变革压力。欧盟承诺从明年开始对共同农业政策进行重审。我相信，越来越多的欧洲民众不会允许农业以从前的方式继续运行——更不用说为之买单了……整个社会对农业的需求正在改变，而且这种改变很可能是不可逆转的……不能顺应市场力量发展的产业未来必不能长久。无论哪个行业，不论其历史，或是对社会的贡献如何，都是如此。

贝克特的讲话标志着"二战"后农业政策渐进而又重大的转变的终点。尽管在讲话中，她警告变革不能被推迟"一年、五年或十年"之久，但实现变革确实需要时间。2002 年 1 月，唐纳德·柯里爵士进一步发表了名为《农业与食品》的政策报告。[112] 该报告从以下假设出发：[113]

> 我们所熟知的乡村环境原本是农业的产物，但多年来的集约化生产已经对其造成破坏，乡村的社会结构（主要依赖于农业）也因此岌岌可危。

毫不意外，该报告所提出的建议与贝克特去年 9 月的讲话内容不谋而合。其核心内容是主张废除补贴制度，并将部分共同农业政策资源重新投向农业的"社会"或环境领域。这一建议明确了农业的未来发展方向。这场变革可能需要历经 10 年的漫长过程，并伴随着各种妥协和政治交易，与过去 100 年的农业政策如出一辙——但变革的序幕已然拉开。

不仅农业，整个农村社会都面临着变革。口蹄疫不仅暴露了人们对农业的深切忧虑，而且这种忧虑不仅限于那些"夸夸其谈的阶层"，即便全国农民联盟对此进行过背书，还显示出英格兰和威尔士农村在多大程度上已不再是纯粹的农业社会。正如 2001 年 3 月 20 日的《华尔街日报》所写的：[114]

> 这可能是最后一次，农业可以为了保全自身利益而让英国政府为其关闭农村。下一次口蹄疫到来之时，农业的经济影响力将微乎其微。而旅游业……对农村居民而言将更具价值。

我们现在面临的或许正是城乡交锋的最后时刻——而城市似乎取得了胜利。然而，这场胜利有些奇怪——倘若真能称之为胜利。英格兰和威尔士的绝大多数人口，或正居于乡间，或心向往之；而相应地，他们越来越想自己决定农村的生活条件。如果农业不接受如此，那么玛格丽特·贝克特、多数媒体及公共舆论均已给出了明确的答复。

田 注释

1 新世纪的乡村,1900—1914 年

1 James Caird, *English Agriculture in 1850-51* (London, 1852).

2 关于十九世纪中期农村区域划分的更详细描述,请参阅 Alun Howkins, *Reshaping Rural England 1850-1925* (London, 1992) Ch.1.

3 参阅 Christopher Taylor, *Village and Farmstead. A History of Rural Settlement in England* (London, 1983).

4 Peter Brandon and Brian Short, *The South East from AD 1000* (London, 1990) Ch.6.

5 要想更好地讨论这些变化,请参阅 Susanna Wade-Martins and Tom Williamson, *Roots of Change. Farming and the Landscape in East Anglia*, c. *1700-1870* (Norwich, 1999) pp.7-9.

6 *Census of England and Wales 1921. General Report* (London, 1927) p.23.

7 B.R. Mitchell and Phyllis Deane, *Abstract of British Historical Statistics* (Cambridge, 1971) p.60.

8 这些变化参见 Edward Higgs, 'Women, Occupation and Work in the Nineteenth Century Censuses', *HWJ*, No.23 (Spring 1987), pp.59-80.

9 参见 Nicola Verdon, 'Changing Patterns of Female Employment in Rural England c. 1790-1890', Unpublished Ph.D. thesis, University of Leicester, 1999; Celia Miller, 'The hidden workforce: female fieldworkers in Gloucestershire, 1870 – 1901 ', *Southern History*, 6 (1984).

10 Caird, *English Agriculture*, p.520.

11 B.A. Holderness, 'The Victorian Farmer', in G.E. Mingay (ed.), *The Victorian Countryside*, 2 vols (London, 1981) Vol.1 p.227.

12 Henry Rider Haggard, *Rural England*, 2 vols (London, 1902) Vol. II p.536.

13　关于大萧条的详细介绍和讨论,请参阅 Richard Perren, *Agriculture in Depression 1870–1940* (Cambridge, 1995). 另见 Howkins, *Reshaping*, Ch.6.

14　P.J. Perry, *British Agriculture*, *1875–1914* (London, 1973) p. xxxviii.

15　*PP 1893–94 XXXV*, 'Royal Commission on Labour. The Agricultural Labourer. England. The Report of Mr Aubrey Spencer on the Poor Law Union of Maldon (Essex)', p.699.

16　Perren, *Agriculture*, p.10.

17　E.M. Ojala, *Agriculture and Economic Progress* (Oxford, 1952) p.209.

18　Edith H. Whetham, *The Agrarian History of England and Wales*, *Vol. VII*, *1914–1939* (Cambridge, 1978) p.8.

19　*PP 1895 XVI*, 'Royal Commission on Agricultural Depression... Lincolnshire', p.105.

20　Joan Thirsk, *Alternative Agriculture. A History from the Black Death to the Present Day* (Oxford, 1997) p.218.

21　T.W. Fletcher, 'The Great Depression in English Agriculture, 1873–96', *EcHR*, 2nd series, XIII (1961).

22　E. Lorraine Smith, *Go East for a Farm. A Study of Rural Migration* (Oxford, 1932).

23　L. Margaret Barnett, *English Food Policy During the First World War* (Manchester, 1987) p.3.

24　参阅 Perren, *Agriculture*, pp.17–30.

25　A.D. Hall, *A Pilgrimage of British Farming* (London, 1913) pp.431–2.

26　John Batemen, *The Great Landowners of Britain and Ireland* (London, 1883). 这是 1876 年首版后的第四版。

27　David Cannadine, *The Decline and Fall of the British Aristocracy* (New Haven and London, 1990) p.23.

28　*PP 1895 XVII*, 'Royal Commission on Agriculture. England. Report of Mr Henry Rew... on the County of Norfolk', p.42.

29　Richard Olney, *Rural Society and County Government in Nineteenth-Century*

Lincolnshire (Lincoln, 1979) p.179.

30 Oscar Wilde, *The Importance of Being Ernest*, Act 1, in Richard Ellman (ed.), *Oscar Wilde: Selected Writings* (Oxford, 1961) pp.303–4.

31 F. M. L. Thompson, *English Landed Society in the Nineteenth Century* (London, 1963) p.310.

32 Cannadine, *Decline and Fall*, p.10.

33 Olney, *Rural Society*, p.179.

34 同上。

35 Wade-Martins and Williamson, *Roots of Change*, pp.34–6.

36 Veronica Berry, *The Rolfe Papers. The Chronicle of a Norfolk Family 1559–1908* (Brentwood, 1979) p.94.

37 David Lloyd George, 'The Land and the People', Limehouse, 30 Jul. 1910, *Better Times* (London, 1910) pp.156–7.

38 Thompson, *Landed Society*, p.325.

39 Cannadine, *Decline and Fall*, p.106.

40 *EG*, 15 Oct. 1909.

41 同上。4 Jan. 1913.

42 这些划分参见 Alun Howkins, 'Peasants, Servants and Labourers: The Marginal Workforce in British Agriculture, *c.*1870–1914,' *AHR*, Vol.42 (1994) pp.49–62.

43 以下内容基于 1905 年发表的报告: *PP 1905 XCVII*, 'Second Report by Mr Wilson Fox on the Wages, Earnings and Conditions of Employment of Agricultural Labourers in the United Kingdom'.

44 Anne Kussmaul, *Servants in Husbandry in Early Modern England* (Cambridge, 1981) p.133.

45 参阅 Gary Moses, 'Proletarian Labourers? East Riding farm servants, *c.*1850–75', *AHR*, Vol.47, Pt1 (1999) pp.78–94.

46 *PP 1882 XVI*, 'Royal Commission on Agriculture... Report on the Agricultural Conditions of Northumberland', p.6.

47　诺森伯兰档案馆 T/70,采访牧羊人鲍勃·赫普尔。

48　诺森伯兰档案馆 T/98,诺森伯兰档案馆 1208,对农场工人 J. 布朗女士的采访。

49　Judy Gielguid, 'Nineteenth Century Farm Women in Northumberland and Cumbria. The Neglected Workforce', Unpublished Ph.D. thesis, University of Sussex, 1992.

50　关于东赖丁,请参阅 Stephen Caunce, *Amongst Farm Horses. The Horselads of East Yorkshire* (Gloucester, 1991).

51　参阅 Gary Moses, '"Rustic and Rude": Hiring Fairs and their Critics in East Yorkshire *c.*1850-75,' *RH*, Vol.7, No.2 (1996) pp.151-75; Alun Howkins and Linda Merricks, 'The Ploughboy and the Plough Play', *Folk Music Journal*, Vol.6, No.2 (1991) pp.187-208.

52　*PP 1893 - 4 XXXVI*, 'Royal Commission on Labour. The Agricultural Labourer… Report of Mr D. Lleuffer Thomas… upon the Poor Law Union of Pwllhelli', p.147.

53　同上。

54　D.J. Perry, *The Rural Revolt that Failed* (Cardiff, 1989) p.10.

55　*Alnwick and County Gazette*, 12 Nov. 1904, p.5.

56　诺森伯兰档案馆 479,"丁宁顿北梅森农场 J.W.和 J.C.卢瑟福的农场日记"。

57　*FW*, 17 Nov. 1939, p.18.

58　Stephen Caunce, 'Twentieth-Century farm servants. Thehorselads of the East Riding of Yorkshire', *AHR*, Vol.39 (1992).

59　*PP 1905 XCVII*, pp.360-1.

60　关于这方面的详细讨论,请参阅 Alun Howkins, '"In the sweat of thy face": The Labourer and Work', in G. E. Mingay (ed.), *The Victorian Countryside*, 2 vols (London, 1981) Vol.1, pp.506-20.

61　以下内容参阅 *PP 1905 XCVII*, pp.369-72.

62　参阅 Nicola Verdon 'Changing Patterns'.

63　*PP 1904 XCVII*, p.12.

64　诺森伯兰档案馆 T/63,采访农民的女儿默里夫人。

65　*Kelly's Directory of Norfolk, 1896* (London, 1896) p.175.

66　E.N. Bennet, *Problems of Village Life*（London, 1913）p.124.

67　同上。p.122.

68　*Eastern Weekly Leader*, 9 Feb. 1895.

69　James Obelkevich, *Religion and Rural Society. South Lindsey, 1825–1875*（Oxford, 1976）p.324.

70　Cannadine, *Decline and Fall*, p.40.

71　J. M. Lee, *Social Leaders and Public Persons. A Study of County Government in Cheshire since 1888*（Oxford, 1963）p.16.

72　同上。pp.18–22.

73　*EWP*, 2 Feb. 1889.

74　Cannadine, *Decline and Fall*, p.159.

75　*Eastern Weekly Leader*, 1 Dec. 1894.

76　Patricia Hollis, *Ladies Elect. Women in English Local Government, 1865–1914*（Oxford, 1987）pp.363–4.

77　同上。p.365.

78　参阅 Henry Pelling, *Social Geography of British Elections 1885–1910*（London, 1967）.

79　参阅 Reg Groves, *Sharpen the Sickle*!（London, 1949）pp.140–1 and Alistair Mutch, 'Lancashire's Revolt of the Field：the Ormskirk Farmworkers' Strike of 1913', *North West Labour History Society Bulletin*, 8, 1982–3.

80　参阅 Alun Howkins, *Poor Labouring Men. Rural Radicalism in Norfolk 1870–1923*（London, 1985）.

81　现在有大量关于这方面的文献。对于"二战"前，我们仍然需要从 Martin J. Wiener(马丁·J·威纳)的 *English Culture and the Decline of the Industrial Spirit*（《英国文化与工业精神的衰落》）（Cambridge 1981）以及 W.D. Rubenstein（W.D.罗宾斯坦）在其著作 *Capitalism, Culture and Decline in Britain, 1750–1990*（《资本主义、文化与英国的衰落,1750—1990》）（London, 1993）中对这部作品的批评开始。要了解更多"文化"观,请参阅 Robert Colls and Phillip Dodd,

Englishness. Politics and Culture 1880-1920（London，1986）. 其他文本见脚注。

82 转引自 Henry Rider Haggard，*A Farmer's Year*（London，1899）and p.466.

83 Rudyard Kipling，'The Islanders，1902'，in James Cochrane，*Kipling. A Selection*（Harmondsworth，1977）pp.116-17.

84 参阅 Alun Howkins，'The Discovery of Rural England'，in Colls and Dodd，*Englishness*，pp.66-88.

85 *EWP*，18 Aug. 1906，p.6.

2 "一战"及其影响，1914—1921 年

1 转引自 L. Margaret Barrett，*English Food Policy during the First World War*（London，1985）p.17.

2 转引自 Edith Whetham，*The Agrarian History of England and Wales*，*Vol. VIII 1914-39*（Cambridge，1978）p.70.

3 下面大部分内容参阅 Barnett，*English Food Policy*，Ch.2 and P. Dewey，*British Agriculture in the First World War*（London，1989）Ch.3.

4 Dewey，*British Agriculture*，p.10.

5 采访，阿伦·霍金斯/威廉·"比拉"·迪克森，诺福克郡，特朗克村，农业工人、养马人。

6 Keith Grieves，'"Lowther's Lambs"：Rural Paternalism and Voluntary Recruitment in the First World War'，*RH*，Vol.4，No.1（1993）p.68.

7 Peter Simkins，*Kitchener's Army. The Making of the New Armies 1914-1916*（Manchester，1988）p.76.

8 *EWP*，19 Sept. 1914.

9 Grieves，*RH*（1993）p.57.

10 同上。

11 Siegfried Sasson，*The War Poems*，arranged and edited by Rupert Hart Davies（London，1983）p.76.

12　参阅 Clive Hughes，'The New Armies'，in Ian F. Beckett and Keith Simpson（eds），*A Nation in Arms. A Social Study of the British Army in the First World War*（Manchester，1985）p.101.

13　Simkins，*Kitchener's Army*，p.187.

14　 Angel Hewins （ed.），*The Dillen. Memoirs of a Man of Stratford – upon – Avon*（London，1981）p.132.

15　Hughes，'The New Armies'，p.107.

16　Keith Simpson，'The Officers'，in Beckett and Simpson（eds），*A Nation in Arms*，p.68.

17　以下大部分内容请参阅 Pamela Horn，*Rural Life in England During the First World War*（Dublin and New York，1984）Ch.6。这仍然是对农村妇女在"一战"期间经历的最好描述。

18　转引自 Horn，*Rural Life*，p.114.

19　*EWP*，15 Apr. 1916.

20　Horn，*Rural Life*，pp.118-20；Dewey，*British Agriculture*，p.53.

21　详细论述参见 Anne Meredith，'Middle-Class Women and Horticultural Education，1890-1939,' Unpublished Ph.D. thesis，University of Sussex，2001.

22　有关妇女农场和园艺联盟（WFGU）的流行描述请参阅 Peter King，*Women Rule the Plot*（London，1999）。

23　同上。p.56.

24　Susan R.Grayzel，'Nostalgia，Gender and the Countryside：Placing the "Land Girl" in First World War Britain'，*RH*，Vol.10，No.2（1999）pp.157-8.

25　同上。p.159.

26　同上。p.168.

27　Maggie Morgan，' Jam Making，Cuthbert Rabbit and Cakes：Redefining DomesticLabour in the Women's Institutes，1915-60'，*RH*，Vol.7，No.2 p.218.亦可参阅 Maggie Andrews，*The Acceptable Face of Feminism. The Women's Institute as a Social Movement*（London，1997）.

28 Sheila Stewart, *Lifting the Latch. A Life on the Land* (Oxford, 1987) pp.82-3.

29 转引自 Pamela Horn, *Ladies of the Manor. Wives and Daughters in Country-house Society 1830-1918* (Stroud, 1991) p.195. 后续内容主要基于此叙述。

30 同上。p.211.

31 同上。p.203.

32 Thea Thompson, Edwardian *Childhoods* (London, 1981) p.229.

33 Dewey, *British Agriculture*, p.179.

34 Richard Perren, *Agriculture in Depression, 1870-1940* (Cambridge, 1995) p.32.

35 Dewey, *British Agriculture*, pp.225-6.

36 采访,阿伦·霍金斯/杰克·里德,出生于 1901 黑斯堡,诺福克郡,马夫。

37 参阅 Alun Howkins, *Poor Labouring Men. Rural Radicalism in Norfolk 1870-1923* (London, 1985) Chs 6 and 7.

38 参阅 David Cannadine, *The Decline and Fall of the British Aristocracy* (New Haven and London, 1990) Ch.3 and F. M. L. Thompson, *English Landed Society in the Nineteeth Century* (London, 1963) Ch.XII.

39 Thompson, p.330.

40 同上。p.332.

41 参阅'Review of the year 1919', in *EG*, 3 Jan. 1920, pp.12ff.

42 参阅 Robert Skidelsky, *Oswald Mosley* (London, pb. edn, 1981) p.43.

43 Jonathan Brown, *Agriculture in England. A Survey of Farming, 1870-1947* (Manchester, 1987) p.72.

44 参阅 Dewey, *British Agriculture*, pp.213-6.

45 Alec Douet, 'Norfolk Agriculture 1914-1972', Unpublished D. Phil. thesis, University of East Anglia, 1989, pp.49-52.

46 参阅 Whetham, *Agrarian History*, pp.115-17.

47 Dewey, *British Agriculture*, p.236.

48 A.G. Street, *Farmer's Glory* (London, 1932) p.223.

49 诺丁汉布罗德韦尔父子房地产经济公司的报告,转引自 S.G. Sturmey, 'Owner

Farming in England and Wales, 1900−1950', in W.E. Minchinton（ed.）, *Essays in Agrarian History*, *Vol. II*（Newton Abbot, 1969）p.291.

50 Sturmey, 'Owner-Farming', p.294.

51 *PP 1917−1918 XVIII*, 'Reconstruction Committee. Part I of the Report of the Agricultural Policy Sub−Committee', p.193ff.

52 同上。p.299.

53 *PP 1919 VIII*, 'Royal Commission on Agriculture. Interim Report of His Majesty's Commissioners… into the Economic Prospects of Agriculture', pp.6−7.

54 参阅 Whetham, *Agrarian History*, pp.120−3, 亦可参阅 Richard Perren, *Agriculture in Depression*, pp.37−9.

55 采访,阿伦·霍金斯/哈罗德·希克斯,特朗克村,诺福克郡,农民。

56 *PP 1919 VIII*, p.68.

57 Sturmey, 'Owner-Farming', p.298.

58 John Davies, 'The End of the Great Estates and the Rise of Freehold Farming in Wales', *The Welsh Historical Review*, Vol.7, No.2, Dec. 1974, p.192.

59 同上。p.194.

60 Douet, 'Norfolk Agriculture', p.72.

61 Davies, 'Freehold Farming', p.201.

62 A.G. Street, *The Gentleman of the Party*（London, 1936）pp.174−5.

63 Douet, 'Norfolk Agriculture', pp.82−3.

64 A.W. Ashby, and I.L. Evans, *The Agriculture of Wales and Monmouthshire*（Cardiff, 1944）p.92.

65 The Rt. Hon. Lord Addison of Stallingborough, *A Policy for British Agriculture*（London, Left Book Club, 1939）pp.31−2.

66 R.R. Enfield, *The Agricultural Crisis*, *1920−23*（London, 1924）p.9.

67 Kenneth O. Morgan, *Rebirth of a Nation. Wales 1880−1980*（Oxford, pb. edn, 1982）p.187.

68 *EG*, 4 Aug. 1917.

69　Dewey, *British Agriculture*, pp.110−11.

70　参阅 Paul Fussell, *The Great War and Modern Memory*（Oxford, 1975）pp.157−69 and Ch.VII, *passim*.

71　参阅 Barry Webb, *Edmund Blunden. A Biography*（New Haven and London, 1990）pp.84−5.

72　Siegfried Sassoon, *Diaries 1915−18*, ed. Rupert Hart Davies（London, 1983）p.147.

73　George L. Mosse, *Fallen Soldiers. Reshaping the Memory of the World Wars*（New York and Oxford, 1990），重点参阅第 5 章、第 6 章；J.L. Carr, *A Month in the Country*（Harmondsworth, 1980）p.15.

74　Denis Hardy and Colin Ward, *Arcadia for All*（London, 1984）p.190.

75　*Census of England and Wales*, *1921 General Report* p.21, *BPP*, 1921.

76　Peter Mandler, *The Fall and Rise of the Stately Home*（New Haven and London, 1997）p.229.

77　*NN*, 12 Feb. 1921, p.3.

78　同上。

3　农业的灾难，1921—1937 年

1　Adrian Bell, *Silver Ley*（London, 1936）p.183.

2　对于法案的废除有反对意见。最近的简要概述请参阅 Richard Perren, *Agriculture in Depression 1870−1940*（Cambridge, 1995）.

3　*NN*, 11 Jun. 1921.

4　*Mark Lane Express*, 4 Jul. 1921.

5　A. Douet, ' Norfolk Agriculture, 1914−1972', Unpublished Ph.D. thesis, University of East Anglia, 1989, pp.146−7.

6　同上。p.159.

7　Ministry of Agriculture and Fisheries, *Report of the Sugar Beet Industry at Home and Abroad*（London, 1931）.

8   S.L.Bensusan, *Latter Day Rural England* (London, 1927) p.65.

9   Jonathan Brown, *Agriculture in England: A Survey of Farming 1870–1947* (Manchester, 1987) p.86.

10   David Taylor, 'Growth and Structural Change in the English Dairy Industry, *c.*1860–1930', *AHR*, Vol.35, Pt 1 (1987) p.62.

11   Brown, *Agriculture*, p.93.

12   M. Messer, *The Agricultural Crisis of 1931* (Oxford, 1937) p.13.

13   Douet, 'Norfolk', p.114.

14   J. M. Lee, *Social Leaders and Public Persons. A Study of County Government in Cheshire since 1888* (Oxford, 1963) p.96.

15   Simon Moore, 'The Real Great Betrayal? Britain and the Canadian Cattle Crisis of 1922', *AHR*, Vol.41, Pt II (1993) pp.155–68. 下一段的大部分内容来源于摩尔 (Moore)的文章。

16   Mary Bouquet, *Family, Servants and Visitors. The Farm Household in Nineteenth and Twentieth Century Devon* (Norwich, 1985) p.65.

17   RHC, PF–CR PFL AD1/2 Minutes of AGM Preston and District Farmers' Trading Society, 14 Feb. 1931.

18   转引自 Douet, 'Norfolk', p.164.

19   Bensusan, *Latter Day*, p.156.

20   RHC, Preston Farmers PFL AD1/2, 5 Feb. 1916.

21   同上。31 Jan. 1924.

22   参阅 Christine Hallas, 'The Social and Economic Impact of a Rural Railway: the Wensleydale Line', *AHR*, Vol.34, Pt 1 (1986) and David Hey, *Yorkshire from AD 1000* (London, 1986) p.310.

23   *The Times*, 19 Mar. 1923, p.18.

24   Clare Griffiths, 'Labour and the Countryside: rural strands in the British Labour movement 1900–1939', Unpublished D.Phil. thesis, University of Oxford, 1997, p.61.

25 转引自 Griffiths, ibid. p.224.

26 Bensusan, *Latter Day*, p.67.

27 Brown, *Agriculture*, pp.107−10.

28 Whetham, *Agrarian History*, p.238.

29 Brown, *Agriculture*, p.113. 亦可参阅 Whetham, *Agrarian History*, pp.243−6.对现当代记录感兴趣的读者可参看 Viscount Astor and B. Seebohm Rowntree, *British Agriculture* (Harmondsworth, 1939). 该书著于 1936−1937 年。

30 K.A.H. Murray, *Agriculture. History of the Second World War*, *United Kingdom Civil Series* (London, 1955) p.38.

31 Andrew Fenton Cooper, *British Agricultural Policy 1912−1936* (Manchester, 1989) pp.94−7.

32 J.A. Venn, *The Foundations of Agricultural Economics*, 2nd edn (Cambridge, 1933) pp.402−3.

33 Howard Newby, *Country Life. A Social History of Rural England* (London, 1987) p.173.

34 *Agricultural Statistics*, *1939* (London, 1939) p.63.

35 Brown, *Agriculture*, p.122.

36 转引自 Murray, *Agriculture*, p.53.

4 地主和农民

1 David Cannadine, *The Decline and Fall of the British Aristocracy* (New Haven and London, 1990) p.83.

2 F.M.L. Thompson, *English Landed Society in the Nineteenth Century* (London, 1963) p.331.

3 关于德比郡,参阅 Heather A. Clemenson, 'Diminishing Derbyshire Estates', *Geographical Magazine*, 53, 980−1, pp.115−18; on Notts, Robert J. Waller, *The Dukeries Transformed* (Oxford, 1983) pp.65−73.

4　John K. Walton, *Lancashire. A Social History 1558−1939* (Manchester, 1987) p.349.

5　C.B. Phillips and J.H. Smith, *Lancashire and Cheshire from AD 1540* (London, 1994) p.314.

6　转引自 Mandler, Fall and Rise, p.242.

7　H. Clemenson, *English Country Houses and Landed Estates* (London, 1981) pp.143−4.

8　Peter Brandon and Brian Short, *The South East from AD 1000* (London, 1990) p.329.

9　Hardy and Ward, *Arcadia*, p.234.

10　John Davies, 'The End of the Great Estates and the Rise of Freehold farming in Wales', *The Welsh Historical Review*, Vol.7, No.2, Dec. 1974, p.208. 本段大部分内容基于这篇重要文章。

11　Clemenson, *English Country Houses*, p.127.

12　Oxfordshire Federation of Women's Institutes, *Oxfordshire within Living Memory* (Newbury, 1994) p.19.

13　同上。p.145.

14　Fred Archer, *Farmer's Son. A Cotswold Childhood in the 1920s* (London, 1986).

15　Charles Kightly, *Country Voices. Life and Lore in Farm and Village* (London, 1984) pp.170−1.

16　Madeleine Beard, *English Landed Society in the Twentieth Century* (London, 1989) p.67.

17　转引自 Douet, 'Norfolk', p.134.

18　Davies, 'Rise of Freehold Farming', p.197.

19　Beard, *English Landed Society*, p.67.

20　同上。

21　Kightly, *Country Voices*, p.172.

22　Roy Perrot, *The Aristocrats* (London, 1968) p.174.

23　Cannadine, *Decline and Fall*, p.167.

24　Thompson, *Landed Society*, p.339.

25　同上。p.338.

26　转引自 Robin Fedden, *Anglesey Abbey, Cambridgeshire. A Guide* (London, 1996)
　　p.6.

27　Clive Aslet, *The Last Country Houses* (London and Newhaven, 1982) p.80.

28　Lesley Lewis, *The Private Life of a Country House 1912–39* (London, 1982).

29　同上。p.12.

30　同上。p.157 .

31　Thompson, *Landed Society*, p.337.

32　以下数据来自 Sturmey, 'Owner-Farming', p.296.

33　Douet, 'Norfolk', p.139.

34　Maxton (ed.), *Regional Types*, p.83.

35　J.A. Hanley, A.L. Boyd and W. Williamson, *An Agricultural Survey of the Northern
　　Province* (Newcastle upon Tyne, 1936) p.21.

36　同上。p.31.

37　Brown, *Farming*, pp.83–4.

38　Whetham, *Agrarian History*, pp.213, 265.

39　Perren, *Agriculture*, p.42; Sturmey, 'Owner-Farming', p.302.

40　J.A. Venn, *The Foundations of Agricultural Economics* (London, 1933) p.542.

41　Douet, 'Norfolk', p.139.

42　同上。p.133.

43　采访,阿伦·霍金斯/哈罗德·希克斯,农民,特朗克村,诺福克郡。

44　Charles Rawding, *Binbrook, 1900–1939* (Binbrook, 1991) p.13.

45　Whetham, *Agrarian History*, p.267.

46　采访,阿伦·霍金斯/哈罗德·希克斯,农民,特朗克村,诺福克郡。

47　*FW*, 17 Aug. 1934, p.21.

48　A.G. Street, *Farmer's Glory* (London, 1932) p.234. 关于他重返甜菜种植业,请
　　参阅 A. G. Street *A. G. Street's Country Calendar* (Oxford, 1986) original
　　edition 1935.

49　*FW*, 26 Jul. 1935, pp.28–9.

50 同上。1 Mar. 1935, pp vi-viii.

51 Bensusan, *Latter Day*, pp.52-4.

52 Street, *Country Calendar*, p.38.

53 Arthur Amis, *From Dawn to Dusk*（Warwick, 1992）p.20.

54 Street, *Farmer's Glory*, p.271.

55 E. Lorraine Smith, *Go East for a Farm. A Study of Rural Migration*（Oxford, 1932）p.36.

56 采访,阿伦·霍金斯/哈罗德·希克斯,农民,特朗克村,诺福克郡。

57 采访,阿伦·霍金斯/艾琳·琼斯小姐,小农户,阿尔平顿村,诺福克郡。

58 Ashby and Evans, *Agriculture of Wales*, p.7.

59 Richard Moore-Colyer, *Farming in Depression*; *Wales 1919-1939*, Welsh Institute of Rural Studies, Working Paper No.6, Aberystwyth, Oct. 1996, p.19.

60 Bensusan, *Latter Day*, p.97.

61 Ashby and Evans, *Agriculture of Wales*, pp.97-8.

62 Archer, *Farmer's Son*, p.129.

63 David Jenkins, *The Agricultural Community in South-West Wales at the Turn of the Twentieth Century*（Cardiff, 1971）pp.259-63; Bouquet, *Family*, *Servants*, pp.10-11.

64 Jenkins, *Agricultural Community*, p.263.

65 Tony Harman, *Seventy Summers. The Story of a Farm*（London, 1986）pp.143-65.

66 *FW*, 28 Aug. 1935, p.30.

67 RHC, Minutes of Preston Farmers PFL AD1/3, 27 Nov. 1937.

68 同上。PFL AD1/2, 8 Feb. 1930.

69 同上。PFL AD1/3, 9 Feb. 1935.

70 Graham Cox, Phillip Lowes and Michael Winter, 'The Origins and Early Development of the National Farmers' Union,' *AHR*, 39 No.1, 1991, p.30.

71 Street, *Farmer's Glory*, pp.272-3.

72 Andrew Flynn, Phillip Lowes and Michael Winter, 'The Political Power of Farmers: An English Perspective', *RH*, 7 No.1, 1996, p.25.

73 Douet,'Norfolk', pp.144-5.

74 没有关于"什一税之战"的记载,但其进程可参阅这一时期的《农民周刊》。

75 *Facts and Incidents in an Unequal Struggle published by the Ashford*, *Kent and SussexTithepayers' Association*, Ashford, n.d. but？1949, p.25.

76 其后发生的因未交什一税而导致财物扣押的情况,参阅 *Facts and Incidents*, pp. 32-8；on the NFU attitude see *FW*, 26 Jun. 1936.

77 *FW*, 3 Aug. 1934, p.6.

5 传统主义者：农场工人和家庭仆人

1 本章中的数据略有不一致。简单地说,各"地区"和"郡"的数据加起来与同时期人口普查给出的简单的"全国"数据不符。我无法解释这一点,但差异很小。另一个问题是,一些作者使用了年度农业报表里的数据。这个数据与人口普查的数据略有不同。最后一个问题一直存在,就是统计对象的问题,特别是对临时工和女工的统计。在可能的情况下,我已经处理了这个问题。

2 A.W. Ashby and I.L. Evans, *The Agriculture of Wales and Monmouthshire*（Cardiff, 1944）p.86.

3 *FW*, 9 Aug. 1935.

4 Winifred Foley, *The Forest Trilogy*（Oxford, 1992）pp.146-9.

5 Mr G. Cottingham, South Lincolnshire, in G.K. Nelson, *To be a Farmer's Boy*（Stroud, 1991）p.129.

6 Nelson, *Farmer's Boy*, Mr L.F. Maw, Selby, Yorkshire, p.160.

7 同上。

8 同上。p.162.

9 NRO 302/27. Woods MSS, Castle Heaton Farm, Wages Book, Oct. 1921.

10 关于女陪工制,请参阅 Howkins, *Reshaping*, Chs 1 and 4. 欲了解更多详细信息,请参阅 Judy Gielguid,'Nineteeth Century Farm Women in Northumberland and Cumbria. The Neglected Workforce', Unpublished Ph.D. thesis, University of

Sussex, 1992.

11　Caunce, 'Twentieth-century', p.163.

12　Harold Canning, *Follow the Plough. Harold Cannings' Life as a Farm Worker from 1917 to 1970*, edited by Susan Rowland（Lewes, 1992）p.42.

13　事例参阅 George Ewart Evans, *Horse Power and Magic*（London, 1979）pp.3-5.

14　*FW*, 21 Jun. 1935, pp.28-9.

15　参阅 Arthur Amis, *From Dawn to Dusk*（Warwick, 1992）pp.20-2.

16　参阅 Bob Copper, *A Song for Every Season. A Hundred Years of a Sussex Farming Family*（London, 1971）pp.117-25.

17　Derek Heater, *The Remarkable History of Rottingdean*（Brighton, 1993）pp.84-5.

18　*Census of England and Wales*, *1921. General Report*（London, 1927）p.122.

19　*FW*, 29 May 1942, p.12.

20　G.K. Nelson, *Countrywomen on the Land. Memories of Rural Life in the 1920s and ' 30s*（Stroud, 1992）p.42.。

21　同上。pp.51, 59.

22　摘自 Stephen Hussey, 'We Rubbed Along All Right：The Rural Working-Class Household Between the Wars in North Essex and South Buckinghamshire', Unpublished D.Phil. thesis, University of Essex, 1995, p.99.

23　Doris Hall, *Growing Up In Ditchling*（Brighton, 1985）pp.16-18.

24　*Census of Population*, *1921 Occupation Tables*, p.13.

25　Nelson, *Countrywomen*, p.118.

26　Caunce, 'Twentieth-century', p.165.

27　关于罢工的详细描述,请参阅 Alun Howkins, *Poor Labouring Men. Rural Radicalism in Norfolk 1870-1923*（London, 1985）Ch.8.

28　同上。p.168.

29　采访,阿伦·霍金斯/威廉·"比拉"·迪克森,农业工人、酒店老板,诺福克郡,特朗克村。

30　Howard Newby, *The Deferential Worker*（Harmondsworth, 1977）p.236.

31　Ashby and Evans, *Agriculture of Wales*, p.88.

32　Douet, 'Norfolk', p.131.

33　*LW*, Feb. 1931.

34　Robert C. Richardson, *Some Fell on Stony Ground* (Wymondham, 1978) p.81.

35　Caunce, 'Twentieth-century', p.164.

36　Ashby and Evans, *Agriculture of Wales*, pp.88−9.

37　转引自 Armstrong, *Farmworkers*, p.184.

38　John Boyd Orr, *Food, Health and Income* (London, 1936). 亦可参阅 John Pemberton, 'The Boyd Orr Survey', *HWJ 50* (Autumn 2000).

39　Canning, *Follow the Plough*, p.38.

40　Oxfordshire Federation of Women's Institutes, *Oxfordshire Within Living Memory* (Newbury, 1994) pp.44−5.

41　ESRO Heathfield Parish Council minute book P372/2/2, 3 Sept 1918.

42　同上。1 Apr. 1926.

43　ESRO P372/2/3, 16 Oct. 1928.

44　剑桥郡档案馆(以下简称 CCRO) Cambridgeshire Labour Party Papers 416/0 36.

45　ESRO County Council Minutes. Sub-Committee of General Purposes Committee. Housing Rural Workers and Dwellings Acquisition Sub-Committee, 24 Jul. 1931.

46　同上。14 Mar. 1939; 9 May 1939.

47　同上。18 Jul. 1939.

48　ESRO C/C11/21/3, Circular letter from the Board of Agriculture and Fisheries... Land Settlement, 18 Dec. 1918.

49　同上。Circular letter from Board of Agriculture and Fisheries... Land Settlement, 14 Jan. 1919.

50　CCRO 剑桥郡议会(以下简称 CCC) Small Holders Committee Minute Books, Jan. 1918−Oct. 1919.

51　CCRO 424/01 War Agriculture Committee Minutes, 30 Dec. 1919.

52　CCRO CCC Small Holdings, 8 Feb 1918.

53　同上。7 Jun. 1919.

54　同上。19 Jun. 1920.

55　ESRO East Sussex County Council（hereafter ESCC）C/C11/21/3 Small Holders and Allotments Sub-Committee, 4 Feb. 1919.

56　以下段落中的数字来源于 *Census of England and Wales 1921*, *Occupation Tables*（London, 1924）pp.3-21.

57　Mary Bouquet, *Family, Servants and Visitors. The Farm Household in Nineteenth and Twentieth Century Devon*（Norwich, 1985）pp.77-9.

58　Foley, *Forest Trilogy*, p.140.

59　转引自 Deirdre Beddoe, *Back to Home and Duty. Women Between the Wars 1918-1939*（London, 1989）pp.62-3.

60　同上。pp.51-2；Elizabeth Roberts, *A Woman's Place. An Oral History of Working-Class Women, 1890-1940*（Oxford, 1984）pp.54-6.

61　这里我要感谢赛琳娜·托德（Selina Todd）提出的这个观点以及与本节相关的其他意见。

62　Oxfordshire Federation of Women's Institutes, *Oxfordshire*, p.145.

63　同上。p.143.

64　Alison Light, *Forever England. Feminity, Literature and Conservatism between the Wars*（London, 1991）p.119.

65　Foley, *Forest Trilogy*, pp.137-8.

66　更详细的讨论请参阅 Alun Howkins, 'Types of Rural Community', in E.J.T. Collins（ed.）, *The Agrarian History of England and Wales*, Vol. VII（Cambridge, 2000）.

67　参阅Alun Howkins, *Reshaping Rural England*（London, 2nd edn, 1995）pp.28-31.

68　Derek H.Aldcroft, *The Inter-War Economy: Britain 1919-1939*（London, 1970）p. 231-2.

69　Bridget Williams, *The Best Butter in the World. A History of Sainsbury's*（London, 1994）p.86.

70 英格兰乡村保护委员会文件(以下简称 CPRE)，RHC；File 37/1 Batch 4.

71 参阅 Sid Hedges (S.G.)，*Bicester wuz a little town* (Bicester，1968) Ch.6.

6　新农村人：工人和旅游者

1 "经典事例"请参阅 John Stevenson and Chris Cook，*The Slump：Society and Politics in the Depression* (London，1977)，有趣的是，他们忽略了农村地区。

2 转引自 Peter Hall，Henry Gracey，Roy Dewett and Henry Thomas，*The Containment of Urban England*，Vol. I (London，1973) p.82.

3 Peter Hall，'England circa 1900'，in H.C. Darby (ed.)，*A New Historical Geography of England and Wales after 1600* (Cambridge，1976) pp.436–46.

4 *Census of England and Wales 1921*，p.21.

5 *Report of the Royal Commission on the Distribution of the Industrial Population*，Cmd 6153 (London，1940) p.152.

6 Thomas Sharp，*Town and Country* (London，1932) pp.6–7.

7 Robin H. Best and Alan W. Rogers，*The Urban Countryside* (London，1973) p.24.

8 Alison Light，*Forever England. Feminity，Literature and Conservatism Between the Wars* (London，1991) p.216.

9 Census groups XXIII (770–799)；XXIV (800–879)；XXVII (900–929) and XXVIII (930–939).

10 Carol Anne Lockwood，'The Changing Use of Land in the Weald Region of Kent，Surrey and Sussex，1919–1939'，Unpublished Ph.D. thesis，University of Sussex，1991，p.32.

11 Alan A. Jackson，*The Railway in Surrey* (Penryn，1999) p.109.

12 同上。p.118.

13 *John Betjeman's Collected Poems. Enlarged edition* (London，1977) p.23.

14 Jackson，*Railway in Surrey*，p.139.

15 同上。p.133.

16　同上。pp.148–52.

17　F.E. Green, *The Surrey Hills* (London, 1915).

18　Marie B. Rowlands, *The West Midlands from AD 1000* (Harlow, 1987) pp.335ff.

19　Geoffrey W. Place (ed.), *Neston, 1840–1940* (Chester, 1996) p.244. 大卫·斯科特的回忆。

20　RHC; CPRE File 37/1 Batch 4, Northumberland and Newcastle Society.

21　F.M.L. Thompson, 'Town and City', in F.M.L. Thompson (ed.), *The Cambridge Social History of England. Volume I. Regions and Communities* (Cambridge, 1990) p.84.

22　Andy Medhurst, 'Negotiating the Gnome Zone', in Roger Silverstone (ed.), *Visions of Suburbia* (London, 1997) pp.240–1.

23　同上。p.257.

24　George Orwell, *Coming Up for Air* (London, 1948) pp.146–56.

25　Jackson, *Railway in Surrey*, p.120.

26　Frank McKenna, *The Railway Workers 1840–1970* (London, 1980) p.41.

27　Raymond Williams, *Politics and Letters. Interviews with New Left Review* (London, 1981) p.21.

28　同上。p.24.

29　Griffiths, 'Labour and the Countryside', p.143.

30　Charles Rawding, *Binbrook 1900–1939* (Binbrook, 1991) p.33.

31　R. C. Whiting, *The View from Cowley. The Impact of Industrialisation on Oxford 1919–1939* (Oxford, 1983) pp.38–9.

32　Arthur Exell, 'Morris Motors in the 1930s. Part I', *HWJ*, No.6 (1978) p.54.

33　Whiting, *View from Cowley*, p.39.

34　John Lowerson, 'Battles for the Countryside', in Frank Gloversmith (ed.), *Class, Culture and Social Change. A New View of the 1930s* (Brighton, 1980) p.263.

35　转引自上文。p.263–4.

36　*Cyclists' Touring Club Gazette*, Vol. XXXIX, No.8 (Aug. 1920) p.132.

37 Lockwood，'Changing Use of Land'，p.207.

38 C.E.M. Joad，'The People's Claim'，in Clough Williams-Ellis，*Britain and the Beast*（Readers Union Edition，London，1938）pp.72 - 3. 亦可参阅 Catherine Brace，'A Pleasure Ground for the Noisy Herd? Incompatible Encounters with the Cotswolds and England，1900-1950'，*RH*，Vol.11，No.1（Apr. 2000）.

39 RHC，CPRE File 111/3 batch 1.Surrey Anti-Litter League.

40 ESRO P372/2/1-3（Heathfield PC）.

41 ESRO Uckfield RDC. Rights of Way File.

42 David Matless，'"Ordering the Land"：The "Preservation" of the English Countryside，1918-1939'，Unpublished D.Phil. thesis，University of Nottingham，1990，p.170.

43 John Sheail，*Nature in Trust. The History of Nature Conservation in Britain*（Glasgow，1976）p.71.

44 RHC，CPRE 7/1/g batch 2. Isle of Wight holiday camps and caravans.

45 RHC，CPRE 37/1 batch 4. Northumberland and Newcastle Society.

46 参阅 Lockwood，'Changing Use of Land'. Chs 5 and 7.

47 Lowerson，'Battles for the Countryside'，p.276.

48 RHC，CPRE File 161/3.Teashop signs.

49 事例参阅 Bouquet，*Family*，*Servants and Visitors*，pp.65-7，121-31.

50 E. D. Mackerness（ed.），*The Journals of George Sturt 1890-1927*（2 vols，Cambridge，1967）Vol.II，p.870.

51 Clough Williams-Ellis，*England and the Octopus*（Portmerion，1928）；*Britain and the Beast*（London，1937）.

52 Williams-Ellis，*Britain and the Beast*，facing p.64.

53 关于伊斯特本，参阅 ESRO East Sussex CC Planning Committee C/C6/ File 1；for Cuckmere see C/C/ File 5.

54 Robin H. Best and J.T. Coppock，*The Changing Use of Land in Britain*（London，1962）p.190.

55　*Report of the Committee on LandUtilisation in Rural Areas* Cmd 6378（London HMSO，1942）p.40.

56　参阅 Peter Mandler，'Politics and the English Landscape since the First World War'，*Huntingdon Library Quarterly*，55（1992）459-76 and 'Against "Englishness"：English Culture and the Limits to Rural Nostalgia，1850-1940'，*Transactions of the Royal Historical Society*，Sixth series，VII，p.174.

57　参阅 Peter Brandon，*The South Downs*（Chichester，1998）and Ch.13，*passim*.

58　A.G. Street，'The Countryman's View' in Williams-Ellis，*Britain and the Beast*，p.125.

7　战争与国家农业，1937—1945 年

1　Keith A.H. Murray，*Agriculture. History of the Second World War. United Kingdom Series*（London，1955）p.47.

2　参阅 Edith H. Whetham，*The Agrarian History of England and Wales. Volume VIII 1914-39*（Cambridge，1978）p.328.

3　The Rt Honble Lord Addison of Stallingborough，*A Policy for British Agriculture*，Left Book Club Edition（London，1939）p.204.

4　R.J. Hammond，*Food. Vol.I：The Growth of Policy*（London，1951）p.8.

5　另参阅 John Martin，*The Development of Modern Agriculture. British Farming since 1931*（Basingstoke，2000）pp.28-35.

6　Murray，*Agriculture*，p.49.

7　同上。p.59.

8　1937 年和 1939 年的法案，参阅 Murray，*Agriculture*，pp.51-9 and Jonathan Brown，*Agriculture in England. A Survey of Farming，1870-1947*（Manchester，1987）pp. 126-7.

9　默里的著作很好地描述了农业管理和生产历史。

10　大众观察档案，萨塞克斯大学，以下简称 M-O Archive，Town and District

Survey, Box 22, File B. 感谢萨塞克斯大学大众观察档案委托人的信任，允许我使用档案馆的资料。关于钾肥，参阅 Murray, *Agriculture*, pp.87-8.

11　关于地区复苏的情况，参阅 Martin, *Development*, Ch.1.

12　Murray, *Agriculture*, p.64.

13　M-O Archive, Diaries No. A5010, journalist, Chelmsford, 24.8.1939.

14　同上。31.8.1939.

15　M-O Archive, Diaries No.D5054, tea merchant, Essex, 31.8.1939.

16　M-O Archive, Diaries No.M5366, housewife, Little Wilbraham, Cambridgeshire, 28.8.1939.

17　M-O Archive, Diaries No. H5324, garage worker, Snettisham, Norfolk, 24/25. 8.1939.

18　Williams-Ellis, *Britain and the Beast*, p.90.

19　M-O Archive, Diaries No.H5324, garage worker, Snettisham, Norfolk, 27.8.1939.

20　同上。29.8.1939.

21　M-O Archive, DiariesNo.P3596, writer/artist, Port Isaac, Cornwall, 17.9.1939.

22　除大众观察全职工作人员外，所有姓名都已更改，当时和如今都确保如此。

23　M-O Archive, Diaries No.M5366, housewife, Great Wilbraham, Cambridgeshire, 4. 9.1939.

24　M-O Archive, Diaries No.F5313, housewife, Hassocks, Sussex.

25　有关疏散的文献很多，其中大部分情感色彩浓厚且难以处理，但请参阅 T.L. Crosby, *The Impact of Civilian Evacuation in the Second World War* (London, 1986). 此外还有一些当代研究，主要是在牛津和剑桥进行的，成果均已出版。

26　Thomas Harnett and Tom Harrison (eds), *War Begins at Home* (London, 1940) p.305.

27　M-O Archive, Diaries No.M5376, school-teacher, Burwash, Sussex, 8.9.1939.

28　Harnett and Harrison, *War Begins at Home*, pp.315-17.

29　M-O Archive, Diaries No.H5324, garage worker, Snettisham, Norfolk, 24.10.1939.

30　M-O Archive, Diaries No.M5376, school-teacher, Burwash, Sussex, 28.9.1939.

31　M-O Archive, Town and District Survey, Box 24, File A.

32　有关这方面的有趣但简要的探讨,参阅 David Matless, *Landscape and Englishness* (London, 1998) pp.179-84.

33　M-O Archive, DiariesNo.P5396, writer/housewife, Port Isaac, Cornwall, 3.9.1939.

34　M-O Archive, Diaries No.M5376, school-teacher, Burwash, Sussex, 3.9.1939.

35　M-O Archive, Diaries No.H5332, school-teacher, Cullercoats, Northumberland, 3. 9.1939.

36　M-O Archive, Diaries No.H5324, garage worker, Snettisham, Norfolk, 3.9.1939.

37　M-O Archive, Diaries No.M5366, housewife, Little Wilbraham, Cambridgeshire, 3. 9.1939.

38　Harold Howkins,日记。本人所有。

39　Murray, *Agriculture*, pp.82-3.

40　Alan Armstrong, *Farmworkers. A Social and Economic History 1770-1980* (London, 1988) p.214.

41　同上。

42　Murray, *Agriculture*, p.85.

43　Murray, *Agriculture*, pp.159, 189, 210.

44　同上。p.274.

45　Brian Short *et al.*, *The National Farm Survey 1941-43. State Surveillance and the Countryside in England and Wales in the Second World War* (Wallingford, 2000) pp. 186-8.

46　M-O Archive, Diaries No. D5054, tea merchant, Walton-on-Naze, Essex, 26. 11.1939.

47　M-O Archive, Town and District Survey, Box 19.

48　M-O Archive, Diaries No.H5324, garage worker, Snettisham, Norfolk, 24.10.1939.

49　M-O Archive, Town and District Survey, Box 19.

50　M-O Archive, Town and District Survey, Box 20.

51　M-O Archive, Town and District Survey, Box 19.

52 同上。

53 M-O Archive, Diaries No.M5376, school-teacher, Burwash, Sussex, 13.9.1939.

54 M-O Archive, Diaries No.M5366, housewife, Great Wilbraham, Cambridgeshire, 26.11.1939.

55 A. W. Foot, 'The impact of the military on the British farming landscape in the Second World War', Unpublished M. Phil. thesis, University of Sussex, 1999, p.138.

56 M-O Archive, Diaries No.M5376, school-teacher, Burwash, Sussex, 18.9.1939.

57 同上。9.3.1940.

58 Tony Harman, *Seventy Summers. The Story of a Farm* (London, 1986) p.175.

59 Murray, *Agriculture*, p.371.

60 Martin, *Development*, p.49.

61 同上。p.50.

62 M-O Archive, Diaries No.M5376, school-teacher, Burwash, Sussex, 23.1.1940.

63 *FW*, 29 Mar. 1939, p.10.

64 RHC, CR VEA, Minutes of the Vale of Evesham Asparagus Growers' Association.

65 M-O Archive, Diaries No.M5376, school-teacher, Burwash, Sussex, 5.10.1942.

66 同上。22.9.1943.

67 M-O Archive, Diaries No.H5324, garage worker, Snettisham, Norfolk, 18.6.1940.

68 M-O Archive, Town and District Survey, Box 19. Letter dtd 7.6.1940.

69 M-O Archive, Diaries No.M5376, school-teacher, Burwash, Sussex, 29.5.1940.

70 同上。24.6.1940.

71 M-O Archive, File Reports, File 170 Suffolk Village Report 6.6.1940.

72 M-O Archive, Town and District Survey, Box 22, File B.

73 M-O Archive, Town and District Survey, Box 22, File G.

74 M-O Archives, 'Air-Raids' Box 10 File K.

75 M-O Archive, Diaries No.M5376, school-teacher, Burwash, Sussex, 14.12.1940.

76 Sadie Ward, *War in the Countryside* (London, 1988) p.32.

77　Bill Petch 转引自上文。p.57.

78　Armstrong, *Farmworkers*, pp.215-16.

79　*FW*, 17 Nov. 1939, p.18.

80　同上。29 May 1942, p.12.

81　Stephen A. Caunce, 'Twentieth-century Farm Servants: the Horselads of the East Riding of Yorkshire', *AHR*, Vol.39, Pt II (1991) pp.164-6.

82　Richard Anthony, *Herds and Hinds. Farm Labour in Lowland Scotland, 1900-1939* (East Linton, 1997) pp.187-8.

83　Nicola Tyrer, *They Fought in the Fields. The Women's Land Army: the story of a forgotten victory* (London, 1996) pp.4-5.

84　Ward, *War in the Countryside*, p.18.

85　*FW*, 15 Dec. 1939, p.10.

86　转引自上文。p.16.

87　Joan Mant, *All Muck, No Medals. Land Girls by Land Girls* (Lewes, 1995) p.111.

88　Ward, *War in the Countryside*, p.40.

89　M-O Archive, Diaries No. H5324, garage worker, then gardener, Snettisham, Norfolk, 21.4.1941.

90　同上。29.10.1941.

91　同上。29.12.1941.

92　同上。13.4.1942.

93　同上。30.1.1943.

94　同上。3.9.1943 和 10.9.1943。

95　M-O Archive, Diaries No.2957, farm worker, Stoney Stratford, Bucks.

96　Ward, *War in the Countryside*, pp.49-53.

97　参阅 John Martin Robinson, *The Country House at War* (London, 1989) Ch.1.

98　M-O Archive, Diaries No.H5337, housewife,Fritwell, Oxon.

99　同上。4.2.1944.

100　同上。Oct.-Nov. 1944.

101　同上。1.2.1945.

102　M－O Archive, Town and District Survey, 'Worcestershire Village', Box 22, File G.

103　M－O Archive, Diaries No.C5045, nursery man, Newick, Sussex.

104　M－O Archive Diaries No.M5376, school-teacher, Burwash, Sussex, 12.2.1941.

105　M－O Archive, Diaries No.M5139, farm worker, Stoney Stratford, Buckinghamshire, 1.8.1941.

106　M－O Archive, Diaries No.M5376, school-teacher, Burwash, Sussex, 9.3.1940.

107　Ina Zweiniger-Bargielowska, *Austerity in Britain. Rationing, Controls and Consumption, 1939-1955* (Oxford, 2000) p.18.

108　同上。pp.20-1.

109　M－O Archive, Town and District Survey, 'Western Village' (Sherridge? Malvern?), Worcestershire, 5.1.1941. Box 24, File F.

110　同上。No.2830, commercial traveller, Wellington, Somerset.

111　同上。No.2431, farmers son/leather worker, Market Harborough, Leicestershire.

112　'Wartime Social Survey' 转引自 Zweiniger-Bargielowska, *Austerity*, p.73.

113　转引自 R.J. Hammond, *Food Volume II: Studies in Administration and Control* (London, 1956) p.665.

114　Martin, *Development*, p.51.

115　同上。No.2924, book illustrator, Wormingford, nr. Colchester, Essex.

116　同上。No.2778, man, unknown occupation, Yealington, S. Devon; No.2862, unemployed woman, Wood Stanway, Gloucestershire.

117　M－O Archive, Town and District Survey, Box 24, File D.

118　参阅文献同上；M－O Archive, Directives, Food Situation, Feb. 1942, No.2856, woman, unknown occupation, Cambridge; and Rationing, 1943, No.3336, farm worker Macclesfield, Cheshire.

119　其中最著名的是由弗兰克·纽博尔德(Frank Newbould)绘制的一系列描绘英国南部乡村的海报,由陆军时事局(ABCA)发布,标语为"你的英国,为它而战"。

120　M-O Archive, Directives, Post War Problems, Sept. 1942, No.2954, male, unknown occupation, Preston,Lancs.

121　同上。No.2457, civil servant, Newcastle.

122　同上。No.3095, bank clerk, Swindon, Wiltshire.

123　同上。No.2925, clerk, Oswestry, Shropshire.

124　同上。Nos 2737; 2844; 2845 and 3090.

125　参阅 Kenneth O. Morgan, *Labour in Power*, *1945-51* (Oxford, 1984) pp.32-3.

126　M-O Archive, Directives, Post War Problems, Sept. 1942, No.2830, commercial traveller, Wellington, Somerset.

127　同上。No.2695, Royal Navy rating, Plymouth, Devon.

128　同上。No.2873, housewife, Sherringham, Norfolk.

129　Ministry of Works and Planning, 'Report of the Committee on Land Utilisation in Rural Areas' (hereafter the Scott Report) Cmd 6378 (London, 1942).

130　同上。p. iv.

131　Matless, *Landscape*, p.220.

132　Scott Report, pp.33-6.

133　同上。pp.55-6.

134　同上。p.90.

135　同上。p.v.

136　同上。pp.90-1.

137　M-O Archive, DiariesNo.Y5464, poultry worker, Peterborough, Huntingdonshire.

138　M-O Archive, Diaries No.H5337, housewife,Fritwell, Oxfordshire, 1.4.1944.

139　M-O Archive, Diaries No.M5376, school-teacher, Burwash, Sussex, Aug. 1943.

140　M-O Archive, Diaries No.H5337, housewife,Fritwell, Oxfordshire, 3.8.1944.

141　M-O Archive, Diaries No.M5376, school-teacher, Burwash, Sussex, 25.1.1944, 示例。

142　M-O Archive, Diaries No. M5139, farm worker/forester, Stony Stratford,

Buckinghamshire.

143   M-O Archive, Town and District Survey, Box 10, File F.

144   M-O Archive, Diaries No.M5376, school-teacher, Burwash, Sussex, 13.9.1945.

145   M-O Archive, Town and District Survey, Box 10, File F.

146   M-O Archive, Diaries No. G5089, postman/farm worker, Looe, Cornwall, 18. 2.1941.

147   同上。15.4.1941.

148   M-O Archive, Directives Rationing, 1943, No. 3075, market garden worker, Oxford.

149   M-O Archive, Directives Rationing, 1943, No.3336, farm servant, Macclesfield, Cheshire.

150   M-O Archive, Diaries, No.H5337, house wife, Fritwell, Oxfordshire.

151   同上。18.8.1945.

152   M-O Archive, Diaries, No.M5376, school-teacher, Burwash, Sussex, 21.6.1944.

153   同上。14.7.1944. 有关孩子们回家的记载请参阅 see 5-31.12.1944.

154   同上。4.8.1944.

155   同上。29.7.1944.

156   同上。6.9.1944.

157   Angus Calder, *The People's War: Britain 1939-45* (London, 1969).

158   Morgan, *Labour in Power*, p.41.

159   M-O Archive, Diaries No.H5337, housewife, Fritwell, Oxfordshire, 27.7.1945.

160   M-O Archive, Diaries No. H5324, garage worker, then gardener, Snettisham, Norfolk, 15.8.1945.

8 "拖拉机加化肥":农业与农耕,1945—1990 年

1   M-O Archive, Directives, Post War Problems, No.1563, social worker, Chiswick, London.

2　同上。No.3013, housewife, Berkhampstead.

3　同上。No.1645, agricultural worker, Norfolk.

4　同上。No.2957, agricultural worker, Buckinghamshire.

5　*FW*, 13 Oct. 1939, p.16.

6　同上。2 Jan. 1942, pp.17–28; 9 Jan. 1942, pp.28–9.

7　同上。6 Jul. 1945, p.11.

8　M–O Archive, Political Attitudes and Behaviour, File A, Attitudes of Farmers and Labourers, m, Farmer, Betteshanger, Kent.

9　J.K. Bowers, 'British Agricultural Policy Since the Second World War,' *AHR*, Vol. 33, Pt I (1985) p.66.

10　John Martin, *The Development of Modern Agriculture. British Farming since 1931* (Basingstoke, 2000) p.58.

11　Keith A.H. Murray, *Agriculture* (London, 1955) p.291.

12　下文同上。pp.348–54.

13　同上。p.348.

14　Martin, *Development*, pp.68–9.

15　转引自 B.A. Holderness, *British Agriculture since 1945* (Manchester, 1985) pp.13–14.

16　Howard Newby, *Country Life. A Social History of Rural England* (London, 1987) p.184.

17　同上。p.186.

18　Martin, *Development*, pp.69–70.

19　同上。p.85.

20　Tony Harman, *Seventy Summers. The Story of a Farm* (London, 1986) pp.206–7.

21　Murray, *Agriculture*, pp.352–3.

22　转引自 David Cannadine, *The Decline and Fall of the British Aristocracy* (New Haven and London, 1990) p.637.

23　Peter Mandler, *The Fall and Rise of the Stately Home* (London and New Haven, 1997) p.326.

24 Cannadine, *Decline and Fall*, p.671.

25 Mandler, *Fall and Rise*, p.357.

26 同上。p.356.

27 我很感谢保罗·布拉斯利提出这一点。

28 Alan Armstrong, *Farmworkers. A Social and Economic History 1770-1980* (London, 1988) p.222.

29 Department of Employment and Productivity, *British Labour Statistics. Historical Abstract, 1886-1968* (London, 1971) p.101.

30 Bob Wynn, *Skilled at All Trades. The History of the Farmworkers' Union 1947-1984* (London, 1993) pp.23-4.

31 Murray, *Agriculture*, p.85.

32 Ina Zweiniger-Bargielowska, *Austerity in Britain. Rationing, Controls and Consumption 1939-1955* (Oxford, 2000) p.83.

33 同上。

34 同上。p.86.

35 Bridget Williams, *The Best Butter in the World. A History of Sainsbury's* (London, 1994) p.131.

36 Holderness, *British Agriculture*, p.52.

37 Martin, *Development*, p.97; Holderness, *British Agriculture*, pp.48-9.

38 Holderness, *British Agriculture*, p.69.

39 Martin, *Development*, p.98.

40 Holderness, *British Agriculture*, p.60.

41 我很感谢保罗·布拉斯利提出这一点。

42 同上。pp.60-3; Martin, *Development*, pp.120-5.

43 Howard Newby, *The Countryside in Question* (London, 1986) p.6.

44 Paul Brassley, 'Output and technical change in twentieth-century British agriculture', *AHR*, Vol.48, Pt 1, p.71.

45 同上。p.63.

46 同上。pp.71-2.

47 同上。pp.72-3；Martin, *Development*, pp.112-13.

48 关于技术和科学变革的详细讨论不在本书讨论范围之内,但可参阅 Martin, *Development*, Ch.5; Holderness; *British Agriculture*, Ch.4; Q. Seddon, *The Silent Revolution. Farming and the Countryside into the Twenty-First Century* (London, 1989); K. Blaxter and N. Robertson, *From Dearth to Plenty. The Modern Revolution in Food Production* (London, 1995).

49 Brassley,'Output and technical change', pp.68-70. 另参阅 Paul Brassley,'Silage in Britain, 1880-1990: The Delayed Adoption of an Innovation', *AHR*, Vol.44, Pt 1 (1996) pp.63-87.

50 Graham Harvey, *The Killing of the Countryside* (London, 1997) pp.22-3.

51 Brassley,'Output', pp.68-9.

52 同上。p.76.

53 Holderness, *British Agriculture*, p.44-6.

54 Alun Howkins,'Peasants, Servants andLabourers: The Marginal Workforce in British Agriculture, *c*.1870-1914', *AHR*, Vol.42, Pt I (1994) p.53.

55 Howard Newby *et al.*, *Property, Paternalism and Power. Class and Control in Rural England* (London, 1978).

56 Martin, *Development*, pp.131-2.

57 Newby *et al.*, *Property*, pp.36-7.

58 W.M. Williams, *A West Country Village. Ashworthy* (London, 1963) p.27.

59 H. St G. Cramp, *A Yeoman Farmer's Son. A Leicestershire Childhood* (London, 1985) p.15.

60 RHC,PF-CR PFL, AD1/2-AD1/3, Minutes of Preston Farmers' Trading Society.

61 采访,阿伦·霍金斯/ R.斯密斯(姓名已改),德文郡,阿克斯明斯特。

62 转引自 Martin, *Development*, p.123.

63 John Young, *The Farming of East Anglia* (London, 1967) pp.22-3.

64 Tristram Beresford, *We Plough the Fields* (Harmondsworth, 1975) p.46. 有关全国

农民联盟的详细介绍参阅 P. Self and H.J. Storing, *The State and the Farmer* (London, 1962).

65　Newby *et al.*, *Property*, p.123.

66　Martin, *Development*, p.75.

67　参阅 J.K. Bowers, 'British Agricultural Policy', pp.69–74.

68　Martin, *Development*, p.133.

69　P.W.Brassley, 'The Common Agricultural Policy of the European Union', in R.J. Soffe (ed.), *The Agricultural Notebook* (19th edn, Oxford, 1995) pp.5–16.

70　Brassley, 'The Common Agricultural Policy', p.8.

71　同上。

72　参阅 Martin, *Development*, pp.161–6.

73　Brassley, 'The Common Agricultural Policy', p.16.

74　同上。p.7.

75　Martin, *Development*, pp.142, 150.

76　Harvey, *The Killing*, p.38.

77　The *Guardian*, 13 Aug. 1994, p.19.

9　谋生之处与休闲之所：涌入者与逃离者，1945—1990 年

1　Ronald F. Jessup, *Sussex* (London, 1949) p.14.

2　J. Charles Cox, *Surrey* (London, 1952) p.xi.

3　Sussex Rural Community Council, *Tomorrow in East Sussex* (Lewes, 1946) p.44.

4　H.F. Marks (ed. D.K. Britton), *A Hundred Years of British Food and Farming: A Statistical Survey* (London, 1989) p.138; *Rural England. A Nation Committed to a Living Countryside* (Government White Paper) Cm 3016 (London, 1995) p.49.

5　General Register Office, *Census 1951*, *England and Wales*, *General Report* (London, 1958) p.82.

6　这些数字来自人口普查报告。*Census of England and Wales 1931. Occupation Tables*

（London，1934）Table 16. *Census 1971. England and Wales. Economic Activity County of Surrey*（London，1974）. 我承认这些数字很难解释，但它们是唯一可以与非农业职业进行比较的数字。

7　John Martin，*The Development of Modern Agriculture. British Farming since 1931*（Basingstoke，2000）p.131.

8　Howard Newby，Colin Bell，David Rose and Peter Saunders，*Property*，*Paternalism and Power. Class and Control in Rural England*（London，1978）p.47.

9　1951 年的数据来自 *Census 1951. England and Wales. Occupation Tables*（London，1956）. 1971 年的数据来自 *Census 1971. Economic Activity County Leaflets*（London，1977）.

10　Alwyn D. Rees，*Life in a Welsh Countryside*（Cardiff，1950）.

11　J.G.S. Donaldson，Frances Donaldson and Derek Baker，*Farming in Britain Today*（Harmondsworth，1972）p.140.

12　Rees，*Life*，p.61.

13　同上。

14　同上。pp.142ff.

15　同上。pp.93–4.

16　同上。p.95.

17　同上。p.168.

18　W.M. Williams，*The Sociology of an English Village*：*Gosforth*（London，1956）pp. 18–19.

19　同上。pp.39–40.

20　同上。p.149.

21　Graham Paul Crow，'Agricultural Rationalisation：The Fate of Family Farms in Post-War Britain'，Unpublished Ph.D.，University of Essex，1981，p.4.

22　同上。p.254.

23　W.M. Williams，*A West Country Village. Ashworthy*（London，1963）.

24　同上。p.27.

25 同上。pp.124-37.

26 同上。p.49.

27 同上。p.50.

28 同上。p.222.

29 同上。p.243.

30 James Littlejohn, *Westrigg. The Sociology of a Cheviot Parish* (London, 1963).

31 同上。

32 同上。p.1.

33 同上。p.69.

34 同上。p.6.

35 同上。p.32.

36 同上。p.54.

37 同上。pp.32-3.

38 同上。

39 同上。pp.28-9.

40 同上。pp.71-2.

41 Newby *et al.*, *Property*.

42 同上。p.213.

43 同上。p.149.

44 Crow, 'AgriculturalRationalisation', p.237.

45 1951 的数据源自 *Census 1951. England and Wales. Occupation Tables* (London, 1956); 1971 年的数据源自 *Census 1971. Economic Activity Reports* (London, 1974).

46 参阅 Alun Howkins, *Poor Labouring Men. Rural Radicalism in Norfolk 1870-1923* (London, 1985) 和 Howard Newby, *The Deferential Worker. A Study of the Farm Workers of East Anglia* (Harmondsworth, 1979) pp.45-56.

47 Bob Wynn, *Skilled at All Trades. The History of the Farmworkers' Union, 1947-1984* (London, 1993) pp.130-1.

48　同上。pp.122, 130.

49　Newby, *Deferential*, p.240.

50　*LW*, Apr. 1975.

51　Renée Danzinger, *Political Powerlessness. Agricultural Workers in Post-War England* (Manchester, 1988) p.162.

52　Wynn, *Skilled*, p.335.

53　参阅 Danzinger, *Political Powerlessness*, Ch.6 和 Wynn, *Skilled*, pp.341-55.

54　参阅 Wynn, *Skilled*, pp.127, 384-7.

55　Danzinger, *Political Powerlessness*, p.142.

56　Newby, *Deferential*, p.241.

57　同上。p.310.

58　*LW*, Feb. 1975.

59　同上。May 1975.

60　*Census 1971. Economic Activity Reports*(London, 1974-).

61　*Census 1951. England and Wales County Report*: *Surrey*(London, 1954) p.xiii.

62　J. K. Bowers and Paul Cheshire, *Agriculture, the Countryside and Land Use. An Economic Critique* (London, 1983) p.47.

63　Jo Little, 'Social class and planning policy: a study of two Wiltshire villages', in Phillip Lowe, Tony Bradley and Susan Wright (eds), *Deprivation and Welfare in Rural Areas* (Norwich, 1986) pp.139-40.

64　Peter Ambrose, *The Quiet Revolution. Social Change in a Sussex Village 1871-1971* (London, 1974) p.65.

65　Ralph Fevre, John Borland and David Denney, 'Nation, Community and Conflict: Housing Policy and Immigration in North Wales', in Ralph Fevre and Andrew Thompson (eds), *Nation, Identity and Social Theory. Perspectives from Wales* (Cardiff, 1999) p.130.

66　Graham Day, 'The Rural Dimension', in David Dunkerly and Andrew Thompson (eds), *Wales Today* (Cardiff, 1999) p.82.

67 Fevre *et al.*, 'Nation, Community', pp.130−1.

68 Isabel Emmett, *A North Wales Village. A Social Anthropological Study* (London, 1964) pp.119−21.

69 参阅 John Aitchison and Harold Carter, 'The Welsh Language Today', in Dunkerly and Thomson, *Wales*.

70 Frances Oxford, 'Epilogue: Elmdon in 1977', in Marilyn Strathern, *Kinship at the Core. An Anthropology of a Village in North-West Essex in the Nineteen − Sixties* (Cambridge, 1981) p.209.

71 亨里预测数据中心。转引自 the *Guardian* 27 Sept. 1995, p.7.

72 'Goodbye to all that?', *Observer Review*, 31 Jan. 1999, p.2.

73 Roger Tredre, 'From late shift to downshift', *Observer Life*, 12 May 1996, p.19.

74 Ruth M. Crichton, *Commuters' Village. A Study of Community and Commuters in the Berkshire Village of Stratfield Mortimer* (London and Dawlish, 1964) p.70.

75 Oxford, 'Epilogue', p.221.

76 同上。pp.221−2.

77 同上。p.220.

78 同上。p.216.

79 Newby *et al.*, *Property*, p.203.

80 The *Observer*, 21 Jul. 1996, p.9.

81 参阅 Phillip Lowe, Tony Bradley and Susan Wright (eds), *Deprivation and Welfare in Rural Areas* (Norwich, 1986) pp.19−24.

82 数据源于 1951 年人口普查报告中的郡县报告。

83 Wynn, *Skilled*, pp.149−50.

84 Crichton, *Commuter*, p.62; Strathern, *Kinship*, p.91.

85 Rees, *Life*, p.28.

86 以下材料基于 J. Martin Shaw, 'The social implications of village development', in Malcolm J. Mosely (ed.), *Social Issues in Rural Norfolk* (Norwich, 1976) pp.77−102.

87 Newby, *Deferential*, p.343.

88　Shaw, 'Social implications', p.83.

89　David Evans and Simon Neate, 'Policies for access to health care and the outcome in Leicestershire', in Lowe *et al.*, *Deprivation*, p.219.

90　Evans and Neate, 'Policies for access', p.225.

91　The *Observer*, 12 May 1996, p.18.

92　Newby *et al.*, *Property*, pp.201-8.

10　维护自然秩序？环境与保护,1945—1990 年

1　这一材料的基本介绍可以在 John Blunden and Nigel Curry（eds）, *A People's Charter? Forty Years of the National Parks and Access to the Countryside Act*（London, 1990）一书中找到。要获取更全面的讨论意见,请参阅 Gordon Cherry, *National Parks and Recreation in the Countryside*（London, 1975）。

2　转引自 John Sheail, *Nature in Trust. A History of Nature Conservation in Britain*（Glasgow and London, 1976）p.101.

3　参阅 Sheail, ibid. Chs 5 and 6.

4　参阅 Blunden and Curry, *A People's Charter?*, Ch.4.

5　Barbara Castle, *Fighting all the Way*（London, 1993）p.172.

6　*Hansard*, 31 Mar. 1949.

7　Blunden and Curry, *A People's Charter?*, p.87.

8　MarionShoard, *This Land is Our Land*（London, 1987）p.242.

9　David Evans, *A History of Nature Conservation in Britain*（London, 1992）p.88.

10　同上。p.89.

11　有关人行步道和通行权,请参阅 Shoard, *This Land*, Chs 7 and 8 和 Blunden and Curry, *A People's Charter?*, Ch.6.

12　Shoard, *This Land*, pp.333-4.

13　转引自 Blunden and Curry, *A People's Charter?*, pp.140-1.

14　转引自 Shoard, *This Land*, p.321.

15   The Countryside Agency, *The Economic Impact of Recreation and Tourism in the English Countryside 1998* (Wetherby, 2000) p.13.

16   Keith A.H. Murray, *Agriculture*, *History of the Second World War*, United Kingdom Civil Series (London, 1955) p.340.

17   关于有机运动在战间期的起源及其相关政治活动,目前已有大量文献,请特别参阅：Phillip Cornford, 'The Natural Order: Organic Husbandry, Society and Religion in Britain, 1924−53' Unpublished Ph.D. thesis, University of Reading, 2000; Tracey Clunies−Ross, 'Agricultural Change and the Politics of Organic Farming', Unpublished Ph.D. thesis, University of Bath, 1990; 年代较早但学术性较弱的文献 Anna Bramwell, *Ecology in the Twentieth Century. A History* (Newhaven and London, 1990). 关于其中一些参与者的有趣见解,参阅 R.J. Moore-Colyer, 'Back to Basics: Rolf Gardiner, H.J. Massingham and "A Kinship in Husbandry"', *RH*, Vol.12, No.1, Apr. 2001.

18   参阅 Georgina Boyes, *The Imagined Villages. Culture*, *Ideology and the English Folk Revival* (Manchester, 1993) pp.154−65.

19   参阅 Richard Moore-Colyer, *Sir George Stapledon and the Landscape of Britain* (*Sefydliad Astudiaethau Gwledig Cymr/Welsh Institute of Rural Studies*, *Working Paper No.9*) (Aberystwyth, 1998). 这篇论文也以修订后的形式出现在 *Environment and History*, 5 (1999).

20   Cornford, 'The Natural Order', p.470.

21   同上 p.94.

22   转引自 Cornford, 'The Natural Order', p.94.

23   同上。p.45.

24   Clunies-Ross, 'Agricultural Change', p.209.

25   Cornford, 'The Natural Order', p.490.

26   Clunies-Ross, 'Agricultural Change', p.168.

27   John Sheail, *Pesticides and Nature Conservation. The British Experience 1950−1975* (Oxford, 1985) p.19.

28　*FW*，11.2.1994，p.5.

29　Marion Shoard，*The Theft of the Countryside*（London，1980）pp.34-41.

30　萨塞克斯大学大众观察档案馆，1995 年春季指令（以下简称 M-O 1995）。我要感谢大众观察档案馆的受托人允许我使用他们持有的材料。

31　M-O 1995，A18，m. Addlestone，Surrey，unemployed，b.1944.

32　同上。D1606，m. Attleborough，Norfolk，ret. librarian，b.1924.

33　同上。H1806，m. Woking，Surrey，factory worker，b.1925.

34　Graham Harvey，*The Killing of the Countryside*（London，1997）p.24.

35　Paul Brassley，'Agricultural Technology and the Ephemeral Landscape'，Unpublished paper 1997.

36　M-O 1995，R1452，w. Birmingham，ret. teacher，b.1916.

37　同上。B2170，w. Brentwood，Essex，health education officer，b.1945.

38　同上。C2053，w. Costessey，Norwich librarian，b.1953.

39　同上。F1589，w. Audley，Staffordshire，nurse，b.1932.

40　同上。P1282，w. Lichfield，Staffordshire，child-minder，b.1938.

41　同上。W2322，m. Stone，teacher，b.1944.

42　同上。R470，m. Basildon，lorry driver，b.1934.

43　同上。R1468，w. Derby，factory worker，b.1923.

44　同上。T540，w. Leeds，clerk，b.1927.

45　同上。C2717，m. Nottingham，engineer，b.1966.

46　同上。M1498，w. Polegate，Sussex，unemployed，b.1954.

47　同上。W2538，w. Cleethorpes，housewife，b.1963.

48　关于 19 世纪动物福利的历史，请参阅 Harriet Ritvo，*The Animal Estate. The English and Other Animals in the Victorian Age*（Cambridge，Mass. and London，1987）.

49　参阅 Evans，*History of Nature Conservation*，pp.43-4.

50　参阅 Sheail，*Nature in Trust*，Ch.2.

51　参阅 Sheail，*Pesticides*，pp.146-9.

52 参阅 Robert Garner, *Animals, Politics and Morality* (London, 1993) 以便了解人们在不断改变的有关动物"本质"的争论以及皇家防止虐待动物协会内部的斗争。

53 Peter Mandler, *The Fall and Rise of the Stately Home* (New Haven and London, 1997) p.375.

54 同上。p.381.

55 同上。pp.381-8.

56 同上。p.393. 关于海王星计划以及整个信托机构(极具)批判性的描述,请参阅 Paula Weideger, *Guilding the Acorn. Behind the Façade of the National Trust* (London, 1994).

57 转引自 Mandler, *Fall and Rise*, p.394.

58 Merlin Waterson, *The National Trust. The First Hundred Years* (London, 1994) pp. 214-15.

59 参阅 David Pepper, *The Roots of Modern Environmentalism* (London, 1986).

60 转引自 George McKay, *Senseless Acts of Beauty. Cultures of Resistance since the 1960s* (London, 1996) p.128.

61 John Lowerson, 'The mystical geography of the English', in Brian Short (ed.), *The English Rural Community. Image and Analysis* (Cambridge, 1992).

62 David Pepper, *Communes and the Green Vision* (London, 1991) p.33.

63 George McKay, *Senseless Acts of Beauty*, pp.56-7.

64 Pepper, *Communes*, pp.78-9.

65 下面的大部分内容请参阅 George McKay, *Senseless Acts of Beauty*.

66 Grant Jordan and William Maloney, *The Protest Business? Mobilizing Campaign Groups* (London, 1997) p.12.

67 Sheail, *Pesticides*, pp.230-2.

68 Clunies-Ross, 'Agricultural Change', p.338.

11 危机中的农村,1990—2001 年

1 The Countryside Agency, *The State of the Countryside 2001* (Wetherby, 2001) p.55.

2　Graham Harvey, *The Killing of the Countryside*（London, 1997）p.38.

3　该农场主人为奥利弗·沃尔斯顿。此人因在 *Sunday Times*（《星期日泰晤士报》）登写有关补偿金的文章而在其他农民中声名狼藉。

4　*The Times*, 2 Sept. 1994, p.5.

5　同上。2 Feb. 1996, p.5.

6　同上。14 Jun. 1996, p.5.

7　同上。2 Sept. 1994, p.5.

8　The *Independent*, 28 Sept. 1991.

9　同上。19 Sept. 1991.

10　*The State of the Countryside*, *2001*, p.49.

11　Department of the Environment/MAFF, *Rural England. A Nation Committed to a Living Countryside*, Cm 3016（London, 1975）p.70.

12　The *Guardian*, 6 Sept. 2001, p.4.

13　*The State of the Countryside*, *2001*, pp.47-9.

14　*FW*, 2 Feb. 1996, p.5.

15　*The State of the Countryside*, *2001*, pp.61-2.

16　Friends of the Lake District, *Traffic in the Lake District*, *1964*, 转引自 Garth Christian, *Tomorrow's Countryside. The Road to the Seventies*（London, 1966）p.141.

17　George McKay, *Senseless Acts of Beauty. Cultures of Resistance since the Sixties*（London, 1996）p.136.

18　转引自上文。p.136.

19　The *Guardian*, 7 Dec. 1994, G2 p.24.

20　转引自 McKay, *Senseless Acts*, pp.143-4.

21　Alexandra Plows, 'The Donga Tribe: Practical Paganism Comes Full Circle', *Creative Mind*, No.27, summer 1995, p.26.

22　*New Statesman and Society*, 27 Jan. 1995, cover.

23　有关这次运动及其引发问题的更详细说明,请参阅 Alun Howkins and Linda

Merricks, '"Dewy' eyed veal calves". Live animal exports and middle – class opinion, 1980–1995', *AHR*, Vol.48, Pt 1, 2000.

24　参阅 Hilda Kean, 'The "Smooth Cool Men of Science": The Feminist and Socialist Response to Vivisection', *History Workshop Journal*, No.40, autumn 1995, p.30. 该文略有提及这点。

25　世界农场动物福利协会,数据来自肉类及家畜委员会。

26　The *Independent*, 20 Aug. 1994.

27　*Agscene*, No.112, autumn 1993, pp.4–5.

28　*The Times*, 20 Apr. 1995.

29　同上。

30　*Agscene*, No.116, winter 1994, p.4.

31　同上。5 Aug. 1994, p.7.

32　同上。19 Aug. 1994 p.5; 2 Sept. 1994, p.7.

33　The *Guardian*, 24 Oct. 1995.

34　关于这场运动的"历史",请参阅 *Evening Argus*, 20 Jan. 1995.

35　*Evening Gazette*, 18 Jan. 1995.

36　The *Sunday Times*, 8 Jan. 1995.

37　*Guardian*, 'Outlook', 7 Jan. 1995.

38　*Evening Argus*, 20 Jan. 1995.

39　*Evening Gazette*, 18 Jan. 1995.

40　*The Times*, 16 Jan. 1995.

41　The *Observer*, 8 Jan. 1995.

42　M–O 1995, R1389, m. 81, Brighton, ret. policeman.

43　M–O 1995, B1512, w. 61, Sheffield, teacher.

44　M–O 1995, B2260, w. 47, Waterford, librarian.

45　M–O 1995, H1263, w. 46, Warwick, secretary.

46　M–O 1995, T2741, m. 74, Peacehaven, Sussex, ret. carpenter.

47　*FW*, 13 Jan. 1995, p.5.

48　M-O 1995, C1713, w. 46, Preston, receptionist.

49　M-O 1995, H1806, m. 69, Surrey, typesetter ret.

50　Kevin Toolis, 'Epidemic in Waiting', the *Guardian Weekend*, 22 Sept. 2001, p.22.

51　转引自 the *Guardian*, 27 Oct. 2000.

52　同上。

53　The Royal Society, *Update on BSE*（London, Jul. 1997）p.2.

54　The *Guardian*, 21 Mar. 2000.

55　The Southwood Report, 转引自 Vegetarian Society Press Release, 5 Dec. 1994.

56　Toolis in the *Guardian Weekend*, 22 Sept. 2001, p.22.

57　同上。p.22.

58　参阅 *Times Higher Education Supplement*, 19 Apr. 1996, pp.16-17.

59　自 1996 年来，这些故事被媒体广泛报道并且从未受到质疑。参阅 the *Guardian*,
　　24 Mar. 1996, p.23; John Lloyd, 'The Great Carve-up', *New Statesman and*
　　Society, 17 May 1996, pp.15-17.

60　The *Guardian*, 21 Mar. 1996, p.6.

61　同上。6 Dec. 1996, p.3.

62　The *Observer*, 10 Dec. 1996.

63　同上。

64　The *Sun*, 26 Mar. 1996.

65　The *Observer*, 24 Mar. 1996.

66　The *Guardian*, 23 Mar. 1996.

67　同上。28 Mar. 1996.

68　The *Guardian*, 24 Nov. 1998.

69　同上。27 Oct. 2000.

70　同上。

71　Christina Hardyment, *Slice of Life. The British Way of Eating since 1945*（London,
　　1995）p.162.

72　同上。p.164.

73 The *Observer*, 31 Mar. 1996.

74 John Humphries, *The Great Food Gamble* (London, 2001) p.237.

75 <http://www.soilassociation.org.uk>

76 *The State of the Countryside 2001*, pp.22-3.

77 同上。p.55 and Andrew O'Hagan, *The Death of British Farming* (London, 2001) p.11.

78 *The Times*, 17 Nov. 1995.

79 *FW*, 17 Nov. 1995, p.8.

80 The *Guardian*, 3 Mar. 1998.

81 The *Observer*, 15 Oct. 2000.

82 The *Guardian*, 9 Jul. 1995；亦可参阅 Alun Howkins, 'Rurality and English Identity', in David Morley and Kevin Robins (eds), *British Cultural Studies. Geography, Nationality and Identity* (Oxford, 2001).

83 The *Daily Telegraph*, 2 Mar. 1998.

84 Text of speech, Press Association News, 1 Feb. 2000.

85 The *Observer*, 15 Oct. 2000.

86 *Our Countryside: The Future. A Fair Deal for Rural England*, Cm 4909 (London, 2000) p.140.

87 这段简略历史参阅 Paul Brassley, 'Foot-and-Mouth Disease in the Past', in *Rural History Today*, Issue 1, Jul. 2001, pp.3-4.

88 *Foot-and-Mouth Disease 2001: Lessons to be Learned Inquiry Report*. Chairman Dr Ian Anderson. Presented to the Prime Minister and the Secretary of State for Environment, Food and Rural Affairs, and the devolved administrations of Scotland and Wales, 22 Jul. 2002 (London, 2002) p.8.

89 The *Guardian*, 22 Feb. 2001.

90 *Lessons to be Learned*, p.8.

91 Neil M. Ferguson, Christi A. Donnelly and Roy M. Anderson, 'Transmission intensity and impact of control policies on the foot-and-mouth epidemic in Great

Britain', *Nature*, 4 Oct. 2001, p.544.

92　同上。p.544.

93　The *Guardian*, 24 Feb. 2001.

94　同上。26 Feb. 2001.

95　*Lessons to be Learned*, pp.8—9.

96　The *Guardian*, 24 Mar. 2001.

97　Ferguson *et al.*, 'Transmission intensity', p.542.

98　同上。p.543.

99　同上。p.545.

100　*Lessons to be Learned*, p.9.

101　The *Observer*, 4 Mar. 2001.

102　The *Guardian*, 23 Jul. 2002.

103　*Lessons to be Learned*, p.9.

104　The *Guardian*, 19 Mar. 2001.

105　同上。31 Mar. 2001.

106　同上。23 Jul. 2002.

107　*Lessons to be Learned*, p.10.

108　The *Guardian*, 7 Mar. 2001.

109　引自'The Editor' section of the *Guardian*, 6 Apr. 2001.

110　引自'The Editor' section of the *Guardian*, 30 Mar. 2001.

111　Speech given at Labour Party Conference, 3 Oct. 2001. Source：http://www.labour.org.uk

112　*Farming and Food：A Sustainable Future. Report of the Policy Committee on the Future of Farming and Food*(London, 2002).

113　< http://www. guardian. co. uk/country > 'Food and farming policy commission report：mainpoints'.

114　引自'The Editor' section of the *Guardian*, 23 Mar. 2001.

📖 索引

译 者 后 记

2025 年春节，许多人实现了车厘子自由，但更多人面对车厘子的诱惑却犹豫不决，原因是网络上流传着吃车厘子会中毒的说法。这种对车厘子安全性的担忧，实际上反映了公众对农产品安全的信心缺失。农产品安全问题已成为现代农业的副产品，是一个备受全球关注的议题，正如阿伦·霍金斯（Alun Howkins）在其著作《英格兰乡村的消亡：1900 年以来的乡村社会史》中所深刻探讨的一样。

阿伦·霍金斯是萨塞克斯大学的社会历史学教授，也是英国乡村及工人阶级研究的知名历史学家，长期担任英国农业历史学会成员。

霍金斯于 1947 年 8 月 8 日出生于比斯特的一个工人阶级家庭，父亲支持共产党，母亲则在一家医院上夜班。他 15 岁便辍学，成为农场工人学徒，并加入了全国农业工人工会。1968 年，他报名参加了牛津大学拉斯金学院的成人教育课程，并在左派历史学家拉斐尔·塞缪尔的启发下，加入了历史工作坊。此后，他进入牛津大学攻读历史，最终在埃塞克斯大学完成博士学位。1976 年，他被任命为萨塞克斯大学文化与传播研究学院的历史学教授，后转至人文学院，担任研究生中心主任。2010 年退休后，他移居诺福克，成为东英吉利大学历史学院的名誉教授。在教学之余，霍金斯还是《乡村历史》杂志的联合创始人，以及《历史工作坊杂志》的创始编辑。他对农村历史，尤其是对农场工人、农村贫困人口，以及 19 世纪和 20 世纪初的农村民间传说深感兴趣。他的研究揭示了农村阶级冲突的悠久历史，探讨了农村工人阶级独特阶级文化的兴起，同时也热衷于展现英格兰农村性质的持续变迁。他认为，20 世纪的英国农村已转变为休闲场所，并受到农业机械化和环境问题的深刻影响。霍金斯于 2018 年去世，享年 70 岁。

霍金斯的著作颇丰，其中最具影响力的包括《贫穷的劳动者》(1985 年)、《重塑英格兰乡村》(1992 年)和《英格兰乡村的消亡》(2003 年)。这些著作旨在打破农村作为田园诗般的和谐社会的神话。《贫穷的劳动者》描绘了农业巨变时农村阶级冲突的复杂性，对比了土地所有者所宣扬的稳定农村社区理念与劳动者因挑战现状而面临的被解雇、被驱逐和被列入黑名单的现实。《重塑英格兰乡村》则讲述了从 19 世纪五六十年代英国农业的鼎盛时期到两次世界大战期间的艰难岁月，探讨了女性、家庭、工作场所和宗教的作用。

《英格兰乡村的消亡》是这三部曲中的最后一部，是对 20 世纪英格兰和威尔士农村的全景式研究。从时间跨度上，该书涵盖了从 1900 年以来英格兰乡村的变迁，包括"一战"对农业的影响、战间期的艰难岁月、"二战"带来的第二次农业革命，以及"二战"后农村的变化：农村逐渐转变为休闲和生活之地，而不仅仅是工作场所，农村的性质、景观以及城乡关系也在发生变化。从人员结构上，该书关注了英格兰农村各个社会阶层，从土地所有者到农场主，再到各种类型的农业工人，以及随着农村性质变化而涌入乡村的非农业生产者。

霍金斯还关注到英格兰乡村中的各种冲突和变革，包括农业生产力发展与环境保护的冲突、农民收入增长的需求与环保之间的矛盾，特别是近年来对环境破坏和工厂化农业的担忧，以及口蹄疫暴发和一系列食品丑闻导致的公众对农业的负面评价。此外，他还探讨了英格兰农业发展与公众休闲和居住需求之间的矛盾。随着传统农业模式的变化，英格兰农业在国民经济中的比重下降，旅游业和其他产业比重上升，农业人口迁移，从事农业生产的人口减少。霍金斯还关注到乡村与城市的矛盾，如"二战"前城市居民被疏散到乡村引发的观念冲突，以及 20 世纪 80 年代城市富裕阶层涌入乡村导致的传统乡村面貌和文化的巨大变化。他在书中还强调了非传统的独立农村工人阶级文化的发展，特别是原始卫理公会和工会主义的影响，以及这种文化在农业机械化和农业劳动力崩溃背景下的消失。

《英格兰乡村的消亡》的最大特点在于其基于个人经历的生动描述。这本书不仅是一部历史著作，更充满了鲜活的场景和情感。霍金斯对比斯特这个农村集镇的回忆充满矛盾，既有对"田野里的马"、"那时奶牛并不都是黑白相间的"及"玉米地里满是罂粟花"的美好记忆，也有对"低工资""没有厕所和自来水的房子"的艰苦生活的回忆。他还曾站在工会的旗帜下，见证了"一家人被赶出了他们住了近20 年的小屋"的悲剧。他的书里还收集了来自众多大众观察员的真实记录和曾经生活在农村的人们对于自己生活经历的回忆。这种带有个人情感的描述使本书成为一部充满戏剧性和画面感的历史著作。

本书是华中农业大学"世界农业文明译丛"翻译项目之一，也是中央高校基本科研业务费专项资金项目"英国文学乡村书写研究"（项目批准号：2662023WGPY003）阶段性成果。感谢参与本书初译的同学，其中张琼方承担了第二章和三章的初译工作。刘乙瑄承担了第四章、李小琴承担了第七章、罗慧颖承担了第八章、王联琼承担了第九章、杨家真承担了第十一章的初译工作。感谢马欣瑶的后期检查工作。因为他们的努力，本书翻译得以顺利完成。

邓小红

2025 年 1 月